体验式教学在高校思想政治理论课程中的运用研究

黄 澜 著

 吉林出版集团股份有限公司

图书在版编目（CIP）数据

体验式教学在高校思想政治理论课程中的运用研究 /黄澜著.
-- 长春 ：吉林出版集团股份有限公司，2018.11
　　ISBN 978-7-5581-6094-3

　　Ⅰ．①体… Ⅱ．①黄… Ⅲ．①高等学校－思想政治教
育－教学研究－中国 Ⅳ．①G641

中国版本图书馆CIP数据核字(2018)第286660号

书　　　名：体验式教学在高校思想政治理论课程中的运用研究

主　　编/黄　澜
责任编辑/蔡宏浩
责任校对/朱　进
封面设计/万典文化
开　　本/787mm×1092mm　1/16
字　　数/230千字
印　　张/12.5
版　　次/2018年11月第1版
印　　次/2022年10月第2次印

出　版/吉林出版集团股份有限公司（长春市人民大街4646号）
发　行/吉林音像出版社有限责任公司
地　址/长春市绿园区泰来街1825号
印　刷/长春市博美图文印业有限公司

ISBN 978-7-5581-6094-3　　　　　　　　　定　价：78.00元

前言 PREFACE

　　高校思想政治理论课是对大学生进行思想政治教育的主渠道和主阵地，是培养国家合格建设者和可靠接班人的重要途径，其教学效果的好坏直接影响了国家培养人才的质量。如何提高思想政治理论课的教学实效性，真正成为大学生真心喜爱、终生受益的课程，这是当前思想政治理论课教学改革的重要目标。然而长期以来，高校的思想政治理论课在教学方法上大多沿袭传统的灌输式教学方法，强调教师的权威地位和主导作用，学生被当作灌输高深学问的容器，否定学生主体性，忽视学生主观能动性和创造性的发挥。

　　体验式教学是以课堂教学活动、日常生活体验、参观考察、社会实践和旅游活动等实践活动为主要形式，以直接经验为主要课程内容所展开的教学活动，具有个体主动参与、亲身体验的特征。通过学生内在的知、情、意、行的经历和观察、感受、体味、探求、领悟等体验，从而获得知识、提高能力、生成情感、健全人格。体验式教学具有亲历性和独特性特征。亲历性既有实践层面的亲历，又有心理层面的亲历。实践层面的亲历是指主体参与实践，亲身经历某一事件，如角色体验、劳动体验、体验探究等；心理层面的亲历，是指在经历"做"的过程中，获得主体的情感体验——生情、动情、移情、反思、领悟和总结。独特性是指每个生命个体都是独一无二的，每个学生原有的知识结构、经验、情感结构、价值取向和人生经历都带有个人的痕迹，反映其自身的独特性。

　　本书共设置了八个章节，从体验式教学的不同方面进行阐述，包括了体验式教学的起源发展、涵义特征、重要途径、基本原则等，希望这些对于高校在思想政治课程中开展体验式教学有一些借鉴作用。

　　由于时间仓促，编者水平有限，书中难免有一些不足之处，恳请广大读者提出宝贵意见。

目 录 CONTENTS

第一章 导 论

第一节 中国文化中体验式教学的思想溯源

体验式教学是指在教学中，教师以一定的理论为指导，有目的地创设某种情境，然后通过各种有效方式引导学生亲自感知、体验所要学习的知识，最后达到领悟并运用知识的目的。体验式教学的理论依据是体验式学习，它承认个体的差异性，强调学习主体的主动性、学习的过程性、学习过程的情境性和学习的实践性。根据大卫·库伯（David Kolb）体验式学习循环圈模型，体验式学习是由以下阶段组成的不断循环的过程：具体经历或体验——观察和反思——形成抽象概念——在新情境中检验。

体验式教学在西方国家被广泛运用到各个层次的教育教学中，形成了比较成熟的教学体系，对提高学生的综合素质起到了很重要的作用。我国最早明确提出实施体验式教学是在上世纪九十年代。现阶段从严格意义上来说，体验式教学在常规教育中还处于探索阶段，有待于进一步深入研究。但了解其思想体系的发展过程对于把握体验式教学的本质、实现教学创新有重要意义。

高校教育不仅注重专业知识与技能的传授，同时还推崇创新意识与能力的培养，所培养的学生才是将来能够为社会发展提供智力支持的高级人才。体验式教学思想符合高校教育的特点和目标，在强调"以学生为中心"的基础上，能够很好地营造促进学生独立思考、亲身实践的教学环境。因此，体验式教学近年来越来越受到高校教育者的关注和青睐。

一直以来人们都认为体验式教学是一种完全西化的教学理念，但如果对照体验式教学的理论依据及其教学思想就可以发现，中国的大教育家孔子虽然没有直接提出体验式教学的概念，但他的许多关于学习和教学的论断和教学实践都包含了这种理念。也因为如此，有西方学者把体验式学习理论——阶段论的观点追溯到孔子。

在我国，体验式教学法并不是舶来之物。作为一种教学思想，"体验"在我国的历史更为悠久。春秋战国时期，"圣人以身体之"的理念就已经在《淮南子》中有所记述了。当时奴隶社会崩溃，新的封建制度刚刚确立，政治、经济、文化飞速发展，新的思想空前活跃；出现了一大批杰出的思想家、教育家。其中的代表人物孔子根据自己的教学活动提出了一系列对后世教育产生深远影响的思想。

中国的传统思维方式是比较重视直觉体悟或体验的。比如宋代的朱熹提出了"切己体察"的修养原则，他认为："读书不只专就纸上求义理，须反来就自家身上推究。"其所谓"切己体察"，具体内涵有三：第一，读者"须是将身心做根柢"；第二，读者凭借经典所涵之"理"解经；第三，读者依靠自身经验来体味经典之义理。其实这就是经典解读的三条进路。在朱熹看来，以切己体察之法解读经典，能取得"知得深"、"信得笃"等解释学习效果。朱熹所倡导的切己体察法，对后世一些学人形成崇实黜虚之学术精神起到了良好的影响作用。

一、孔子关于体验式教学的思想

孔子提倡"不愤不启，不悱不发；举一隅，不以三隅反，则不复也。"（《论语·述而》）他认为教师与其机械地灌输知识，不如启发学生自主思考，在其"心求通而未得"，"口欲言而未能"时根据对学生的了解在情境中引导学生"悟"教。除了从教师的角度提倡采用诱导教学代替知识的直接传递之外，他还从学生的角度提出了"见贤思齐焉，见不贤而内自省也。"（《论语·里仁》）这其实是一种非常朴素的体验思想：体验（见贤/见不贤）——反思（思齐/内自省）。此外，他提倡"知之者，不如好之者，好之者，不如乐之者"。（《论语·雍也》）孔子对学生情绪体验重要性的强调可谓是他开创性教学思想的体现。

孔子认识到人的智能水平、个性心理等不同，提出要因材施教。孔子把人的智能水平分为上智、中人、下愚三种，提出"中人以上，可以语上也；中人以下，不可以语上也"（《雍也篇》），意思为：对具有中等以上智力的人，可以教给他们较高深的学问，而对中等以下智力的人，则不要教高深的学问。他通过长期观察，认为人的个性心理是不同的，如他说："柴也愚，参也鲁，师也辟，由也?""求也退，故进之；由也兼人，故退之。"（《先进篇》）"由也果""赐也达"（《雍也篇》）等。在此基础上，他提出"因材施教"的教育方法。

孔子认为学生的学习是一个不断观察、反思的积累过程。在《论语·述而》中，孔子说："盖有不知而作之者。我无是也。多闻，择其善者而从之；多见，而识之；知之次也"，大意是有人还不懂就去做了。我不这样。多听，选择合理的照着去做；多见，把它们记下来。通过学习获得知识。他还说："多闻，阙疑，慎言其余……多见阙殆，慎行其余"，意指要多听，选择正确的谨慎地说出来；……多看，选择正确的谨慎地去实行。

孔子认为学习的目的是为了指导实践。把孔子有关教学的言论归纳整理出来可以发现，孔子认为学习有四个过程：首先通过多闻、多见、多问、多识学习；接着要思考，"学而不思而罔，思而不学则殆"；然后要把学与习结合起来，"学而时习之，不亦说乎"；最后要明确学习的目的是为了指导行动。

以上的分析可以看出，孔子认识到学生要通过自己不断学习、反思、领悟去建构自己的知识体系，而教师要遵从学生的这种认知规律去教学，这与体验式教学的思想理论是完全一致的。不过，孔子这种体验式教学的思想没有被发展成为一种有系统的理论。所以当西方的体验式教学理论传入我国后，人们都认为它是一种全新的完全西化的教学理念。

二、其它古代先贤关于体验式教学的观点

继孔子之后，明朝的王守仁也是门徒遍天下，流传逾百年。他在继承与发扬儒家思想的基础上开创"心学"，明确提出"知行合一"的主张。与孔子所生活的由分裂走向统一，由落后步入繁华的时代不同，王守仁所处的是一个风雨飘摇的时代。由盛转衰的社会需要身处高位的大儒们将自我修养的理论用以经世济国，王守仁便是其中最具影响力的一位。

早年的王守仁提倡"静处体悟"（《传习录》），强调体认本心的重要性，与孔子强调的内省异曲同工。晚年的他进一步提出"体究践履，实地用功"（《答顾东桥书》），认为知行不分家，反对宋理学的先知后行。尽管"知行合一"说的是道德的知与行，其精髓与西方学者杜威所倡导的"做中学"并无差异。然而王守仁提出这一观点的时间却比后者早了约四个世纪，着实令人叹服。

明末清初著名启蒙思想家、教育家王夫之有着相当丰富的道德教育思想。尤其是他在批判宋、明理学的同时，提出了不少闪烁真理光辉的教育教学见解，在我国古代道德教育思想发展史中占有相当重要的地位。王夫之十分重视教育过程中受教育者的主体能动作用，认为教育的内容只有得到受教育者的认同才能达到教育的目的，提出了"进之之功，在人之自悟"的命题。教育者的作用在于给受教育者提供一种价值观念和道德目标，指出什么是善以及"知善"、"进善"之路。而受教育者要接受教育内容，必须变被动为主动，进行积极自觉的选择与认同。"学"就是"觉"，他不同意将"学"解释为"效"，认为这样将导致受教育者对教育者亦步亦趋，不能"举乎异用"而"成其变化"，终将无法真正接受教育内容，并难以实现道德的内化。因此，教育者只有充分发挥受教育者的主观能动性才能使其掌握、内化教育内容，形成相应的道德品质。换句话说，道德灌输只有靠受教育者自觉能动的努力才能收到良好的效果。王夫之指出，"学之理"即"教之道"，启发受教育者的自觉，使其致知、进善是道德教育的重要任务。"教在我，而自得在彼"，教育者不能盲目灌输，而应当敦促受教育者发挥主观能动性，使其"所未知者而求觉焉，所

未能者而求效焉",逐渐达到道德的自觉。为此,他提出了三主三辅的道德原则,即以正面教育为主"蒙以养其正",而辅之以砥砺惩罚;以"壅培"塑造为主,辅之以"斤削"改造;以自觉教育为主,辅之以强制规约。

总之,我国古代已有了许多关于体验的思想和主张,只是还没有明确地把它提出来。而在中国的近现代,王国维、蔡元培、陈独秀、张国安等人由于受德国哲学家狄泰尔的影响,都对体验有所研究。

第二节　西方文化中体验式教学的思想渊源

一、"体验"概念的出现与发展

在西方文化中,体验的认知方式早已存在,但"体验"一词的出现却是很晚的事。根据伽达默尔的考察,在德意志文献中,"体验"一词是在19世纪的70年代才成为了一个与"经历"(adeen)相区别的惯常用词。"体验"一词最早出现在黑格尔的一封信中。在这封信里,黑格尔在对一次旅行的描述中曾这样写道:"我的整个体验。"但是"体验"一词在19世纪的60年代之前是很少被使用的,一直到70年代才在狄尔泰的《施莱尔马赫传》(1870)、尤斯蒂的《文克尔曼传》(1872)、赫尔曼·格林的《歌德传》(1877)等人物传记中出现。从"体验"一词的来源可以看出,其最早的使用是在人物传记中,而它得以进入日常生活的语言中,也是与这个词在传记文学中的较多运用密切相关的。

从"体验"一词的构成来看,它是对在歌德时代曾经经常使用的一个词"经历"的再构造。"体验"在德文的原文中写作"eflebenis",源于"erleben","erleben"的本义为"经验"、"经历"、"经受"等。既然是用"经历"一词构造而成的,体验也就包含着"经历"所具有的含义。而"经历"首先就是指"所发生的事情还在进行着"。从这一点来看,"经历"这个词就包含有直接性的特点,也就是说,在"经历"中,人们对事物的认识和体会都是在自我的直接感受和亲身经历中展开的。正是在人的这种直接性接触中,人们也就把握到了更为实在的东西。经历中人和经验对象的这种直接性是与人们通常已经知道的东西完全不同的。最为系统提出体验范畴的是生命哲学家狄尔泰。生命哲学是19世纪后半期流行于西方各国的主观唯心主义哲学学说,是一种试图用生命的发生和发展来解释宇宙,以至解释知识或经验基础的学说。它是在叔本华的生存意志论、尼采的权力意志论、达尔文的生物进化论和斯宾塞的生命进化学说,以及法国居约的生命道德学说的影响下形成的。狄尔泰认为哲学的重点是在精神科学,通过个人"生活的体验"和对生命的同情的"理解",就可以认识到文化和历史即生命的体现。在他看来,对生命和精神的理解，必须以情感的直觉和想象为主。他不否认环境对人的生命所起的作用，可是他把社会环境看成是精神生活的总和，看作是精神的客观化。他指出，人类生命的特点必定表现在时代精神上，既是在历史的过程中，人的一切表现又都是历史过程的一部分。他把历史过程归结为人类的生命过程，同时又把生命解释为某种神秘的心理体验。他认为，生命是一种不可抑制的永恒冲动，它处于不断的生成流变之中，人们只能依据内在体验加以把握。在体验中所体验到的是：我在世界之中，世界也在我之中，使传统的主客体区分同时消融在"体验"之中。狄尔泰的哲学观点及其对体验范畴的解释显然是唯心主义的。

二、苏格拉底是西方体验式教学思想的最早代表

在西方，体验式教学的思想可以追溯到古希腊的苏格拉底。苏格拉底认为一切知识都不是从外灌进去的。它必须通过学生自己的思考，在教师的不断引导下得出来，这与体验式教学中强调学生学习的自主性是一致的。而且他创立了一种被称为"苏格拉底法"的对话式教学方法，这种教学方法不是把学生所应知道的原理直接灌输给学生，而是从学生所熟知的具体事物开始，通过师生间的对话、提问和讨论等方式来揭示学生认识中的矛盾，引导学生在教师的帮助下自觉得出正确原理。这其实就是一种体验式的教学方法。柏拉图继承并发展了苏格拉底的教育思想，他十分注重在教学中发展学生的思维能力，强调探讨事物的本质，提出学生要通过自身的"反思"和"沉思"来获知。因此，把西方的体验式教学思想追踪溯源到苏格拉底是有依据的。而且幸运的是，苏格拉底的这种教育思想为后人所传承。从柏拉图到夸美纽斯到卢梭、狄德罗再到康德、费希特等人，不断地从各种角度充实和深化这种教育思想，最终到十九世纪末二十世纪初，随着西方生理学、心理学、哲学、教育学等科学的发展，体验式教学的理论体系逐渐被建立起来。

这期间，有许多心理学家、哲学家及教育学家建立了一些体验式教学的理论模式，这些模式从一阶段论到六阶段论，不一而足。一阶段论的模式是：experience，即认为体验本身就是一种学习，教育的目标就是建构和组织有效的学习活动，以便把体验本身变成学问。Pickles（皮科尔斯）把这种观点追溯到孔子。二阶段论的模式是：experience-reflection，即认为体验然后经过周期性的深思和反思，是一种有效的构建和实施体验式学习的方法。三阶段论的模式至少有两种，但最简单的模式是：experience-reflection-plan，即认为体验并经过反思后，有助于学习者对未来的新体验制定计划。四阶段论模式最主要的代表是库伯体验式学习模型。五阶段论的提法很多，主要代表有 Kelly（凯莉）的"遇到问题—确认—调整—预测—行动模式"（encounter-confirmation-revision-anticipation-investment）；还有 Pfeiffer&Jones（菲佛·琼斯）的"体验—表述—处理问题—普遍化—应用"模式（experiencing—publishing—processing—generalizing—applying）；六阶段论则认为学习

的过程是"体验—归纳—普遍化—推理—应用—评估"（experience-induce-generalize-deduce-apply-evaluate）等。

不过，目前大家公认最经典、应用最广泛的，则是大卫·库伯（David Kolb）建立的 Kolb 体验式学习模型。David Kolb 在主要吸收了 Dewey（杜威），Lewin（勒温），Piaget（皮亚杰）等人关于体验式学习的论断的基础上，在其论著 Experiential Learning：Experience as the Source of Learning and Development（体验学习：作为学习和发展的源泉的经验）中建立了以 Kolb 模型为基础的体验式学习理论体系，这本论著成为体验式教学理论的经典。

三、实用至上的西方体验式教学思想

美国教育家杜威（Dewey）是实用主义的集大成者，他的著作《我的教育信条》和《民主主义与教育》中提到的许多教育理念影响着美国乃至整个西方教育。在他的时代，德国教育家赫尔巴特（Herbart）所提倡的提示、分析和综合三大教学法虽然大行其道，但已流于形式，日渐死板空洞。在这一背景下，杜威奋起改造传统教育方式，认为一切真正的教育应从经验中产生，教师只是这种经验的启发和诱导者。他的思想，尤其是"从做中学"的思想顺应 19 世纪美国教育改革的需要，有利于培养学生动手能力与创新能力，被西方奉为经验自然主义的代表思想。

继杜威之后，美国心理学家罗杰斯（Rogers）把心理治疗"以人为中心"的理论推广到教育领域，提出了"以学生为中心"的教育观。有意思的是，罗杰斯倡导的人天生具有潜能，在学习中强调"体验的内生性"这一观点与四百年前王守仁的"致良知"："夫心之本体，即天理也，天理之昭明灵觉，所谓良知也"（《与舒国用》）所认为的人之良知与生俱来，是不假外力的自生力量如出一辙。此外，杜威和孔子一样，注重知识与情感的统一，强调情感在体验中的重要性，认为学习的目标是成为完整的人，是认知与情感的共同发展。

1984 年，库伯（Kolb）在他的著作《体验学习：体验——学习发展的源泉》（Experiential Learning：Experience as the Source ofLearning and Development）一书中正式提出了"体验"的概念，建立起了完整的体验理论框架，将学习细化为"具体经验、反思性观察、抽象概念化、主动实践"四个阶段。与王守仁提倡教育对儿童的教育应结合儿童身心特点开展的观点相似，库伯在这四个环节构成的循环学习圈中，提倡关注学生个体差异。他在继承杜威等前人成果的基础上，进而将学生分为：经验型、反思型、理论型和应用型四类学习者，号召教师在教学过程中注重学习者的不同风格。

纵观中西关于体验的教学思想不难发现，这些理论的提出都不是学者们灵光乍现的结果，而是为了服务教育、社会发展的实际需求应运而生的，生来就用于指导实践。因此，对现世的教育具有不朽的借鉴价值。不论提出的时间先后，中西方体验思想都强调"践履"在学习中的重要性；强调学生在学习过程中的自发性与主动性；强调教师结合学生情感体验、个体差异等因素在教学过程的诱发作用。这些思想在当代仍然符合我国高校教育的实质与目标，对教学实践具有良好的理论指导作用。

四、其它西方相关理论研究

此后人们对体验的研究越来越深入，并形成了不少理论成果，其中一些理论的产生和发展为我们今天提出的体验式教学提供了理论依据。主要有：

1. 杜威的自然主义经验论。杜威把他的经验观称之为"经验的自然主义"或"自然主义的经验论"。他把存在看成是一个"统一的经验整体"，并且把这种统一的经验整体作为哲学的出发点。杜威的经验自然主义具有以下一些特点。第一，知与行的合一。英国经验主义者把感觉经验看作是被动接受的东西，是主体对于客体的感知。而杜威认为经验是主体与对象或有机体与环境之间交互作用的一种活动，经验不仅要接受自然而且也要改变自然环境，经验就是有机体对于自然环境的所做、所感。第二，经验的整体性。既然经验是有机体和环境之间相互作用的一种活动，因此在杜威看来，有机体和环境、主体和对象、经验和自然被看成是统一的经验整体。也就是说，正是经验、活动或实践使主体和对象、经验和自然连成了一个不可分割的统一整体。杜威提出"原始经验"的概念，在原始经验的状态下，人与环境是混沌不分的，活动就是一切，只有在反省的基础上，才分裂为精神与物质、主体与客体、经验与自然，而传统哲学把这种次生的对立看作是哲学的预设。第三，经验的流动性与发展性。杜威反对传统的原子论的经验主义观，英国经验主义者把经验看作是感觉材料或者感觉片断，而且是确定的。而杜威认为经验不是固定不变的，而是不断的变化和流动，人类当前的经验还与人类过去积累的知识密切关联，而且指向未来之物。第四，经验与思想的统一。传统哲学认为经验是消极的，而思想是对经验材料的加工和运作，而杜威在《民主主义与教育》中提出经验的两个基本特征：首先是经验中包含着思维，其次是经验即实验。前一特征是指经验在摆脱旧观念加诸于它的那些限制之后，经验本身就充满着推论，没有一种自觉的经验是不包含推论的。后一特征是指经验包含着主动的因素和被动的因素，主动的因素就是尝试，而被动的因素是接受结果，因此经验总是在意义关联之中进行，从而具有价值。从这种自然主义经验论出发，杜威主张教育基于行动，教学不应该是直截了当的注入知识，而应诱导儿童在活动中得到经验和知识。

2. 马斯洛的高峰体验说。马斯洛在《人的潜能和价值》一书中提出了"高峰体验"

这一概念。他认为高峰体验是指处于最佳状态的时刻，感到强烈的幸福、狂喜、完美或欣慰的时刻，它是一种奇妙无比的、个人化的、情绪的、内在的感受。他认为，高峰体验具有以下特征：第一是高峰体验时人具有释放性，即无所羁绊。这时，个体一般都处在自己能力的顶峰，能最好地、最完善地运用自己的全部智能。而在平时，我们只有一部分智能用于活动，另外一部分则浪费了。高峰体验时，个体变得像一条没有水闸的河流，可以自由流淌了。这时的个体更多整合而较少割裂，对体验更坦率，更有特异性，表现更充分，更有创造性，更超越自我。在这样的过程中，个体真正地成了他自己，更完善地实现了他的潜能，更接近他的存在核心，成了更完善的人。一句话，个体更自由，可能与现实融合、自我与非我融合。第二是高峰体验时人具有创新性，即最富创造力。因为人在高峰体验时，更觉得自己在活动和感知中是负责的、主动的，是创造的中心。由于有更大自信且无怀疑，其认知和行为就能够以不干预的方式，或以格式塔心理学描述过的灵活方式，按照它内在的、"显露出来的"条件，按照任务、责任或由工作自身性质提出的条件，把自身塑造成一种特定状态。因此，认知和行为是更即兴的、临时的、更突然的、新奇的、新鲜的、不陈旧的、不圆滑的、非出于教导的、非习惯性的，是较少准备、较少规则、较少预谋的。第三是高峰体验时人具有审美性。审美性的外在表现可以被看作是纯粹的满足，纯粹的表现，纯粹的得意洋洋和快乐。因为高峰体验"到底"了，所以它体现了弗洛伊德的"快乐原则"和"现实原则"的融合。马斯洛认为，当一个人处在他的最佳状态时，活动变得不费力、容易了。与这一点紧密联系的是经常感觉优美，并显得优美，这种优美是在任何事情进行得顺利、得心应手、超速运行的时候，和平稳、容易、不费力的充分发挥作用一起到来的。当他达到更纯粹、更个别化的他自己时，他也就更能够同世界融合在一起，同从前的非自我融合在一起。例如，创作者与他正在创作的作品融为一体了，母亲和孩子觉得是一个人了。第四是高峰体验时人具有独特性。这包括两层涵义：其一是主体认为自身是独特的，他拒绝被类化。马斯洛指出，人在高峰体验时有最高程度的同一性，最接近他们真正的自我，最有特异性。如果说，一切人大体上是彼此不同的，那么，在高峰体验时，他们就有了更纯粹的差别。如果说，人们在许多方面（在他们的角色上）是可以互换的，那么在高峰体验时角色就消失了，人们变得很少互换了，是不可替代的。无论"独特的自我"意味着什么，以及它的起因是什么，反正它在高峰体验时总是更为独特的。其二是主体眼中的客体也是独一无二的。马斯洛认为，人在高峰体验时的知觉强烈地倾向于独特的、不被类化的。无论是对一个人的，还是对世界的，无论是对一棵树的，还是对一件艺术品的知觉，都倾向于被看作是独特的事例，看作是它的类别中的独特成员，不同于日常的方法。日常的方法一般停留在亚里士多德式的把世界万物分成各种类别上，对于类别来说，对象只是实例和样品，因而必然缺乏独特性。马斯洛的高峰体验说启示我们：教学过程应当是教师和学生的一种享受，一个兴趣由无到有、由低到高、由狭隘到宽广的过程，过程是第一位的，尤其强调师生在教学过程中的体验和感受。同时还要求教师不仅要善于对学生进行分类，更重要的是在教育、教学过程中，必须将学生看作是独特的、特异的个体。一种教学方法、一个学习材料、一种教育方法可能对一个学生有用，而对另外一个学生可能起副作用，也可能没有任何作用。

　　3. 大卫·库伯的体验式学习。美国凯斯西储大学维德罕管理学院的组织行为学教授大卫·库伯于 1984 年出版了《体验式学习》一书，该书是他在总结了约翰·杜威、库尔特·勒温和皮亚杰经验学习模式的基础之上提出自己的经验学习模式亦即经验学习圈理论（experiential learning）的一本著作。在书中他提出：学习是一个活动（体验）—发表—反思—理论—应用—活动（体验），依次循环的过程。他认为：有效的学习应从体验开始，进而发表自己由体验产生的看法，然后进行反思，再总结形成理论，最后将理论应用于实践。库伯把体验看做是获取知识的方式。在他看来，我们有两种不同的体验方式：具体体验与抽象体验。假如你从未吃过梨，怎么才能知道它的味道呢？你可以直接品尝它——非常具体地感觉它，你也可以通过别人的描述来获知梨的味道——非常抽象地感受它。前者是一种具体体验——把你所有的感觉、情感溶入真实的情境之中，而后者是一种抽象体验——运用你的思维（或理性）而不是感觉（或情感），通过对概念、符号的思考、分析、归纳而获取知识，它不用直接参与到真实的情境之中。在这两种获取知识的途径中，体验学习充分认识到具体体验在获取知识中的重要性，特别强调具体体验在学习过程中所扮演的关键角色。意义是在学习者的头脑中被创造的，与学习者所感觉到的世界相互作用的结果，所以它就不可能由老师简单地告诉给学生。建构主义、情境学习、以及自主学习理论都主张学习离不开学习者对周围世界的主动建构，离不开学习者在一定的历史条件下与外部具体情境的交互作用，其实质就是离不开学习者的具体体验。人们通过对经验进行反思、分析和重构来理解世界及其周围所发生的一切。因此，个人的直接经验在体验学习中非常重要，是经验架起了理论与应用之间的桥梁。但在传统的学校教育中，学习者的生活经验并没有得到教育者的重视，教材与学生之间始终存在着距离。库伯之所以非常注重具体体验在学习中的重要作用，这是因为传统的教育过分偏重予学习者通过理性所得的抽象经验。这样的抽象经验如果不能与学习者的具体体验发生联系，就难以获得意义。大卫·库伯的体验式学习理论已经成为很多培训模式和学习方式的核心理论，这个理论对设计和开发终身学习模式也有着深刻的影响。西方很多教育家认为，这种强调"做中学"的体验式学习，能够将学习者掌握的知识、潜能真正发挥出来，是提高效率的一种有效学习模式。

第二章　体验式教学的内涵与特征

第一节　体验式教学的含义与特征

一、体验

（一）体验的涵义

对"体验"内涵的界定和特征的把握是本书研究高校思想政治理论课体验式教学必须首先予以理清的概念，结合相关研究成果理清这一概念将有助于本书研究的深入。

在《现代汉语大辞典》里，对体验一词的解释是："通过实践来认识周围事物；亲身经历。"笔者认为，词典中的"体验"一词包含三点意思：首先，体验是通过实践来实现的，体验离不开实践，实践的过程也是体验的过程；其次，体验强调亲历亲为，具有主体性的特点；再次，体验的客体是周围事物，即个体体验的范围很广泛，体验贯穿于认知之中。

在我国，"体验"一词的语义最早出自《淮南子·祀论训》："故圣人以身体之。"《荀子·修身》："好法而行，士也；笃志而体，君子也。"即强调亲历亲为。在中国早期的文化中，不管是儒家文化还是道家文化，人的认识，包括对社会、自然和人的认识，本身就是一个"体验"的过程，而不是主张主体对客体的追求过程。比如《论语》和《孟子》，更多的是从身边的现实生活中找一些例子，来阐发对社会生活和人生的感悟和体验。

在西方文化中，"体验"一词是在 19 世纪下半叶以来，在反理性思潮的影响下，才跃上了人类生存的前台。在西方文明的发展历程中，从苏格拉底开始便有了"知识即美德"的认识，人们对于理性和理性力量充满向往，但是在对知识的占有欲的驱动下，对生命的美好感受和体验却被人们遗忘了。人们对万事万物的本质的认识不是用生命去感受和体验，而是借助知识来衡量。直到 19 世纪下半叶，人们才开始反思：知识、科学能够解决一切问题？有了知识就有了美德吗？在这样的背景下，人们开始"返璞归真"，寻找生命的真谛。"体验"作为生命的存在方式，才引起了人们的重视。叔本华、狄尔泰、西梅尔等开始试图把感性的个体从纯粹的理性思辨中解放出来，西方哲学从抽象的概念领域转向了生活、生命、体验。西方文化（哲学、心理学、美学）也逐渐领悟到生存和体验对于人的生命和自我经验的重要性，开始从不同角度揭示体验对于人的价值和意义。

不同的领域，对"体验"有不同的理解。在哲学家看来，体验是一种生命存在的方式，是一种内在的、独有的，并且发自内心的，是和生命相联系着的行为，是对生命、人生和生活的感发和体悟；在心理学家看来，体验是由诸多因素（如情感、态度、想象、理解、感悟）共同参与而形成的一种心理活动；在美学家看来，审美体验是观赏者以一种全身心投入的方式在观赏和享受美，从而领悟到生命的激越和飞扬；在教育家看来，体验是一种区别于传统知识教育的教育途径和方式，是一种尊重个体的感情、尊重个体经历的差异性，从而触动人的心灵的教育。我国学者朱小蔓认为，体验是一个人情感的变化和发展，从而形成对某种价值的认同、遵循乃至于形成人格，主要强调体验的情感性、主动性。学者刘惊铎认为，"体验是一种图景思维活动。其中，'图景'是一种跨越时空的有机的整体性存在，它同时包含着个人过去的生活阅历、当下生活场景之生命感动和未来人生希冀的蓝图，其显著特征是整体性、现场性和超越性。"综合各领域的观点，笔者认为，体验是人存在的一种方式，是生命的载体；是个体通过亲历亲为的心理或实践活动来引发内心的感受和体悟，从而主动地认识事物并且形成价值认同的一个过程。

（二）体验的特征

湖南师范大学教育科学学院教授辛继湘在其博士学位论文中对体验的内涵和特征作了详尽的分析和阐述。

辛继湘教授主要从哲学、心理学、美学、教育学等方面对体验的内涵作出了分析阐述：在哲学眼里，体验是生命存在的一种方式，是和人的生命和个体生活相联系的对人生、生活的感悟和体会；在心理学眼里，体验是一种心理活动，与主体情感、态度、想象、理解等诸多心理功能密切相关，"体验是在与一定经验关联中发生的情感融入和态度、意义的生成"；在美学眼里，体验是审美体验，"是对生活、生命更为本质性的经验和感受，它以一种全身心的方式来感知、体会对象，体验的过程总是和生命、生活、生存联系在一起"；在教育学眼里，体验本身是教育所追求的目标，同时也是实现教育目标的手段和方式，并贯穿于教育过程始终，学习者应该成为"自我生命的体验者和创造者"。

辛继湘教授认为体验有着这么几个基本特征：一是本体性，体验和生命具有共生性，人不仅将体验的对象融入自己的生命意识中，同时通过体验也感受自身的价值与意义；二是亲历性，体验作为一种行为和心理，是与个体的经历高度相关的，深刻的经历对体验的产生至关重要；三是情感性，情感是体验的出发点和归结点，体验总是伴随着一定的情感，并使情感不断升华且富于意义；四是整体性，体验是个体全身心投入后对对象的整体把握，体验过程是包括认知在内的诸多心理因素的整体作用，体验结果也是综合的，包括认知、观念、情感和态度；五是生成性，体验是一种有意义的生成性活动，不仅使外部世界在主体心中生成新的意义，而且表现为主体生命意义的生成；六是自主性，体验是主体积极主动的行为，体现为主体的主观能动性，是一种自我建构的过程；七是个体性，体验总是与独特的个体紧密联系，是一种具有个性和具体性的方式和行为。

因此，综上认为体验具有情感性和主体性的特征，是主体亲自参与并在活动过程中主动体悟、感受、建构，调动知情意诸多心理因素，形成对事物既有感性认识又有理性认识的生命体悟的过程和结果，具有行为体验和心理体验两个层次。

二、体验式教学

（一）体验式教学的含义

关于体验式教学，学术界有多种观点。有的学者把它看做是一种教学形式。如学者崔红丽认为，所谓"体验式教学"是指以学生为中心，把学习的主题与学生的实际结合起来，创设和提供适当的情景，让学生在教师的具体指导下，通过参与整个教学过程，切实地感受与体验教学内容，积极主动地获取知识和提高相关素质能力的教学观和教学形式。有的学者认为体验式教学是一种教学模式，如学者辛继湘认为，体验性教学模式提倡一种高度关怀人的教学思想与精神，其基本理念是，教学应关注人的生命的完整性、独特性、生成性和自主性，在传授知识、技能的同时着眼于人的生命体验与发展。体验性教学模式的有效实施，需要在教学目标上凸显生命关怀，让教学过程富于情感和意味，让教学内容整合对象世界与意义世界，需要教师与学生建立起关涉生命体验的对话关系。

学术界对体验式教学的研究主要有这么几种观点：

闫守轩认为，生命性是体验式教学的最核心特质，体验式教学是师生的生命活动和历程，是以生命的全身心投入为前提，在与自我、对象的互动中，感受生命、发展生命，是以生命为归依的教学，它不仅仅是一种教学模式，更是一种教学的理念。

肖海平等人认为，体验式教学是"以体验为基本特征的一种教学观和教学形式，在教学过程中，根据学生的认知特点和规律，通过创造实际的或重复经历的情境和机会，呈现或再现、还原教学内容，使学生在亲历的过程中理解并建构知识、发展能力、产生情感、生成意义的教学观和教学形式"。体验式教学不仅从以灌输、讲授为主的教学方式转入到以体验为主的教学方式上来，而且实现了教育观念的深刻变革。以"在体验中发展"为指导思想，以体验为主要途径，关注教学过程和情感体验，形成"我—你"的平等师生关系，是体验式教学的特征。

张蓉认为，体验式教学是"通过实践来认识周围事物，用亲身的经历去感知、理解、感悟、验证教学内容的一种教学模式，它要求教师根据所讲授的不同内容，设计出不同的体验情境，让学生在不同的情境中内化知识、升华情感、积累经验、提高能力，突出学生的主动性和积极性"。

综上所述，结合相关文献资料，学术界对体验式教学的内涵和特征的研究主要从理念和模式这两个层面作出了一定的探讨，推动了体验式教学理论的深入和实践的发展。体验式教学是以活动、情境等为中介引导受教育者在实践中感受、联想、体悟，以师生、生生间的生活联系为纽带，通过行为、心理两个层面的共同作用而达到受教育者在潜移默化中获得认知，培养技能，升华情感的目的，并在实践中自觉转化为受教育的外显行为，以实现生命意义的主动建构，它不仅仅是一种教育方式手段，更是一种"以人为本"的教育思想理念。体验式教学是一种教学方法，更是一种教学理念和教学模式。体验式教学并不单纯是掌握知识的一种手段和方法，而是通过各种途径和形式，让体验者蕴含着主体内在情感，来主动感受和体悟生命以及知识的丰厚意义，是感性和理性的融合体，是一种贯穿教育始终的教与学的教学理念和教学模式。

国内许多文章和专著从不同的角度阐释了对体验的理解以及有关体验式教学的理论与实践，其中都从不同层面揭示了体验对个体成长的重要性，顺应了社会转型和时代发展的需求，为教育从单一性向多向性，固守性向立体开放性，从旁观者知识观向参与者知识观的转变提供了多维思考的空间，担负起了学术研究对社会变革的促进作用，同时也为当代思想政治教育的变革与发展提供了契机，为研究体验教学在思想政治教育中的运用提供了一定的理论借鉴。

关于体验问题与思想政治教育，体验教学与思想政治教育两者结合在一起的研究主要集中在国内，国外几乎没有专门性、系统性的理论研究，但对公民教育、道德教育的体验式实践探索较多，以美国和日本较为突出。家庭、学校、社会是美国实施思想政治教育的主要途径，三种途径分别在个体成长的不同阶段、不同方面发挥自身应有的作用。美国思想政治教育的方法多种多样，主要通过历史学科、人文学科等专题教育、渗透性教育、实践法、案例研讨法、生活指导法、反思探究或批判性思维法等潜移默化地影响受教育者实现内化与外化的有机统一。美国实施思想政治教育特别注重在学习活动及社会实践活动引导学生积极体验，以此让受教者在实践体验中获得道德认知，培养道德情感，增强道德信念，并自觉转化为道德行为。日本注重对学生的体验式培训，重视道德的养成性教育，道德教育一贯关注情感性和内化性，通过家庭、学校、社区多方配合，结合多种多样的学校社区活动和社会文化活动，多层次培养学生的道德体验能力。

国内对体验与思想政治教育的关系的研究是零碎的，缺乏系统性、全面性，有许多是中小学从教育学角度对思想品德课运用体验教学思想的理论与实践探索，从思想政治教育学角度研究体验教学在高校思想政治教育中的运用很少，几乎没有专著，有的是一些为数不多的期刊论文和毕业论文。笔者通过中国期刊网－中国期刊全文数据库输入检索项"关键词"，检索词"大学生体验思想政治教育"，在结果中检索，其中涉及体验与思想政治教育研究的文章也不过有十几篇，其研究成果主要集中在以下几个方面：

第一，体验式思想政治教育的含义及特征。

范清义认为，大学生体验式思想政治教育是"运用体验的教育方法和途径，对在校大学生进行的思想政治教育活动，其目的是实现大学生个体发展与社会发展目标的统一，促进大学个体的成熟与完善"，并认为体验是其根本的实施方法，思想政治教育是其明确的教育任务，大学生是其特定的教育对象。

李鸣等人认为，大学生道德体验式教育法是依据一定的教育目标，按教学大纲的要求，科学设定多种教学内容与情境，开展课内与课外相结合的多种形式、多种内容和多种角色的体验式教育活动，使学生从不同角度、层次、角色体验人生，激发内需，增强道德信念，发展道德行为，以提升德育实效性的一种教育方法，同时认为规范性与创新性的统一，内化与外化的结合，教育与自我教育的统一，高校德育与社会教育的统一，民族性与国际性的统一是其主要特征。

相关学者对体验式思想政治教育含义及特征的阐述都能突出思想政治教育活动本身的特殊性，并立足于特殊的教育对象，考虑了特殊的教育情境，但在界定时对体验式思想政治教育的核心特质体验阐释不够，在此方面还需进一步拓展研究。

第二，体验式思想政治教育的实施途径。

谭丽燕认为，活动是体验式思想政治教育实施的基本途径，主张以个性为切入点，赋予思想政治教育以人性美，以情感为主载体，赋予思想政治教育以感性美，以活动为主渠道，赋予思想政治教育以内涵美。

吴菊云认为，师生共享体验，教师的分析引领，全面的教育性活动，体验情境的创设，对传统体验教育方法的借鉴都是促成思想政治教育和谐体验的重要途径。

对体验式思想政治教育的实施途径，不同学者都重视以人为本，关切生命本体，关注活动的重要性，这对研究的深入具有重要的推动作用，但又大都停留在理论层面，可操作性显得不强。

第三，体验式思想政治教育的实施方法。

张玲玲等人主要提出移情体验方法，从理论依据和现实诉求，移情体验法的作用及具体运用等方面对体验式思想政治教育做了一定的研究。

严军认为，思想政治教育可综合运用空间法、感受法、表演竞赛法等创新教学活动，主要结合课堂与课外，校内与校外，创设情境，引导学生亲身体验，达到认识提升，思想升华，锻炼品质的目的。

相关学者对体验式教学方法的研究已经注重实践的可行性，联系实际的教育教学情境作出了积极的探索，提出了一定的见解，但缺乏对方法实施的相关条件的分析，难以形成一定的长效机制。

总之，这些文章对体验式教学在思想政治教育中的运用研究做出了有益的探索和尝试，但研究还不够全面深入，对于后来研究者来说，既有着一定的研究困难，也有者诸多可供研究的方面和空间，必将推动思想政治教育的变革与创新，成为学科新的学术增长点。

（二）体验式教学的特征

体验式教学是一种以"学生体验"为核心，完全不同于传统的以"教师灌输"为中心的教学形式，它是指教师根据学生的现有经验和认知特点，创造真实的或模拟的情境，促使学生亲历其中，并互动交流，在此过程中产生认知、触发情感、生成意义的教学形式。

与传统的教学方式比较，体验式教学主要具有以下几个特点：

第一，个体经历是基础。实践是个体发展的源泉，是学生成长的动力。实践的过程就是个体经历和体验的过程，所以，在体验式教学中，学生的经历就是教学的起点。个体经历包括两个层面的经历：一是实践层面的经历，即主体通过实际行动亲身经历某件事，比如学生在实践活动中调查、参观、访问等形式；二是心理层面的经历，即主体在心理上虚拟地"亲身经历"某件事，包括设身处地、感同身受理解别人和回顾反思自身的成长经历。在体验式教学中，学生不再是被动的知识接受者，而是从行为和感情上直接参与到教学活动中来，通过自身的体验和亲历来建构知识。

同时，体验具有鲜明的个体差异。每个学生的知识经验不同，性格能力不同，价值观、思维方式也迥异，对事物的体验、感知自然会有不同。即便对于同一事物，不同的主体以不同的方式去亲历也会得到不同的认识，产生不同的情感。正因为主体的体验存在差异，他们之间才有交流的必要，相互的分享才能碰撞出心灵的火花。所以，教师要充分重视这种个体差异，在授课过程中，要面向全体学生，使每个学生都积极主动地投入到课堂教学中去。

第二，互动活动是载体。体验式教学的重要载体是互动活动。所谓互动教学，就是把教学过程看作是一个动态发展着的教与学相统一的交互影响的活动过程。在这个过程中，通过师生之间、生生之间的对话与交流，产生教学共振，提高教学效果。

在这个互动过程中，教学活动具有"双主体性"。所谓"双主体性"，是指在教学过程中存在教师和学生两个主体，他们在相互尊重、相互平等的基础上，通过教学中的对话、交流而达成互动关系，在活动过程中交互发挥主体的作用。教师不再是个灌输者，而是引导者、扶助者、推动者；教师的作用不再是一味地单方面地传授知识，而是通过各种手段创设教育情景，引导学生体验，分享学生经验。体验式教学通过构建多元互动的学习活动，让学生在活动中获得丰富真实的体验，从而达到"知识与技能、过程与方法、情感态度与价值观"三维目标的和谐统一。

体验式教学的实质就是让学生通过活动来体验，通过体验来发展，把活动中的体验作为学生学习和发展的基本途径。借助活动中的体验来确立学生在教学过程中的主体性，使学生享有更充分的思想和行为的自由，最大限度地获得身体和心灵的解放，使学习主体化、主动化。

第三，情感体验是关键。"感人心者，莫先乎情"，情感是教育的推动剂，是教育有效性的关键所在，情感缺失的教育其效果必定是有限的。

体验式教学正是让学生在真实的生命历程中或模拟仿真的场景中体会到一种深刻的情感，使他们因为感动而行动；而传统的灌输式教育只是教会学生"知道"，却很难让他们真正"做到"。体验式教学的价值往往并不在于体验过程中学生获得某种有形的知识，而常常体现在学生体验的态度和情感上。体验式教学将教学目的蕴含于体验过程之中，更加注重学生对过程的主体性体验，注重给学生生命成长、人格完善提供更多机会、更大空间。"情感是体验的核心"，体验式教学是否有效的关键是学生的情感是否能得到充分调动，而教师正是学生情感的激发器。所以，教师本身必须具有充沛的积极情感，具有敏锐的情感感受力。另外，教师要具备良好的情感表达力，要善于运用入情入理、富有表现力和感染力的语言来激发学生的情感。

三、体验式教学的理论基础

体验式教学的理论基础是体验式教学赖以建立的基础和指导思想，反映了体验式教学的内在特征。这里主要从教育学、心理学和哲学等方面对体验式教学的理论基础进行初步分析。

（一）体验式教学的教育学理论

对于教育过程中贯穿体验的思想，国内外教育学家已有很多论述。

建构主义学习理论是体验是教学的理论来源之一。建构主义的知识观认为，知识不是对现实的准确表征，只是一种解释或假设，尽管我们通过语言赋予了知识一定的外在形式，甚至获得了较为普通的认同，但这并不意味着学生会对这种命题有同样的理解。真正的理解只能由学生自身基于自己的经验背景而主动建构起来，取决于特定情境下的学习活动过程。所以，我们在教学中不能把知识作为预先决定了的东西教给学生，不能以我们对知识的理解来作为让学生接收的理由，不要用教师、课本的权威去压制学生。学生对于知识的接收，只能靠自己的构建来完成。建构主义的这种知识观和学习观，强调学生学习的主动性和体验性，强调学生的认知主体作用，认为学生是信息加工的主体，是意义的主动建构者。因此，每个学生并非空着头脑进入教室，他们在生活、学习、交往中，已经形成了自己个性化的、独特的经验，并形成了自己的兴趣和认知风格。在学习过程中，每个学习者会在其现有的知识经验和信念的基础上，在与学习环境进行交互作用的过程中，对新的知识进行选择加工处理，从而对原有的知识经验系统改造和重组。因此，教学应该由向学生传递知识转变为发展学生的自我学习能力，培养学生的主体性、个体性和创造性和完成能力。在教学过程中，强调学生的自主体验，而不是去灌输抽象的概念和规则，教师应为学生创设必要的体验情境，在课堂上再现社会生活情境，引导学生在思考社会问题的过程中去体验课本知识，让学生亲自去感知、领悟知识，并在实践中升华。

美国实用主义教育家杜威认为，教育经验不断改造的过程，是有机体与环境、人与自然相互作用的结果；经验不仅是一种认识，还是人对周围世界的欣赏、崇拜、体验、喜悦、感伤、探究、认识的整合，即对环境的体验过程。因此，在教育过程中，教师的任务不是单纯教给儿童既有的科学知识，而是让儿童在活动中自己去取得相关经验；他强调教育不是把外在的知识翻给学生去吸收，而是需要以现有的生活情境为主要内容，让学生在社会生活中接受熏陶，获得切身体验。

我国教育家陶行知在杜威的教育思想基础上，提出"生活教育"。其基本观点是："生活即教育"、"社会即学校"、"教学做合一"。陶行知说："教育只有通过生活才能产生作用并成为真正的教育。"他的生活教育理论认为生活是教育的来源，教育应该服务于生活，通过教育让学生学会生活、体验生活的快乐。正如罗素所说："教育活动就是要教会学生过美好的生活"。对于教材，陶行知认为：我们对于书的根本态度是：书是一种工具，一种生活的工具，一种"做"的工具。工具是给人用的；书也是给人用的。因此，我们在教学过程中，不能唯教材，而是要唯生活。教师要充分挖掘教材之外的，贴近学生生活的教学资源，让学生体验生活、感悟生活，获得认知。可见，陶行知早在20世纪30年代就指出教育应该是生活化的，这是体验式教学的理论基础之一。

近年来，关于体验式教学的研究日益丰富。如朱小蔓提出情感教育，在其《情感教育论纲》一书中，把情感教育看作是一个辐射教育活动全域、全程的理论问题与实践问题，突出地强调了情感—体验，指出，"体验，是人的生存方式，也是人追求生命意义的方式"；"教育的过程应该是逻辑—认知与情感—体验，共同构成的完整的教育过程；""情感教育是情绪唤醒、主体感受与体验的过程"。朱小蔓把教育中的个体体验与生命意义联系在一起，强调在教学中充分利用学生的一切生命感官，让学生在学习中能够联想起并融入到生活经验中去，使学习成为深入个人体验的学习，认为只有情感才是属于个体的，是个体真实意愿的表达。

而自主学习的学习观、知情统一的教学论以及学生为主体的教学论从教与学两个方面为体验式教学提供了切实的理论依据。

1. 自主学习的学习观

自主学习是与传统的接受式学习相对应的一种学习方式。传统的接受式学习是在教师的指导下学生掌握间接知识的一种认识活动，在这个过程中，教师是知识的权威发布者，学生只是一个被动的接受者。而自主学习是指以学生作为学习的主体，通过学生主动参与、勤于实践、独立分析、乐于探索、勇于质疑、敢于创造等方法来实现学习的目标。在自主学习的过程中，学生以自己的经验为基础来分析知识的合理性，通过自己的建构来完成知识的"接受"。自主学习有四个标准：第一，通过学习，形成对学习的兴趣，即想学；第二，通过学习，形成独立学习的技能，即会学；第三，通过学习，构建良好的知识结构，即学得好；第四，能很好地将所学的知识应用于实践，即会用个体经历是体验式教学的基础。在体验式教学中，教师通过创设情境、激发情感以使学生想学；通过对学生的指导和发挥其主体性以使学生会学且学得好；通过学生的亲身实践以使学生会用。体验式教学能唤醒学生的主体意识，激发学生的实践能力和创造能力。它充分体现了学生自主学习的学习观。

2. 知情统一的教学论

罗杰斯的人本主义情感教育理论认为：学生的认知过程与情感过程是相互交织在一起的，而教学则是由教师和学生的情意活动构成的，是情意过程与认知过程的统一，即师生的情绪情感的发生、发展过程与学生对知识的认知、领悟过程应该相辅相成、相互促进。在这个过程中，认知系统承担着对知识的吸收、储存、转化、评价的任务；情意系统对认知活动则有多种独特的功能，包括动力功能、强化功能、调节功能、感染功能等，这些功能对学生的认知活动、学习行为起着启动、导向、协调、平衡的作用。由此可见，两种系统应协调发展，相互促进，以求达到最佳的教学效果。

"情感体验"是体验式教学的关键。体验式教学重视情意过程与认知过程的统一。在特定情景中，通过教师的引导和师生的互动，激发学生的情感，使学生的情感得到陶冶，充分发挥情感在认知活动中的重要作用，以促进学生对知识的掌握与应用，真正做到情知合一，共同发展。

3. 学生为主体的教学论

现代教学论强调学生在教学中的主体地位。这种主体地位主要表现为学生在教学活动中的自主性、能动性和创造性。自主性是指在一定条件下，学生对于自己的活动具有支配和控制的权利；能动性是指学生有自觉地认识客体，同时，在一定条件下有改造客体的能力；创造性是学生在现实的教学活动中，有打破陈规、推陈出新的能力。"随着学生主体地位的确立、师生合作关系的形成，传统教学论中的'教师中心论'逐渐被现代教学论中的'教师主导学生主体论'所取代"。这就要求教师在教学中充分发挥学生学习的主体性，由重教师"教"向重学生"学"转变，重知识传授向重学生探索转变，教师从知识的"提供者"变为学习的"促进者"。同时，重视学生的个体差异，使学生充满活力地主动参与到学习中来，最大限度地发挥学生的潜能。

体验式教学充分体现了学生为主体的教学论。互动活动是体验式教学的载体。在体验式教学中，教师和学生交互发挥主体作用，通过对话、交流达成互动关系，通过互动活动使学生获得丰富真实的体验。在互动中活动，在活动中体验，在体验中发展。互动活动中的体验使学生享有更充分的思想和行为的自由，使学习主体化、主动化。"体验的自由性培养创造主体，体验的自主性培养自律主体，体验的行为性培养实践主体"。体验式教学有利于学生的全面发展，有利于学生的实践能力和创新精神的培养。

（二）体验式教学的心理学理论

心理学的出发点是人的意识形态，亦可称之为人的心理感觉，是从人的一种感性认识逐渐上升到理性认识的研究学科，这种认识会从个体出生之后逐渐走向成熟。从心理学的角度来看，教学过程的实质是使学生的心理得到全面发展的过程。只有当教学过程符合学生的心理发展的规律时，才能充分发挥教学的教育功能，才能更好地促进学生的整体发展。学生的心理包括兴趣、情感、意志、性格等因素；心理发展的过程是知、情、意、行统一发展的过程。其中情感是催化剂，是促进其他因素转化的动力。情感是学生的一种情绪体验，当学生的情绪体验与所教的思想观点相一致时，就会产生心理上的共鸣，形成强大的力量，推动他们去相信和追求这种思想观点；相反，如果学生缺少这种体验或自己的体验与这一思想观点相矛盾时，他们就会对这一思想观点表现出冷漠与反感。

在普通心理学中，一般认为"体验"是人对情绪或情感状态的主观感受，而在人本心理学中，"体验"被看作是"内心体验"，是个人自我实现中的内心体验，自我实现是马斯洛所说的"高峰体验"的心理状态。这种状态是自然产生的，是活生生的存在于普通人的生活之中，不能命令和强迫。这种高峰体验可能是瞬间产生的、压倒一切的敬畏情绪，也可能是转眼即逝的极度强烈的幸福感，或甚至是欣喜若狂，如痴如醉、欢乐至极的感觉。

1. 皮亚杰的建构主义

所谓的"建构"是学习者将原有的知识信息结构及意义与新的知识信息关联起来，通过适应，形成新的知识信息结构及其意义。皮亚杰是瑞士心理学家，发生认识论的创始人。他认为，婴儿出生不久，就开始运用他与生俱来的一些基本行为模式对外在环境做出反应，从而获取经验。这种以身体感官为基础的行为模式是个体用于了解周围世界的认知结构，皮亚杰称之为图式。在社会化的过程中，个体总力图保持自身原有认知结构与周围世界之间的和谐状态。皮亚杰把个体维持这种和谐状态的过程称之为"适应"，其目的是保持认知的"平衡"。在"适应"的过程中，个体需要主动的改变自己的认知结构。个体的经验就随着与不断变化着的环境互动而增加，其认知结构"图式"也随着经验的扩大而日益复杂。

皮亚杰认为，所谓认知发展是指个体自出生后在适应环境的活动中，对事物的认知及面对问题情境时的思维方式与能力表现，随年龄增长而改变的历程，个体认知发展涉及到图式、同化、顺应和平衡四个概念。

瑞士心理学家皮亚杰的基本观点是结构主义认识论，皮亚杰认为知识发展受三个基本的过程的影响，即同化、顺应和平衡，他认为每当个体遇到新的刺情境时，总是试图用原有图式去同化新刺激，若同化成功，便能得到暂时的认知平衡；如果原有图式无法接受和解释新的刺激，个体便会作出顺应，即通过改变原有的认知结构来适应刺激环境，来建立认知上的新平衡。在皮亚杰的认知理论中，个体是在平衡与不平衡的交替中不断构建和完善认知结构，实现认知的发展。由此看来，个人原有的经验和图式是获得新知的前提和基础。

皮亚杰认为学习既不完全取决于外在环境，也不完全取决于个体自身，而是个体在与环境交互作用的过程中逐渐建构的结果。知识不是通过教师传授得到，而是学习者在一定的情境下，通过与他人的协作，对话，积极互动，与自身原有的认知结构相结合，通过意义建构的方式而获得。因此建构主义认为，"情境"、"协作"、"对话"、和"意义建构"是学习环境中的四大要素或四大属性。

建构主义理论的提出，对于传统灌输式的教学方法提出了挑战。它要求学生以自身的体验为对知识基础进行心理结构驾驭，自主建构知识结构并研究出对个人行之有效的学习途径，接受新知识的时候经历自身的正确价值筛选从而影响自己的价值判断。建构主义理论在对师生关系的要求也更理性化，教师不再是仅仅要做知识的"传道授业解惑"者，还要主动创设学习情境，组织新式教学活动，引导学生相互交流，通过帮助学生主动参与、自主体验建构知识体系的方式实现教学效果的最佳化，让学生真正升华自我认知、体验人生过程、实现学习价值。

2. 罗杰斯的"自我理论"

美国人本心理学家罗杰斯认为，教育是要培养完整的人，人的存在是认知与情感的统一，如果脱离了情感，所有的智慧都是空虚的、无意义的；单纯的着眼于智力活动，人格不能获得健全的成长，情感才是获得知识的土壤。罗杰斯强调，教学要重视学习者的个人经验，要站在对方的角度去理解其思想、情感；认为学习活动与人的生活经验相联系，那才是卓有成效的。罗杰斯提出了著名的"自我理论"，即教育的价值在于人的自我发展、自我实现。"自我"是对自己的能力、态度、情感等的认识。罗杰斯认为教育者的任务是要创造一适当的环境，来帮助学生发现自我，满足自我实现的需要，使之成为一完善自我的人。罗杰斯提出的意义学习理论认为，意义学习不只是知识的积累与增长，而是一种融合了个体的行为、态度、个注等各部分经验的学习。他认为学习主要包括四个要素，其中首要要素是学习者的个体参与，即整个人（包括情感和认知）都投入到学习活动。所以，个人的情感体验是获得知识的必然选择。

3. 维果茨基的心理发展的内化说与最近发展区理论

（1）维果茨基的心理发展的内化说

维果茨基是前苏联杰出的心理学家，他的心理发展理论是世界心理学宝库中颇具特色的瑰宝。它提出了人的心理发展的一般规律，第一条客观规律是：人的心理机能不是从内部自发产生的，而是产生于人们的协同活动过程中；第二条客观规律是：人的新的心理过程结构最初必须在人的外部活动中形成，随后才可能转移至内部，成为人的内部心理过程的结构。据此，维果茨基认为，所有的高级心理机能都有两个过程，第一次是作为集体活动、社会活动，即作为心理间的机能；第二次是作为个体活动，作为儿童的内部思维方式，作为内部心理机能。显然，这种从社会的、合作的活动向个体的、独立的活动形式的转换，从外部的、心理间的活动形式向内部的心理过程的转化，就其实质而言就是人的心理发展的一般机制——"内化"机制。

维果茨基的心理发展的内化说认为人的知识经验的获得不是被动接受的过程，而是一个转化的过程；不是由外向内的"输入"，而是在一定环境中自内而外的"生长"。社会性互动活动是个体获得语言，学习经验，改变观念的根本途径。教师应该创设更多的教学情境或提供更多的实践机会，在互动活动中，以解决问题为导向，以情感激发为媒介，引导学生积极参与，用心体验，使学生获得自我认同的经验。

（2）维果茨基的最近发展区理论

维果茨基提出的"最近发展区"理论相比皮亚杰更前进了一步，他认为学生的发展有两种水平：一种是学生的现有水平，即是学生可能的发展水平，也时所能达到的解决问题的水平；另一种就是通过教学所获得的潜力，这两者之间的差异就是最近发展区。因此，教学应该按照学生的最近发展区来设计和实施，这样才能促使学生获得新的东西，从而使教学既不仅仅跟随学生已有的发展成果，也不是对学生的简单机械灌输，而是真正建立起教学与学生发展之间的桥梁。在这个教学过程中，教师扮演的是促进者和帮助者的角色，主要目的是指导、激励、帮助学生全面发展。

4. 瓦西留克的内在的主观论

苏联心理学家瓦西留克从心理学的活动理论视角来透视体验，在《体验心理学》中提出了与情感理论不同的体验概念："我们所用的'体验'这个术语并不是心理学中所熟悉的那个意思，即指主体意识内容的直接的、经常的情绪的形式"；"体验活动的结果总是一种内在的主观的东西——精神平衡、悟性、心平气和、新的宝贵意识等等，和实践活动的外音蹈果以及内部的，但是客观的认识活动结果是完全不同的。"瓦西留克把体验心理学作为一门特殊的研究课题提了出来。

（三）体验式教学的哲学体验理论

西方存在主义哲学反对理性主义，强调每个个体的独特性，认为每个人所面对的世界都是个体体验到的属于自己的世界。其代表人物是萨特。虽然存在主义是一种唯心主义的哲学，但其中的合理成分也值得我们在教育教学过程中借鉴。存在主义认为人的本质就是自由，海德格尔说"人人具有独一无二的个性"，每个人自己选择行为的标准和价值，自己设计自己的未来。在认识论上，存在主义者反对过分重视理性，而强调自我的"内心体验"。人靠对个人的情感、意志的内心体验去规定自己，也靠内心体验和直觉去把握认识对象。存在主义让人认识到了生命的可贵，唤醒人的主体意识，使人越来越多地认识到对人的个性的解放和尊重的重要性，它也认识了到自我尊重，自主学习、自主体验、自主发展的重要性。

生命哲学也是体验式教学的重要哲学基础。19世纪末至20世纪初在叔本华的生存意志论和尼采的权力意志论、达尔文的生物进化论和斯宾塞的生命进化学说以及居约的生命道德学说的影响下，诞生了生命哲学思潮。这一思潮的哲学家代表们在理论上把生命看做是主体对自己之所以存在于世的体验、领悟，世界上各种存在着的事物和发生过现象都被他们看做是一种生命存在的经历与延续，哲学所应探索的是内在于并激荡着整个世界的生命。生命哲学肯定了人是一种精神性的存在，认为生命是由内在与外在的经验共同构成的，所以生命不仅具有感知和判断，而且具有情感的复杂意义。只有融入对象、进行体验，才能解释人类精神的奥秘。所以，生命的过程就是不断反思和体验的过程。

在中国古代哲学中，虽然没有明确提出"体验"这一概念，但是在早期的哲学思想中却蕴含着"体验"的思维方式。中国文化注重自我修养，自我体悟是个体提高修养的主要途径。例如，在《中庸》里，认为学习的过程是一个自我反思的过程，即"博学之，审问之，慎思之，明辨之，笃行之"，意思是说学习是学、问、思、辨、行各阶段的逐步上升过程，每个阶段都是对前一阶段的反省和提高，通过"思、辩"的体悟、最后上升到"行"，随之内化为自身素质，外化为行为习惯。宋代的朱熹提出了读书要"切己体察"，他说："学者读书，须要将圣贤言语，体之于身"；"将自己深入那道理中去，渐渐相亲，与己为一"，意思是他要求学生事事都要亲自去做、亲自理会和体察；只有亲身经历了的知识，才知道这种知识的好处，对这种知识的理解才更加深刻，这也蕴含着体验学习的意思。

马克思主义哲学的认识论是体验式教学的重要哲学理论基础。马克思主义认识论认为，人的认识是从感性认识开始，从感性认识发展到理性认识，再由理性认识发展到实践的过程。感性认识是人们在实践中通过感官对客观外界事物的直接感而得到的对事物表面现象、外部联系的认识，它包括感觉、知觉、表象三种形式。感性认识是认识的初级阶段，是认识的起点，理性认识必须以感性认识为前提，离开了感性认识，理性认识就成了无源之水、无本之木，整个认识运动就无法进行。正如列宁在《哲学笔记》中把"生动的直观"作为人类认识活动的起点，他指出："从生动的直观到抽象的思维，并从抽象的思维到实践，这就是认识真理、认识客观实在的辩证的途径。"（P89－P90）可以看出，直接的、丰富的、鲜活的"生动的直观"是感性认识的突出特点。而这种"生动的直观"无疑来自个体的亲身体验。在具体的教学中，极少数学生能够在没有具体的感觉和亲历的体验的情况下，能够进行纯粹的抽象理性思考。先有对事物存在和表现的认知才有对事物所包含的本质的抽象化的理性理解。因此，教学中要善于引导学生掌握丰富的、合乎实际的感性材料，获得丰富、真实的体验，在此基础上才能上升到理性认识。

马克思辩证唯物主义认识论强调：人的一切正确认识来源于实践，人的认识是经过实践—认识—再实践—再认识的循环规律的过程，运用马克思主义哲学原理一否定之否定规律，不断的实践与体验，发现新事物、认识新事物、发展新事物。实践是认识的基础，是认识发展的动力和源泉，而正确的认识能更好地指导实践，这就要求我们一切从实际出发，用实事求是的态度，重视、尊重实践以获得更好地感悟、体验和认识。

马克思主义教育哲学针对人的可塑性特征，着眼于从人的生命发展意义为准则，以人的主体性思维方式探究知识与人的关系，进而论证教育与社会、教育与人、知识与人之间的良性互动与和谐统一。教育的本质总是在于不断培育一代代新青年，促进人类生命个体健康成长，并向社会进行反哺，力所能及的为社会发展做出自己应付出的贡献。人在教育体系中不仅仅是知识的接受者，更应该成为知识的创造者、应用者和传承者。为此，马克思主义教育哲学以人的生命为出发点，通过教育的潜移默化，充分体现人的生命内涵性、丰富性，使每个自然人的精神、价值和行为得到充分的发展。教育的目的就是要使教育者、受教育者共同体验知识，提高收获，让教师能够从自己的教学生涯体会到渝悦感和成就感，让学生能够从课堂和学习中体味到知识的价值和功用，从而不断丰富自身。

（四）科学发展观"以人为本"的思想

科学发展观"以人为本"的思想是对马克思主义基本观点的继承与创新，具有鲜明的时代性，是中国特色社会主义理论的重要观点。

以人为本是科学发展观的核心，坚持以人为本就是"要以实现人的全面发展为目标，从人民群众的根本利益出发谋发展、促发展，不断满足人民群众口益增长的物质文化需要，切实保障人民群众的经济、政治和文化权益，让发展的成果惠及全体人民"。以人为本作为党在新时期的执政理念，是马克思主义人学理论的本质特征。人是社会历史的创造主体，正是结成各种社会关系的现实而具体的人推动着社会历史的前进。

以人为本中的"人"是包括当代中国各种社会阶层的人，是最广大的人民群众。主要体现在以下几个方面：一是这里的"人"指向所有的维护社会主义制度的社会阶层，不单单特指某个社会阶层，所追求的是全体人民的幸福与利益，实现的是最广泛意义上的社会公平和正义，这本身也是党的宗旨和阶级属性决定的；二是这里的"人"也应理解为是具有独特性和差异性的个体的人，作为具有个体差异性的人的利益需要和发展需求是多种多样的，以人为本也应该关注每个阶层和不同个体的利益诉求和实际需要，在社会发展的总体环境和趋势下，遵循人的发展规律作出合理的实践安排。

科学发展观"以人为本"的思想，既体现了一种科学的价值取向，也反映了实事求是的实践作风，突出以人为中心，关注人的主体性，强调人的价值和意义，认为发展的最终目的是为了人，体现了一定的人文关怀。从人的地位和价值上看，要重视人在社会历史进程中的主体地位和作用，做到相信群众，依靠群众，必须最充分地调动人的积极性、主动性和创造性，发挥人的聪明才智；从人的利益需

要上看，要坚持人首先是目的，其后才是手段，在任何情况下、任何时候都要以人民的利益需求和合理愿望为根本，并要以人的生存和发展为要务，尊重人、理解人、关心人，同时要看到人的利益需要是一个复杂的动态的不断发展过程，科学发展观"以人为本"的思想正是要求细心把握人的利益需要的变化，并根据变化合理采取措施，运用恰当的方式方法去反映人民的利益，实现人民的利益；从人的发展上来看，要力求实现人的全面发展，是包括物质的、精神的多方面需求的满足和利益的实现，人的全面发展是科学发展的基本要求。科学发展观"以人为本"的思想是当今时代党的执政理念和执政思维的转变和升华，是马克思主义人本观在中国特色社会主义事业中的继承和创新，体现了高度的人文关怀和尊重人、服务人、发展人、完善人的精神理念。以人为本强调人是社会经济活动的最终指向，认为社会的发展进步最终为了人的发展，为了人作为生命的价值和意义的彰显，只有在这个意义上，社会事业的发展才更有价值，关注人的主体性和创造性，重视人的生存和发展等，都是科学发展观"以人为本"思想所关切的。可以这么说，科学发展观"以人为本"的思想所要达成的目标是社会发展和人的发展的和谐统一，而有利于人的生存和发展是终极的价值评判标准。

因此，科学发展观"以人为本"的思想作为当前中国特色社会主义事业的重要指导思想，无疑对高校思想政治教育有着重要的指引作用，当代思想政治教育必须转变观念，从人的利益和需要出发，关注人的主体性和创造性，彰显人的价值和意义。高校思想政治教育实施体验式教学正是从人的主体性出发，强调人的生命意义的展现，力求实现思想政治

教育真正深入人的心灵，实现思想政治教育应有的人文关怀，提升思想政治教育的实效性，达到外部教育和自我教育的内在统一，内化和外化的统一，发挥思想政治教育的育人功能。从这些意义上说，高校思想政治教育作为中国特色社会主义事业的一项重要的人才培养工程，以科学发展观"以人为本"的思想为理论指导是一个必然要求，而科学发展观"以人为本"的思想也必然成为高校思想政治教育实施体验式教学的一个极为重要的理论依据。

（五）体验式教学的社会学基础理论

1. 符号互动论贯穿体验式教学整个过程

以美国著名的社会学家米德为代表提出的符号互动论认为，语言符号是社会互动的媒介，复杂的人类社会需要并且依赖作为沟通符号的语言生活。人类社会的组织基础是交往，在交往活动中，人类主要是通过角色扮演来理解"意义"的。在体验式教学中，学生通过角色扮演的形式实现角色领会或换位思考，促使个人心灵的转化。课堂是一个由表达一定社会意义的各种符号所组成的"符号世界"，课堂教学的形态实际上是教师和学生运用教材等符号媒介进行理解、表达和交流的社会互动过程。在这种互动的过程中，来自教师的语言符号、来自学生的语言符号和来自教材的语言符号共同构成了一种具体的不可重复的教学情境。

2. 结构功能主义为体验式教学指明了目标方向

美国社会学家、结构功能主义的代表人物塔尔科特·帕森斯，尤其强调社会整合功能的满足，将学校称为"社会化的机构"，在这个机构中，学生的人格通过学校得到培养，直至他们有能力扮演社会人的角色，"社会化功能也许可以概括为个体责任感和能力的发展，这些责任感和能力对于他们未来的角色扮演是基本的前提"。学校通过社会认同的价值观念来使个体能够扮演所期望的角色，成为社会需要的人才，通过这一过程使社会的价值观念得以永存，从而建立和维持社会秩序。

3. 社会批判理论使教学更加具体完善

德国社会学家哈贝马斯于1981年提出的交往行为理论，在西方学术界引起了较为强大的反响，他的交往理性思想强调个体之间要相互加深沟通和理解，要懂得换位思考，用批判的态度来规范社会交往基础，具有反思性和可批判性等特点。通过理性交往实现人与自然、人与社会的协调发展，他强调的是对现实矛盾的批判，促进人与人之间的理性行为，降低情绪对人的影响，谋求人的全面自由和解放。在此基础上，他以兴趣作为其认识的基础，认为兴趣是人类劳动及发展的思想渊源，人类只有具备交往兴趣的前提才能促使人深入思考和理性研究。哈贝马斯指出，语言是人类交往的主体工具，是人类获得解放的希望所在，它构成了人类相互联系的桥梁。通过民主对话，构建真实、正确、真诚和可理解的语言情境，是人类在情境的构造中不断提高认识的保障，是"体验"获得真知的基础，在情境的体验中确定人类交往行为的理想化，从而再生产出"生活世界"，并重建"交往理性"。哈贝马斯倡导通过教育来完善"交往理性"，进而达到社会改良的目的。

四、体验式教学与其它教学模式的关系

（一）体验式教学与其它几种教学模式的区别

1. 体验式教学与传统认知发展教学模式的区别

从概念上来看，体验式教学是一种着重于整体优化的教学模式，它不同于传统的认知发展教学模式，因为体验式教学不仅是传授知识的一种方法，它更加注重学生态度、情感、价值观的培养。

2. 体验式教学与实践教学模式的区别

体验式教学区别于着重技能训练和行为养成的教学模式，特别是实践教学模式。实践教学强调学生去"做"，在"做"中获得知识和培养能力，而体验式教学不仅停留在"去做"的层面上，更加强调主体内在的心理过程，并且主张的是学生主动的参与"体验"，而不是被动的按照指示"去做"。

3. 体验式教学与互动式教学模式的区别

互动式教学强调的是"相互"、"彼此"，即师生间的互为主体，在交流和碰撞中产生认知的火花，而体验式教学主要强调主体在原有经验的基础上，置身于一定得情境之中，在体验中产生内在情感的微妙变化。

4. 体验式教学活动和理论课程教学活动的区别

体验式教学活动是以学生为中心的教学活动。与理论课程教学相比，体验式教学并不是以某一科学体系或学科体系为中心设立的课程，其目的不是为了使学生学习掌握某一学科或者某一门具体课程，不仅仅着眼于学生认知的提高，而且着眼于学生的实践活动，以学生成长为出发点而设计，以促进学生思想道德素质全面发展为目标。

以学生直接经验为内容。理论课程学习比较重视间接经验的学习，对人类社会实践的结果的学习运用、掌握，特别是统治阶级意识形态内容和观点的把握，而体验式教学比较强调从学生直接经验出发来学习，强调学生从实践中亲自感受和体会，强调学生的参与性。

以实践活动为主要载体。体验式教学活动虽然重视学生在课堂教学活动中的内在体验，但其主要载体是学生的各种外部活动，如专业实习、社会实践活动、军政训练、文体活动、公益性活动等，这些活动既可以在课堂内进行，也可以在课堂外进行，但它是一种

有目的、有计划、有组织的实践活动，纳入学校正式的教学计划。

综合经验的课程观。相对于理论课程把各门知识分化成狭窄的学科，采取分科课程的方式进行教育，体验式教学更强调课程的综合经验，学生在实践中接受的教育是多方面的，学生在体验式教学中学习的经验既有智育方面，也有德育、体育和美育方面的内容。体验式教学过程既丰富和发展了学生各方面专业基础知识和技能，同时也丰富了学生人生体验，是知情意行的综合过程。

5. 体验式教学与课外活动的区别

体验式教学与课外活动都是由学生活动构成，但体验式教学活动是一种教学，所涉及的实践活动是课程意义上的活动，纳入学校教学计划，是学校正规教育的重要组成部分，而课外活动则是教学计划以及大纲以外的活动，是教学的一种补充，至多被看作是"第二课堂"或者是"第二渠道"，因而在时间、场地、内容和指导教师等方面得不到充分的保证。

作为教学活动，体验式教学是有组织、有计划、有系统的长期教育活动，要有一定的课程结构和相应的实施规范，而课外活动则比较自由，组织安排是临时的、短期的。

体验式教学的范围比课外活动更为广泛，课外活动的范围局限于课堂之外的活动，而体验式教学的设置没有课堂与课外之分，它既可以存在于课堂内，也可以存在于课堂之外。

体验式教学既是一种活动，也是一种教育的理念，它把学生的直接生活经验纳入学校课程的视野，强调人作为主体的实践活动，这种积极的促进人的全面发展的教育因素与存在于学校课外的自然影响的课外活动有着本质的不同。正因为如此，《中共中央关于进一步加强和改进学校德育工作的若干意见》明确提出："各级各类学校都要把组织学生适当参加一定的物质生产劳动作为一门必修课，列入教学计划，统筹安排，各级教育行政部门要进行具体督促检查。实验、实习课程也要进一步加强，在时间、内容、组织、条件上予以落实和保证。"（P98）将实践教育、劳动教育、社会实践活动纳入正规教学计划，作为加强德育的重要途径，反映了德育发展的内在要求。

6. 体验式教学与社会实践活动和旅游的区别

参观考察、旅游活动可以作为体验式教学的一种资源，这种资源是客观存在的，如果我们合理地加以运用，它就有可能成为一种教育性的因素；否则，它只是一种自然存在的客观因素，而不是有目的、有意识自觉开发的教育性的因素。

体验式教学活动是以直接经验为主要内容的课程教学活动，这种课程教学活动需要一些载体，才能达到教育的目的，而参观考察、旅游活动等活动是一种良好的载体，通过参观考察，不仅丰富和开阔了个体的视野，增强了对社情民情的理解，获得了别人不能替代的个体独特的感受，而且它本身也是一种有益于个人身心发展的活动。

不能将体验式教学活动与社会实践活动、参观考察、旅游活动等同起来，更不能将体验式教学活动庸俗化，把任何参观考察、旅游活动都说成是体验式教学活动。

体验式教学活动不只是一个名称的变化，而是体现着一种教育观念和教育理念的更新。体验式教学大多以参观考察、社会实践和旅游活动等作为载体，通过这样一些实践活动方式来进行，但实践活动本身与体验式教学并不能等同。体验式教学的提法，不是标新立异，而是用新的、或者是科学的概念来取代我们日常生活中非常熟悉、但不能从学理的角度进行说明的术语，我们思想政治理论课教师要善于使用新的语言，具有创新的能力。

（二）体验式教学与其它教学模式的联系

体验式教学作为一种教学理念和教学模式，是和思想政治课的其它教学模式息息相关的。首先，体验式教学作为一种教学理念，贯穿思想政治理论课教学的始终。体验式教学注重学生主体性的地位和主动性的培养，强调通过情感、感悟来实现心理认同，然后形成行为习惯，这是符合人的认知发展规律的，是任何教学模式都应该贯穿其中的。其次，体验式教学的目标是与其他教学模式相一致的。目前，任何一种思想政治理论课的教学模式都是针对由于传统灌输式教学的弊端所导致的思想政治理论课索然无味，实效性差的问题提出来的，体验式教学也不例外。因此，体验式教学与其它教学模式的目标都是培养学生的主体人格，增强思想政治理论课的实效性。最后，体验式教学作为一种教学模式，与其他教学模式是相互配合，不可分割的。如在思想政治理论课中，教师在引导学生进行体验，产生内心的价值认同后，也需要运用灌启式教学加强认知，并且实践教学、互动式教学都可以作为体验式教学的具体教学方法。

第二节　高校思想政治理论课体验式教学的内涵与特征

一、思想政治理论课的内涵分析

思想政治理论课是我国普通高等院校开设的公共必修课程，根据《中共中央宣传部、教育部关于进一步加强和改进高等学校思想政治理论课的意见》（教社政〔2005〕5号）文件规定，本科教学段必须开设《毛泽东思想和中国特色社会主义理论体系概论》、《思想道德修养与法律基础》、《中国近现代史纲要》、《马克思主义原理》和《形势与政策》等五门课程。其中《毛泽东思想和中国特色社会主义理论体系概论》主修内容应为中国共产党把马克思主义基本原理与中国实际相结合的历史进程，充分反映马克思主义中国化的两大理论成果，坚定在党的领导下走中国特色社会主义道路的理想信念；《思想道德修养与法律基础》则主要进行社会主义道德教育和基础法制教育，帮助学生增强社会主义法制观念，提高思想道德素质，解决成长成才过程中遇到的实际问题。

思想政治理论课是集思想教育、政治教育、马克思主义理论教育、道德教育、法制教育为一体的课程。但由于思想政治理论课立场的特殊性、教学形式的局限性，在教学理念、教学方法、教学评价等方面都一直是采取课堂说教的方式进行，而忽视了采取新的教学方式，改善教学质量，引导学生投入情感，进行体验。在这种背景下，学生即使通过死记硬背记住了马克思主义理论课程中的思想观点、道德规范、法制基础、马克思主义中国化理论成果等内容，也很难把这些理论知识消化吸收，增强其内在的素养和品质，更不用谈化理论为实践，再通过实践检验理论，升华思想，感悟人生，形成积极正确的价值观、人生观和世界观。思想政治理论课体验式教学法则能贴近学生，打动学生心灵世界，引导学生自觉自愿地实现"由知到行"的学习过程。使学生发自内心地体验和感悟到某种理论、某种规范要求的价值性，从而在情感上产生认同、尊重，或羞愧、反思的心态，提升思想政治理论课教学的实效性。因此，思想政治理论课教学应该强调学生的体验性，重视学生的情感共鸣，才能促使学生由知到行的转变，培养学生真正具备自身的良好道德品质。

《中共中央宣传部、教育部关于进一步加强和改进高等学校思想政治理论课的意见》指出：加强和改进高等学校思想政治理论课的总体要求是：坚持用发展着的马克思主义武装大学生，始终保持教育教学的正确方向；坚持理论联系实际，贴近实际、贴近生活、贴近学生；坚持开拓创新，不断改进教育教学的内容、形式和方法；力争在几年内，使高等学校思想政治理论课教学状况有明显改善。要形成比较完善的学科体系和课程体系，编写出充分体现当代中国马克思主义最新成果的教材，实现教学方式方法多样化、实践教学规范化和教学手段现代化，解决学科基础薄弱的现实问题。也更是通过政策性文件来指引思想政治理论课的发展趋向，实现在教学方面的"三贴近"，开拓创新，用优秀的教学方式来提升思想政治理论课的实用性，从枯燥无味的理论性教学中释放出来，激发学生的学习欲望，实现理论性课程的最优化教学效果。

二、高校思想政治理论课体验式教学的内涵

思想政治理论课体验式教学，是指高等院校思想政治理论课教师根据其教学计划和目标，及学生身心发展的具体实际，有目的、有计划、有组织地选择或创设特定的教学情境，通过情感互动，引导学生全身心体验整个教学过程，培养学生的主体人格，在获得情感体会的事实中加强对相关理论知识的深度理解，并自主归纳、总结，将所领会的知识与自身实际情况相印证，积极的钻研领悟，形成正确的价值判断，实现由知到行的转化，逐

步提高学生综合素养的一种教学方法。

第一：以教学计划和目标及学生身心发展的实际出发。思想政治理论课的教学计划和目标是逐步将思想政治理论知识内化于学生的思想与行为，提高学生的思想政治素质与修养，培养出具有高素质的社会主义合格人才。大学生处于对客观世界认知转型期的关键时期，具有其特殊性，在此阶段，学生的可塑性较强，但不稳定系数也较高。思想政治理论课承担着历史性的重任，而在课堂灌输式教学的前提下，更容易引发学生对理论学习的抗拒性，教学效果不佳。因此在思想政治理论课教学过程中，已实现目标为原则，探索出适应学生阶段性发展特征的教学方式必不可少，且有其急迫性，以最大限度的解决当前思想政治理论课教学的困境。

第二：融入情境，引导学生全身心体验，实现情感互动。体验式教学以其独特的情境模拟、思想交融方式，吸引学生的注意力，使学生在自我感触中深度理会到学习的思想真谛，摆脱对思想政治理论课课堂的厌烦性，增强学生的学习兴趣，使学生不断巩固和凝练所学的知识要点，形成自己的学习经验。不断提高学生认识、分析和解决问题的能力，提供一种教学过程中身临其境的平台，实现情感的互动，用心领会到所学知识点的意义所在。

第三：培养学生主体性，化被动为主动，实现教学过程的能动性。学生参与思想政治理论课体验式教学过程为关键是要认清自己的主体地位，在教学环节设计中，要真正把课堂主导权给学生，教师在创设情境之后，应该要充分发挥学生思维的能动性，引导他们体验情境的过程中，将理论知识与学生本身建立相关的联系，"模拟主人翁"亲力亲为，在虚拟实践中获得知识，传承文化，形成真切感受，化被动吸收为主动索取，化厌烦为喜好，并对自身的知情意行产生引领性的作用。

第四：加强对理论知识的理解，形成正确的价值判断，提升个人的综合素养。思想政治理论课的终极目标是实现学生的"知行统一"，而思想政治理论课体验式教学正是以学生对教学内容产生共鸣为目的，将理论知识内化到自身的情感体系之中，形成一定的理想追求，并付诸于行动为手段，形成正确的价值判断，通过实践来检验真理，再次提升认识，不断自我完善，实现个人全方位发展。

思想政治理论课是普通高校开设的必修课，思想政治理论课是集政治教育、思想教育、道德教育、人文素质教育为一体的课程。《中共中央宣传部、教育部关于进一步加强和改进高等学校思想政治理论课的意见》指出：思想政治理论课立足于对大学生进行系统的马克思列宁主义、毛泽东思想、邓小平理论和"三个代表"重要思想、科学发展观和习近平中国特色社会主义思想的教育，进一步推动进教材、进课堂、进大学生头脑工作，帮助学生掌握中国特色社会主义理论的科学体系和基本观点，指导学生运用马克思主义世界观和方法论去认识和分析问题；开展马克思主义人生观、价值观、道德观和法制观的教育，引导学生树立高尚的理想情操和养成良好的道德品质，树立体现中华民族优秀传统和时代精神的价值标准和行为规范；开展中国近现代史的教育，帮助学生了解国史、国情，深刻领会历史和人民是怎样选择了马克思主义，选择了中国共产党，选择了社会主义道路；开展党的路线、方针和政策的教育，帮助学生正确认识国内外形势。由于思想政治理论课的特殊性，在教学理念、教学方法、教学评价等方面都需要探索适合此课的新思路。在思想政治理论课中单纯地采取理论灌输和课堂说教，而忽视学生的情感体验，即使在考试中学生记住了思想观点、道德规范，取得了高分，也很难把这些内化为其内心的素养和品质，更谈不上积极主动地践行这些理论了。缺乏体验的思想政治理论课是很难打动学生心灵，无法达到学生自觉自愿地实现"由知到行"的跨越的。只有当学生发自内心地体验和感悟到某种价值、某种道德要求或某种社会规范，从而在情感上产生认同、敬畏，或羞愧、讨厌时，思想教育才有了实效性。所以，在思想政治理论课教学中只有重视学生的体验活动，重视学生的情感变化，才能促使由知到行的转变，才能使思想政治理论课真正产生影响，最终形成学生自己的道德品质。

思想政治理论课体验式教学，是指通过各种教学平台（课堂上、校园里、社会中），以培养学生的主体人格、提升思想政治理论课实效性为目标，通过在课堂内外根据学生的已有体验引导他们产生内心的感受和体悟，并积极主动地形成自己的价值认同，从而实现由知到行的转化，最终达到思想政治理论课教学目标的一种教学理念和教学方式。

体验式教学理念与传统式教学理念相比，把"以知为本"变为"以人为本"，把"师为主导"转变为"师生平等"，把"注重结果"转变为"注重过程"，把"知识传授"转变为"整体塑造"，更强调教学中学生的主体地位，积极倡导对学生知识学习、人格健全、完整生命成长与发展的全方位关怀；更强调师生之间知识交流与情感交流的融合，教学过程中认知过程与体验过程的统一。

三、高校思想政治理论课体验式教学的特点

在思想政治理论课中实施体验式教学，除了具备思想政治理论课教学的一般特点之外，还具有体验式教学的特殊性。

第一，情感性特点。思想政治理论课中最重要的情感、态度、价值观的形成，人格等品质的培养，都是在体验的过程中实现的。在这些品质的形成过程中，只有引起了师生的情感共鸣，在情感中体会、领悟，才能真正内化为自身的品质，这是无法靠"灌输—记忆"实现的。正如童庆炳所说："体验的出发点是情感，主体总是从自己的命运与遭遇，从内心的全部情感积累和先在的感受出发去体验和揭示生命的意蕴；而体验的最后归结点也是情感，体验的结果常常是一种新的更深刻的把握了生命活动的情感的生成。"

第二，个体性特点。亲历亲为是体验的本质特征，即个体只有亲自经历才会产生体验。刘惊铎老师把体验分为了"亲验"和"想验"两种。"所谓'亲验'，是指体验者亲自置身于一定的关系世界和生活情境之中，经历或受感动，对自身及其他存在的生存状态极其意义有所体验。"无论哪种体验，都是个体独一无二的经历和体悟，都是与众不同的，是不可复制的。因为体验主体是每一个学生本人，因主体的兴趣爱好不同、智力分布有差异，以及对事物的认知方式和理解情况存在差异，所以其体验也各不相同。即便对于同一事物，不同的人去亲历，也会得到不同的认识，产生不同的情感，产生"仁者见仁、智者见智"的效果。因此，在思想政治理论课教学过程中，教师不要用自己的亲历来传递给学生，而是要充分联系学生实际的、真实的生活，那些虚伪的、不切实际的、遥不可及的教学材料，只会让学生感到不痛不痒，事不关己，是不能深入到学生的内心的。另外，我们选用的材料，对有的学生来说是亲历过的，对另外一些学生来说可能是没有亲历过的。所以在教学时，还要注意选材的丰富性和因材施教，让每个学生都有所感悟和体会。

第三，互动性特点。体验式教学是教育上的一种新型的互动交流方式，它强调师生之间的双边情感体验。教学的过程既是师生之间信息、知识交流的过程，同时也是师生之间情感交流的过程。体验式教学中的师生不是传统教学意义上的"我—他"关系、"独白关系"，而是"我—你"关系、对话关系，是师生间生命的相互交流、相互拓展、相互提升。师生双方作为完整的独立的个人，在对话中共享己有的经验，共同体验新知的形成，共同感悟生命的意义与价值。师生都作为自由自主的个体投入一同创造的教学氛围中，互相尊重彼此的人格和观点，彼此之间相互尊重，相互信赖、相互激励。师生在表达出内心深处最真实的想法，然后在观点的相互碰撞中，让真理走进学生和老师的内心。教师在整个教学过程中充分尊重学生的差异性，对学生的个性给予接纳和肯定，教师不只是面向学生的独白者，更是体谅学生的倾听者。在体验式教学过程中，不仅学生得到了丰富的认知和体验，教师自己也获得了发展。

最后，自主性的特点。上好一堂思想政治理论课，在很多人看来，需要教师准备好充分的教学材料，并且在课堂上讲解的栩栩如生，知识点面面俱到，就足够了。其实，这样的一堂课仅仅是停留在"生动"的层面上，也许学生听得很高兴、很认真，几天后、几周后、几年后，还有几个学生能记住课堂上老师所讲的东西？没有亲身体验的知识是肤浅的，没有学生自主参与的教学是无力的。体验的过程是主体积极主动地获得新的自我认识、自我构建，提升其主体性的过程。体验式教学，是让学生亲自参与知识建构的过程，并在过程中体验知识和情感。在体验式教学中，教师应懂得每个学生都有自己的头脑、自己的意愿、自己的性格和认知方式，教师只有给学生足够的空间和氛围，让学生自主地去感受事物，去观察、分析、思考。在自主探索世界、探索自我的过程中体验到知识和生命的力量。只有亲自体验得来的知识和情感，才是难以忘怀的，才能真正深入内心，这是单纯依靠教师"传授"所不能达到的效果。体验式教学是学生"自主"参与学习的过程。

四、高校思想政治教育实施体验式教学的依据

高校思想政治教育实施体验式教学并不是突发奇想，更不是哗众取宠，而是有着深刻的理论依据和现实依据，体验式教学在高校思想政治教育中的实施具有重要性、必要性。

（一）高校思想政治教育实施体验式教学的理论依据

1. 马克思主义关于人的全面发展理论

人的全面发展理论是马克思主义理论的重要问题，马克思、恩格斯在《德意志意识形态》第一次正式提出了"人的全面发展"这一重要概念，这一概念是通过对资本主义劳动生产过程的分析而提出，是相对于人的片面发展而言的。在提出这一重要概念以后，马克思等经典作家又对此作了全面而系统的论述。

马克思主义认为，人的全面发展是社会发展的最高目标。马克思认为，共产主义社会是"以每个人的全面而自由的发展为基本原则的社会形式"，恩格斯也指出："根据共产主义原则组织起来的社会，将使自己的成员能够全面发挥他们的得到全面发展的才能。"同时强调人的全面发展是指每个社会成员的体力智力获得全面发展和自由运用，个人的全面智慧、力量和潜能素质都能全面自由地尽量充分发挥，使人们"全面发挥他们的得到全面发展的才能"。马克思主义人的全面发展理论有着丰富而全面的内涵，包括人的主体性的充分发挥，人的能力的全面发展，人的个性的全面发展，人的社会关系的全面发展。

关于人的主体性的充分发挥。人的主体性是具有主体意识的人在创造自己历史的社会活动中所表现出来的能动性、创造性、自主性。能动性是人的主体性最基本内涵创造性实质上是对现实世界的超越自主性则是人的主体性的最高层次。人的自觉、自由、自为、创造等特性所构成的人之为人及其实践活动的主体能动性，即人的主体性。人的主体性使得人确立了"在自然、社会和自我关系中的主体地位，从而成为自然的主人、社会的主人和自己的主人，成为自由的人，也进而在自由自觉的能动活动中产生人，让人存在，创造人类的历史、传统、社会文化。关于人的能力的全面发展方面，人的能力全面发展主要包括人的体力和智力、潜在能力和现实能力、个性和交往能力等各方面全面协调发展，这是人的基本能力的全面而充分的体现。这种能力往往随着实践对象的丰富和实践领域的扩展而不断得到全面而充分提升。

关于人的个性的全面发展方面，人的个性发展是在社会历史进程中相对于类特征而言的个体所具有的不同特点和属性，是个体发展潜能和现实力量的展现。人的全面发展是以

人的个性发展为重要前提的，人的个性自由而全面发展表现为个性在各个方面自由而充分发展，是生命个体在一定的社会关系中，在生理、心理及社会等方面的自由充分发展，每个人都能按照自己的兴趣、爱好、意愿以及社会的需要自主地进行独特而富于创造性的活动，使得个性在各个方面得到最大限度的发挥。

关于人的社会关系的全面发展方面，人是处于一定社会关系中的具体而现实的人，总是在一定的社会关系中进行着实践活动，并且随着实践活动的开展，社会关系不断丰富而充盈。马克思指出："个人是社会存在物。因此，他的生命表现，即使不采取共同的、同其他人一起完成的生命表现这种直接形式，也是社会生活的表现和确认。"因此，人的社会关系的全面发展是离不开人的社会生活的，与人的社会交往、交流活动密不可分，而且这种社会关系的全面发展也表现为与个体相关的各种人际关系的形成与展开。

因此，马克思主义人的全面发展理论在尊重人的自由个性特点基础上，强调在社会生活的实践环境中发展人的各方面素质，调动人的主体创造性，激发个体的潜能。这些都为高校思想政治教育实施体验式教学，注重个体的主体性、创造性，促进思想政治教育生活化提供了重要的理论依据。

2. 马克思主义关于人的本质的理论

马克思在《1884年经济学－哲学手稿》中，对人的本质问题作了全面深入的研究，并指出："而生产生活本来就是类生活。这是生产生命的生活。一个种的全部特性、种的类特性就在于生命活动的性质，而人的类特性恰恰就是自由的自觉的活动。"（P125－126）马克思将人的生命活动、生产劳动看作是人的类本质，并强调是在一定的生产方式和社会关系中进行的。马克思在《关于费尔巴哈的提纲》中又明确指出："人的本质不是单个人所固有的抽象物，在其现实性上，它是一切社会关系的总和。"（P201－P202）因此马克思关于人的本质的理论的基本要素主要由两个方面构成：一是指出了人的自由自觉的实践活动特性；二是强调了社会关系的重要意义。马克思主义关于人的本质的理论主要表现在下面几个方面：

一是人的本质的社会性。人是社会性的动物，人在社会实践活动中形成了不同于动物之间自然关系的丰富的社会关系，正是在这个意义上，马克思认为"人的本质是人的真正的社会联系"。（P315－P316）社会属性是人的本质属性，在阶级社会中还表现为一定的阶级性。社会属性通过一定的物质生产活动及社会交往活动形成。

二是人的本质的实践性。人的生产劳动、生命活动是自由自觉的实践活动，它是出于人们的各种需要、欲望、利益而开展的具体的、历史、现实的社会活动，它体现着特定的社会关系，而这种社会活动、社会关系在本质上是实践的。作为人的存在方式的实践是"自我创生的本源性活动"同时"实践活动的开放性使人的本性表现出不断创生性和变异性"。

三是人的本质的复杂性和综合性。人是一个多重因素构成的复合体，从整体上来说，人的社会关系不仅包括物质性关系，而且还包括精神性关系。在这两类关系中，"物质性关系又包括经济（决定性的）关系、职业关系等；精神性关系又包括政治关系、法律关系、道德关系、文化关系等"。人的本质不是简单孤立、静止不变的，而是综合复杂、动态发展的。

四是人的本质的的历史性。人的本质的历史性是指人的本质是同特定的时代、特定的社会关系相联系，并随着时代的变迁和社会关系的变化而不断发展。马克思认为，"各个借以进行生产的社会关系，即社会生产关系，是随着物质生产资料、生产力的变化和发展而变化和改变的。生产关系总和起来就构成所谓社会关系，构成所谓社会，并且是构成一个处于一定历史发展阶段上的社会，具有独特的特征的社会。"因此马克思强调人的本质的历史性实质上是承认人的本质的发展性特点。

思想政治教育作为党和国家培养合格接班人的活动，不仅要培养塑造人的思想性、政治性、道德性，而且还要促进人的社会化、推动个体自身成才目标的实现，这与马克思关于人的本质的理论有着相当程度的内在关联性。也可以说马克思关于人的本质的理论客观上要求思想政治教育要从理解人、尊重人、关心人的角度出发，不断更新理念和创新方式方法。我们提出高校思想政治教育实施体验式教学的问题也是基于这么一个出发点。马克思关于人的本质的理论理应成为高校思想政治教育实施体验式教学的一个重要理论依据。

3. 科学发展观"以人为本"的思想

科学发展观"以人为本"的思想是对马克思主义基本观点的继承与创新，具有鲜明的时代性，是中国特色社会主义理论的重要观点。

以人为本是科学发展观的核心，坚持以人为本就是"要以实现人的全面发展为目标，从人民群众的根本利益出发谋发展、促发展，不断满足人民群众日益增长的物质文化需要，切实保障人民群众的经济、政治和文化权益，让发展的成果惠及全体人民"。以人为本作为党在新时期的执政理念，是马克思主义人学理论的本质特征。人是社会历史的创造主体，正是结成各种社会关系的现实而具体的人推动着社会历史的前进。

以人为本中的"人"是包括当代中国各种社会阶层的人，是最广大的人民群众。主要体现在以下几个方面：一是这里的"人"指向所有的维护社会主义制度的社会阶层，不单单特指某个社会阶层，所追求的是全体人民的幸福与利益，实现的是最广泛意义上的社会公平和正义，这本身也是党的宗旨和阶级属性决定的；二是这里的"人"也应理解为是具有独特性和差异性的个体的人，作为具有个体差异性的人的利益需要和发展需求是多种多样的，以人为本也应该关注每个阶层和不同个体的利益诉求和实际需要，在社会发展的总体环境和趋势下，遵循人的发展规律作出合理的实践安排。

科学发展观"以人为本"的思想，既体现了一种科学的价值取向，也反映了实事求是的实践作风，突出以人为中心，关注人的主体性，强调人的价值和意义，认为发展的最终目的是为了人，体现了一定的人文关怀。从人的地位和价值上看，要重视人在社会历史进程中的主体地位和作用，做到相信群众，依靠群众，必须最充分地调动人的积极性、主动性和创造性，发挥人的聪明才智；从人的利益需要上看，要坚持人首先是目的，其后才是手段，在任何情况下、任何时候都要以人民的利益需求和合理愿望为根本，并要以人的生存和发展为要务，尊重人、理解人、关心人，同时要看到人的利益需要是一个复杂的动态的不断发展过程，科学发展观"以人为本"的思想正是要求细心把握人的利益需要的变化，并根据变化合理采取措施，运用恰当的方式方法去反映人民的利益，实现人民的利益；从人的发展上来看，要力求实现人的全面发展，是包括物质的、精神的多方面需求的满足和利益的实现，人的全面发展是科学发展的基本要求。科学发展观"以人为本"的思想是当今时代党的执政理念和执政思维的转变和升华，是马克思主义人本观在中国特色社会主义事业中的继承和创新，体现了高度的人文关怀和尊重人、服务人、发展人、完善人的精神理念。以人为本强调人是社会经济活动的最终指向，认为社会的发展进步最终为了人的发展，为了人作为生命的价值和意义的彰显，只有在这个意义上，社会事业的发展才更有价值，关注人的主体性和创造性，重视人的生存和发展等，都是科学发展观"以人为本"思想所关切的。可以这么说，科学发展观"以人为本"的思想所要达成的目标是社会发展和人的发展的和谐统一，而有利于人的生存和发展是终极的价值评判标准。

因此，科学发展观"以人为本"的思想作为当前中国特色社会主义事业的重要指导思想，无疑对高校思想政治教育有着重要的指引作用，当代思想政治教育必须转变观念，从人的利益和需要出发，关注人的主体性和创造性，彰显人的价值和意义。高校思想政治教育实施体验式教学正是从人的主体性出发，强调人的生命意义的展现，力求实现思想政治教育真正深入人的心灵，实现思想政治教育应有的人文关怀，提升思想政治教育的实效性，达到外部教育和自我教育的内在统一，内化和外化的统一，发挥思想政治教育的育人功能。从这些意义上说，高校思想政治教育作为中国特色社会主义事业的一项重要的人才培养工程，以科学发展观"以人为本"的思想为理论指导是一个必然要求，而科学发展观"以人为本"的思想也必然成为高校思想政治教育实施体验式教学的一个极为重要的理论依据。

（二）高校思想政治教育实施体验式教学的现实依据

1. 开拓高校思想政治教育新局面的需要

多年来，高校思想政治教育在党和国家的高度重视下，在各类高校的积极推动下，取得了一定的成绩，推进了社会主义人才培养工作。但随着时代社会的变迁，传统的高校思想政治教育的理念、原则和方式方法已难以适应新形势下的大学生人才培养工作，一个很重要的方面是，长期以来对人的价值和意义的重视程度不够，很多情况下不是从人这一主体的需要出发，而是将思想政治教育作为政治的附属物，具有较强的政治色彩和政治功利性，导致思想政治教育做功不少，收效不大的局面。

现代社会尤其是社会主义市场经济的发展，决定了作为精神文化现象的思想政治教育必须适应社会存在的变化，作出一定的调整，实现思想政治教育的现代化，达到社会发展和人的发展的统一，并以实现好人的发展为最终目标。唯有如此，才能适应高校思想政治教育的现代化要求，推进高校的自身建设和发展。

高校思想政治教育实施体验式教学适应了社会发展的需要，是对现实社会发展作出的积极回应，有利于实现社会宏观目标和个人现实目标的和谐统一，在促进社会发展的同时，更好地达成人的健康发展。高校思想政治教育实施体验式教学是高校思想政治教育创新，开拓思想政治教育新局面的客观要求。思想政治教育是培养中国特色社会主义事业合格建设者和接班人的基础性工程，是巩固马克思主义一元指导思想的实践需要。中宣部、教育部《关于进一步加强和改进高等学校思想政治理论课的意见》指出，"高等学校思想政治理论课承担着对大学生进行系统的马克思主义理论教育的任务，是对大学生进行思想政治教育的主渠道。充分发挥思想政治理论课的作用，用马克思列宁主义、毛泽东思想、邓小平理论和"三个代表"重要思想武装当代大学生，是党的教育方针的具体体现，是社会主义大学的本质特征，是党和国家事业长远发展的根本保证"。当今世界多极化和经济全球化在曲折中发展，国际竞争日趋激烈，各种思想文化思潮不断涤荡人们的心灵，西方敌对势力对我国西化、分化的图谋不断加紧，思想政治教育的形势与任务日显紧张和急迫，加之思想政治教育面临的对象和环境较之革命战争年代又发生了深刻的变化，思想政治教育在理论及实践方面急需与时俱进，迫切需要加强和改进思想政治教育的方式方法，不断开拓思想政治教育的新局面。体验教学作为在教育领域十分热点的研究问题，为大学生思想政治教育理论与实践创新提供了很好的借鉴，能够推动高校思想政治教育的基础理论研究和实践创新，有利于大学生在自觉主动状态下形成符合社会发展要求的社会主义核心价值体系。

体验式教学高度重视人的主体性，关切人的价值和意义，高校思想政治教育实施体验式教学有利于改变传统思想政治教育漠视人的主体性状态，引导人的健康成长。"思想政治教育过程是在教育者根据一定社会的思想品德要求和受教育者的思想品德形成与发展的规律，对受教育者施加有目的、有计划、有组织的教育影响，促使受教育者产生内在的思想矛盾运动，以形成一定社会所期望的思想品德的过程。"因此思想政治教育效果的实现离不开受教育者的主体性的发挥，在思想政治教育过程中，"受教育者并非被动地接受教育，而是以自己原有的思想认识基础对教育者的教育要求进行评价与选择，通过主体内在的矛盾运动，吸纳教育内容、调整认知结构和将新知转化为新质行为"。而在实际的大学生思想政治教育过程中，教育者往往从本本出发，忽视受教育者的主体性，以一种居高临下者的姿态，忽视受教育者原有的思想认识基础（经验），过多采取传统灌输的方式，"没有把学生当做探索者、当作真正的人"，"人仅仅是存在于世界中，而不是与世界或其他人一起发展；个人是旁观者，而不是再创造者"。这样的思想政治教育忽视了主体体验在教育过程中的重要意义，阻碍了个体生命意义的生成，势必导致受教育者的厌倦，从而也会影响教育者的情绪，陷入一种教无味、学无趣的恶性循环之中。许多大学生对当前思想政治理论课的教学方式手段不满意，觉得单调刻板，缺乏社会实践体验，更缺少真诚的师生交流对话，因此创新思想政治教育方式，注重学生亲历体验，迸发思想政治教育的活力，增强其吸引力，感召力，凝聚力尤为重要和必须。

2. 适应高校人才培养和学生成才的需要

人才现代化是高校人才培养的重要目标，人才的现代化不仅要求培养的人才具有一定的科学文化知识，适应社会发展的技能，而且还要具有现代化的意识和思维和现代化的道德意识和人文精神，高校思想政治教育作为国家培养社会主义建设人才的重要内容，对于高校人才培养坚持社会主义方向，促进人才的全面发展具有重要的意义。

高校人才培养是一项系统而复杂的工程，需要包括专业教师在内的各类人员的共同努力。高校思想政治教育实施体验式教学有利于促进教师在内的各类教育者的观念更新和素质提高，从而推动高校人才培养工作的良性发展。思想政治教育过程中的教育者是社会思想道德规范的传输者，在教育过程中起着组织者、引导者的作用，"是党的理论、路线、方针、政策的宣讲者，是大学生健康成长的指导者和引路人"。因此，教育者自身素质的提高对于大学生思想政治教育效果的好坏起着重要作用。随着世界政治经济形势的变化，国际社会主义运动呈现的新特点，思想政治教育环境的新变化，信息、交通、网络等个体交流方式的多样和丰富，对思想政治教育这一关系中国特色社会主义事业顺利发展的实践活动提出了不同以往的更高要求，要求教育者从新的形势出发，注重个体发展的多样性和特质性，寻求增强思想政治教育有效性的多种方式和手段，树立"以人为本"的理念。体验式教学作为重视个体生命教育的新理念、新方式，在思想政治教育中的运用，必将进一步推动思想政治教育者更新教育观念，加强自身素质的提高，开创大学生思想政治教育的新局面。体验式教学要求师生之间的平等对话交流，教育者在教育过程中要在发挥引导作用的同时，也作为积极体验的一员，而不是置身事外的局外人，这就要求教育者不断加强专业学习和政治学习，同时涉猎教育学、心理学、思想政治教育学等学科领域，深入实践，了解学生，把握学生的实际需求和思想动态，不断提高教学能力和艺术，加强道德修养，提升精神境界。无疑，体验式教学在高校思想政治教育中的运用将推动教育者教育观念的全面更新，有利于教育者的成长和发展，这对推动高校人才培养工作是至关重要的。

体验式教学在高校思想政治教育中的运用是学生成才的需要。体验式教学作为一种教育方式，强调以学生为中心，注重通过创设情境、开辟实践活动，让学生在已有经验基础上，自主体验、验证，运用多种心理因素，深化认识，升华情感，达到主客相融的境界，使学生在潜移默化中接受熏陶，获得新质的符合社会要求的道德品质并自觉转化为自己的实践行为。体验式教学与实践式教学尽管有相通之处，都强调实践的基础性作用，但体验式教学不仅关注"做"，更关注在做的基础上的内在体验，更注重体验的生成性，而不单是对现有理论的验证。因此，体验式教学对主体性、生成性、情感性等的高度关注易于受教育者与教育者的平等对话交流，教师能够设身处地为学生着想，不会强行用自己的思想代替学生的思想，用自己的行为代替学生的行为，教师能理解学生幼稚的言行，珍惜学生的奇思妙想，宽容学生在学习中的失误，耐心对待学生千百次的发问，细心呵护学生的每一点进步，易于达成受教育者与体验客体的主客相融与共鸣，取得较好的教育效果。因此，体验式教学能从尊重人，理解人，关心人的角度出发，顺应青年学生的生活思想实际和成长的规律性。在思想政治教育过程中，在灌输相关知识的同时，必须突出学生的主体性，把实践教学与社会调查、志愿服务、公益活动、专业课实习等结合起来，引导大学生走出校门，到基层去，到工农群众中去，要通过形式多样的实践教学活动，提高学生思想政治素质和观察分析社会现象的能力，深化教育教学的效果，使得学生不仅具备现代化建设必须拥有的人文知识，而且具有社会生活所必须的现代思维和人文精神，这对于当代大学生—中国特色社会主义事业的建设者和接班人成才来说，显得尤为重要。

第三章 体验式教学是思想政治理论课教学改革的内在要求

第一节 激发学生学习动力的迫切需要

学习兴趣指一个人对学习的一种积极的认识倾向与情绪状态。从教育心理学的角度来说，兴趣是一个人倾向于认识、研究获得某种知识的心理特征，是可以推动人们求知的一种内在力量。学生对某一学科有兴趣，就会持续地专心致志地钻研它，从而提高学习效果。从对学习的促进来说，兴趣可以成为学习的原因；从由学习产生新的兴趣和提高原有兴趣来看，兴趣又是在学习活动中产生的，可以作为学习的结果。所以，学习兴趣既是学习的原因，又是学习的结果。

教学过程是一种信息传递的过程，但人脑不是电脑，学生在接受信息并进行加工、储存、组合的过程中，都有本人的态度和兴趣问题。如果在教学中不能激发学生的兴趣而一味灌输，即使课堂教学秩序井然，也不能很好的完成教学任务。而要想激发学生的学习兴趣、动力，将体验引入课堂是个有效的办法。正如德国教育家茅斯多惠所说："教育的艺术不在于传授本领，而在于激励、唤醒、鼓舞。"同时心理学研究也表明：轻松愉快的学习气氛、高涨的学习兴趣能使学生以愉快心境学习、思考，并获取知识。

一、大学生思想政治理论课的学习心理特点

（一）学习需要上的被动性

有些大学生对思想政治理论课的学习需要意识不强，这些学生是学校"要我学"，而不是"我要学"，没有真正意识到通过对思想政治理论课的学习能强化自身思想道德素质，提高政治素养，改善自我的思维方式，提升处世能力。他们视思想政治理论课的学习为一种外在的要求。有调查结果表明，有30.4%的学生认为学习思想政治理论课是为了拿学分，甚至有7%的学生认为没有必要学习思想政治理论课，25.4%的学生认为学习思想政治理论课基本没作用，31.6%的学生认为想政治理论课对今后的发展帮助不大。

学习需要上的被动性造成大学生的学习动机乏力。学习动机是学生维持学习过程的动力之源，是他们学习时尤其在需要克服障碍进行学习活动时的力量源泉，这种力量也能够规范学生的学习不偏离既定的方向。学习动机主要受心理因素、学习兴趣、爱好及习惯等因素的影响。大学生思想政治课学习动机乏力，换言之就是他们对政治的学习产生了无力感，这种厌学表现从程度上可划分为两种形式：第一种，对思想政治理论的学习无动机或动机不足，即对思想政治理论课学习需求不足，所以没有力量来启动学习，当学习遇到难题或者障碍时，他们的厌学情绪就能明显的表现出来。这类学生处于思想政治理论课学习的被动状态，一般情况下，在老师逼、家长压等外在因素的影响下，他们也能勉强的完成思想政治理论课的学习任务。第二种，对思想政治课的学习表现为负动机，这类学生大多对思想政治理论课的学习有着明显消极或错误的认识。可见，学习动力不足是学生厌学的重要表现之一。当学生对学习没有足够需求而缺乏学习动力的时候，他们就会厌学。

（二）学习动机上的功利性

学习动机是推动、引导和维持人们进行学习活动的一种内部力量或内部机制，它是影响学生学习活动得以发动、维持、进行直至完成的内在动力。调查显示，大学生对思想政治理论课的学习动机较为欠缺，大学生认为专业课的学习比思想政治理论课的学习更重要的占 54.5.％，他们认为专业学习更为重要，思想政治理论课的学习只不过是政策的要求，它与将来的就业与发展联系不大，既使被动地选择学习思想政治理论课，也更多地把它看作获取学分和评优评先之需。

（三）学习态度上的消极性

学习态度，主要指学生在学习活动中显现出的不易改变的心理趋向，往往从学生学习时的精神集中状况、情绪波动状况以及学习韧性等角度进行判定和说明。学生的学习态度，大致分为对课程本身的态度、对教师的态度、对教材的态度和对校园的态度。大学生思想政治理论课学习态度消极，与其学习动机缺失有着密切的联系，主要表现在两个方面：第一方面是对思想政治理论课本身态度消极，表现为思想政治课迟到早退，无故请假甚至旷课，课上无心学习，课后不能认真完成作业，考试舞弊等。第二方面是对思想政治理论课教师态度消极，主要表现为不尊重思想政治理论课教师。

大学生对上思想政治理论课普遍存在轻视学习的态度，甚至部分学生厌学情绪严重。问卷调查结果表明：有 45.1％的学生认为自己上思想政治理论课会有迟到的情况，45.9％的学生认为自己上思想政治理论课会有旷课的现象，甚至 4.3％的学生认为自己在上思想政治理论课时从来没有认真听讲过。学习态度与学习兴趣密切相关，大学生的学习兴趣的强弱体现其学习态度的积极还是消极。当问及学生是否喜欢上思想政治理论课时，有

46.5%的学生表示对上思想政治理论课没感觉，兴趣不大，这表明有相当一部分学生学习态度是消极的。

（四）学习动力上的不足性

大学生对思想政治理论课的学习过程中普遍存在应付心理，缺乏学习的热情与动力。这表现在：上课时，有的学生"人在曹营心在汉"，有的学生看其他书籍或者睡觉，缺乏主动参与课堂学习的动力。课余时间，更是逃避学习，很少看与思想政治理论课相关的书籍。调查表明：多数学生学习情感复杂，学习动力上存在明显的不足，43.2%的学生反映学习的最大困惑是目标模糊、动力不足。

大学生思想政治课行动上远离学习，是其厌学表现的进一步具体化，绝大多数厌学思想政治理论课的学生都有这种表现，所以可以据此判断学生厌学的程度。这种厌学表现根源于学习动机缺失和学习态度消极，表现为思想政治理论课上的行为偏离了思想政治理论的学习，比如思想政治理论课上精力不集中、心不在焉、无心听讲，思想政治理论课上看课外书或学习别的科目的内容等。

（五）学习成绩低下

厌学思想政治理论的学生中，大部分该科学习成绩难以达标，少部分该科学习成绩处于中游，只有极个别的学生，该科学习成绩处于上游。访谈中，思想政治理论课教师对此给出的结论是"学习效率使然"。问卷调查结论显示，在22%的厌学学生之中，考试成绩低下的学生占比61%。笔者经过进一步访谈和观察发现，这些厌学思想政治理论课同时成绩难以达标的学生中，有的同学日常的行为表现却很优秀。

二、大学生思想政治理论课的厌学类型

（一）师源性厌学

师源性厌学类型的学生，一般是学习总成绩处于班级中上游的学生，这种类型学生厌学思想政治理论课的原因在于讨厌这科的老师，有调查显示，22%的思想政治理论课厌学学生之中，有39%的学生讨厌该课的教师，可见师源性厌学在学生厌学思想政治理论课成因中占有较重比例。俗语说"亲其师则信其道"，师生关系对学生的学习状况具有一定的影响。学生讨厌思想政治理论课教师主要原因归纳为师能类、性格类、师德类。共有以下三种表现：其一，因为思想政治理论课教师教学技能不足无法吸引学生，教学方法单一，教学手段落后等导致学生讨厌老师；其二，思想政治理论课教师的性格与学生学习时的心

态发生抵触，教师性格偏执，性格过于内向等导致学生讨厌老师；其三，极少数思想政治理论课教师师德不合格，责任心不强，教育缺乏公正，律己不严等，导致学生讨厌老师。

（二）功利性厌学

功利性厌学类型的学生，往往从功利的角度去判断学习某个科目有没有用处或有多大用。这种类型学生厌学原因主要受外在环境的影响而对思想政治理论课产生了错误的认识，认为学习这个科目在生活学习中用处不大或没有用处。笔者问卷调查结论显示，22%的思想政治理论课厌学学生之中，有这种认识的学生占比58%。当前社会中充斥着多种关于学习功利性的认识，功利性厌学类型的学生主要受两种思想的影响：一种思想是"考试主科论"，即认为要想考好就要学好主科，其他的科目对考试都不重要；另一种思想是"数理化中心论"，即认为在生活中用处最大的科目是数理化三个科目，其他的科目在生活中用处都不大。功利性厌学类型的学生潜移默化中受这两种错误认识的影响，进而对思想政治理论产生厌学情绪。

（三）心源性厌学

心源性厌学类型的学生，主要指因为他们处于特定的心理时期，受不良心理的困扰，而产生厌学思想政治理论的情绪。大学生处于成长发育的特定时期，受心理因素的影响比较明显，抗挫折能力和辨别能力不强，很容易产生自信不足、意志薄弱、敏感多疑等不良的心理，同时又不能有效地控制这些心理因素。这些不良心理因素很容易造成他们烦躁不安、难以集中注意力、易受打击而情绪低落等，加上家长、老师等对其期望过高而带来的心理负担，导致他们对识记内容较多而又枯燥乏味的思想政治理论产生厌学情绪。

（四）迁移性厌学

这种厌学类型的学生，一开始并没有厌学思想政治理论，只是厌学其他科目，他们逐渐受厌学的科目以及考试成绩的负面影响，开始厌学思想政治理论，迁移性厌学是厌学情绪在科目中相互迁移造成的结果。思想政治理论课与其他科目相比具有自身明显的特点，这个科目自身知识结构间的逻辑联系没有其他科目那么密切，而且学习特点以识记居多，这让一部分差生对思想政治理论的学习产生了一些兴趣，然而屡次考试综合成绩失败的打击，使其产生"都学不好"及"破罐破摔"的心态，进而对思想政治理论的学习失去原有的兴趣，产生厌学情绪。另一种情况是对所有科目都有厌学情绪的学生，他们各科成绩及总成绩都是班里的"尾巴"，各科厌学情绪及不良学习习惯相互影响，形成恶性循环，使得他们思想政治理论厌学的情绪进一步加重。

（五）智迟性厌学

智迟性厌学是大学极为少见的厌学类型。这种厌学类型的学生，厌学原因是自己因智力发育迟缓或智力达不到学习的要求，他们属于比较典型的学习"力不从心"型学生。智迟性厌学的学生，一般不会对某个科目表现出明显的厌学情绪。大学生的智力发育存在一定的差异性，个别学生确实不具备理解和记忆政治理论的概念、原理的智力。再者，学好思想政治理论还要求学生具备一定的学科知识储备，具备一定的思维能力和观察能力等智力因素。

三、大学生思想政治理论课学习心理问题的原因分析

（一）社会环境的影响

进入 21 世纪以后，社会生活急剧变革，社会思潮不断涌入，功利主义、自由主义、个人主义等思想观念交织碰撞，"95 后"大学生置身于各种文化浪潮之中，面对纷繁复杂的社会环境，大学生们常常感到迷茫、困惑甚至无所适从。网络信息环境中成长起来的"95 后"更容易接受新事物，社会环境的多元化成为影响"95 后"大学生思想道德特点的重要因素。

1. 社会过于功利化造成的影响

大学生存在"功利化的价值观"取向，导致对思想政治理论课的学习需要意识淡薄。功利化的价值观，按郑永廷教授的观点，认为，其"信奉的是实用主义哲学，追求的是立竿见影的效果，衡量的是个体利益指标，隐藏的是浮躁的心态"。持这种价值取向的学生，在学习上往往把思想政治理论课的学习同专业课的学习对立起来，重视专业知识、科学知识能力的培养，而忽视思想道德素质，人文精神的培育；重视强化自身的工具意识（如：外语，电脑的学习和应用），而忽视对自身综合素质的全面发展。这类学生往往从功利主义角度认为知识管用的就是自己所学的专业知识，因为它对自己找工作直接有用。与此相反，那些对大学生来说主要是间接有用、潜移默化有用、终身有用的思想政治理论课理论知识，就认为这些知识本身就是无用的，或者作用不大，因而，大学生在思想政治理论课学习上不如专业课及其他公共课那样有强烈的需要意识，缺乏作为接受思想政治理论课的主体去主动参与。这具体表现在：对思想政治理论课的学习提不起兴趣，有的纯粹是为了修学分而接受思想政治理论课，对思想政治教理论课表现出若即若离的态度，甚至有的学生认为思想政治理论课的开设是多余的。大学生这种功利主义价值观，对思想政治理论课的需要意识的淡薄，导致了对思想政治理论课的学习缺乏主动性，没有持续的动力和积极的学习态度来完成对思想政治理论课的学习，由此而产生了学生在思想政治理论课学习中

表现出学习需要的被动性，学习动机上的功利性，学习态度上的消极性。

在全球化的背景下，随着我国改革开放的继续推进和社会主义市场经济的不断发展，为功利主义的传播提供了有利条件。功利主义即效益主义，它追求最多数人的最大幸福。但是在社会化进程中，人们往往背离了功利主义最初的出发点和最终目的，"在吸收其效益原则、求实原则和利益原则等积极思想外，在大众行为的推崇下，其功利原则越发凸显，而公平原则却日渐趋微，大众对功利主义认识向纯粹物质功利倾斜"。再加上市场经济追求优胜劣汰和效益原则，社会风气变得越来越浮躁和功利，人们生活在这种注重实惠、实利的环境中，价值观念也不可避免的带有功利性。就像北京大学钱理群教授在武汉大学召集的"'理想的大学'专题研讨会"上所说："我们的一些大学，包括北京大学，正在培养一些'精致的利己主义者'，他们高智商，世俗，老道，善于表演，懂得配合，更善于利用体制达到自己的目的。这种人一旦掌握权力，比一般的贪官污吏危害更大。"他们中的一部分人竞选班干部不再是想为班集体做点事，帮老师分忧，而是为自己争优争先提供基础。更有甚者，为金钱和个人利益弃国家利益不顾，把国家机密泄露给他人，急功近利，不愿踏踏实实的寻求进步。以个人主义为核心的西方文化也对"95后"大学生思想道德产生了巨大的影响，他们不再以是否符合集体利益为价值评判标准，取而代之的是产生了个人主义和功利主义的倾向。在一次调查访谈中，大部分学生争取好的分数和竞选学生干部主要是为评优评先和就业做铺垫，或多或少带有一定的功利性。在对社会交往应遵循的基本原则的调查中，有不少"95后"大学生选择了"主观为自己，客观为他人"和"为自己的利益而奋斗"这两项。显然，他们更注重个人利益，功利主义取向明显，缺乏集体主义的价值观。

2. 自由主义思潮的影响

随着改革开放的不断深入，政治经济的全球化，西方国家通过向我国输入经济产品的同时，潜移默化的向我国输入了西方的各种社会思潮，对"95后"大学生影响最大的就是自由主义思潮。"自由主义"产生于17–18世纪资产阶级的重要思想和理论，到了18世纪晚期，自由主义几乎成了所有发达国家的主要意识形态。自由主义包括个人的人身、言论、财产、信仰等自由，涉及的内容方方面面，深受各国人民的热捧，尤其对当代大学生产生了深刻的影响。生活在互联网时代的"95后"大学生更容易接受新鲜事物，他们获取知识和信息的渠道主要来源于网络，他们习惯于这种"快餐式"文化接受模式，偶尔浏览网页，或者道听途说，对自由主义的理解并不系统全面甚至是误解的。他们理解的自由主义就是自己有绝对的自由，不受任何限制和约束——即只求自由，不讲纪律。很多大学生借着"自由"的旗号来安排自己的生活和人生，只关注自我，生活很随性。不管别人的观点是否正确，他们始终会坚持自己的想法。他们在生活中追求特立独行，不希望与别人一样，表现在道德观上则是一种"事不关己，高高挂起"的姿态。

（二）应试教育的影响

"95后"大学生是经历教育改革最多的一代，应试教育向素质教育转变；义务教育阶段全面实现了免费；高等教育也由传统的精英型教育转向大众型教育。1999年6月13日，中共中央国务院向全国下发了《关于深化教育改革，全面推进素质教育的决定》，素质教育开始向全国逐步推广。素质教育注重提高全体学生的综合素质，侧重于世界观和人生观的引导与培养、主张个性的全面发展，更重视心理素质的培养、注重开发人的身心潜能，期望形成人的健全个性。随着素质教育的推行，教育者越来越关注学生的全面发展，家庭越来越重视孩子的综合素质，培养他们的学习兴趣和各种才艺。优握的家庭条件和教育环境的改变，使得"95后"大学生大部分都拥有自己的一技之长，因此他们更加自信，个性也更加张扬。

在中国推行几千年的应试教育不是说改革就能改掉的，它的劣根性是根深蒂固的。虽然很多地方都推行了素质教育但是成效并不明显，应试教育仍然占主导地位。随着高校考试招生制度的改革，大学教育从精英教育转变为大众教育，使得拥有同等学历的大学生人数比例直线上升，导致他们生活、就业压力骤增。而中国本来就是一个人口大国，就业压力一直是国人最大的困扰，而好的学历是通往更高的职业平台的通行证，大学生己不再是稀缺人才，社会要求越来越高。为了争夺更好的教育资源和更高的职业平台，学校、家庭不得不继续推行应试教育。成长在应试教育和素质教育争斗期间的"95后"，一方面他们不得不面对传统的应试教育，挤过高考这样的"独木桥"，打败诸多的竞争对手。只有在竞争中占据有利地位才能争夺取稀缺的教育资源，才能脱颖而出，从而进入高等学府获得更高的学历。另一方面，网络信息化使得他们见多识广，不甘心被应试教育束缚，他们渴望自由。在这种矛盾冲击下，再加上"95后"大学生自身辨识能力较弱，他们的思想很容易出现偏差。

大学生对思想政治理论课学习的心理障碍主要表现有"狂妄与自大、逆反心理、应付心理、自卑心理、厌倦心理、排斥心理"，存在心理障碍的学生往往不能客观与理性的对待自己的学习，一旦学习受挫，则容易意志消沉，自我意识易产生偏差，对学习没有热情，或对学习产生偏见，对思想政治理论课的学习也就会武断的认为是非专业课可以放在一边。同时存在心理障碍的学生也易受朋辈心理的影响，缺少自己个人的主见，学习情绪不稳定。

大学生在竞争压力、学习压力、就业压力等各种压力下，往往会以实用主义的心态应对，由此，重视专业知识、眼前利益，而没想到要通过思想政治理论课的学习，确立理想信念，激发内在精神动力转化外在压力的价值取向的方向，

（三）学生自身的原因

学生是学习过程的主要参与者，所有的学习活动都不能脱离学生而存在，所有的教学效果也都是基于学生的改变而产生，同时这种改变离不开学生的自我构建。探究大学生思想政治厌学原因，更要从学生自身这个学习主角入手。

1. 对课程认识存在偏差

有学者的问卷调查结果显示，22%厌学思想政治理论课的学生之中，有58%学生认为学习这个科目没有用处或用处不大，可见多数厌学思想政治理论课的大学生，都存在不同程度的认识偏差，他们从网络、家庭或社会接受了错误的思想，认为思想政治理论课的学习需要死记硬背，是苦差事又无用处。个别文化水平不高的家长或社会群体甚至对这个科目有极端错误的认识，无疑这将使学生的厌学情绪表现的更为明显。这种偏差可分两种形式：第一种，对思想政治理论课学习兴趣的认识存在偏差，即部分大学生对课堂主流思想教育缺乏兴趣，反而对非社会中的消极热点比如各种八卦、绯闻表现出特殊偏好，老师又没有恰当的处理这种兴趣与学习内容的关系，导致学生难以完全信服教师授课的内容，从而产生厌学思想政治理论课的情绪。第二种，对思想政治理论课程本身的认识存在偏差，即持"思想政治与生活联系不密切，学好也没用"和"思想政治理论是副科，学好学坏无所谓"的观点，致大学生学习态度的消极变化，当他们学习任务重时，往往选择学习其他科目这种消极观点的影响会更为明显。

大学生的这两种错误认识之间存在一定的关联。由于他们对思想政治理论课的学习失去兴趣而产生兴趣偏差，导致他们在思想政治理论课的课堂上对社会消极热点或其他思想政治理论课程非主干的知识表现出过分的热情，而教师由于教学任务及教学节奏的压力，对他们的兴趣偏差往往采取压制的办法，久而久之加重了这部分学生对思想政治理论课程认识的偏差。大学生的这两种认识偏差都会导致他们产生厌学思想政治的情绪。

2. 学习方法不适合自己

学习方法在形成过程中受个体兴趣、特长的影响非常明显。有学者问卷调查结论显示，22%的思想政治理论课厌学学生之中，有24%的学生显示"讨厌背诵"。这类学生往往都是在数理化等科目中成绩较突出的学生，这类学生逻辑性思维较强，所以能在推理性较强的科目中有较佳表现，继而对这些课程产生浓厚的学习兴趣。与此同时，对包含识记内容较多的科目渐渐失去兴趣。大学思想政治理论中包含大量需要识记的内容，对于那些"讨厌背诵"的逻辑思维较突出的学生，的确没有多大吸引力。但需要强调的是，这类学生并非没有能力学好思想政治理论课，其厌学的原因在于没有找到兴趣的切入点，也没有比较科学的识记方法，同时思想政治理论课教师也没有给予其及时科学的鼓励与引导。

大学生一定要根据自身优势选择学习方法，因为这样有助于激发自己学习时的信心，再者还能提高学习效率。对于逻辑思维较强而识记能力较弱的学生，千万不要认为自己不适合学习思想政治理论，认识到自己讨厌学习这个科目的原因在于学习方法不当。思想政治理论相对于别的科目而言，比较容易学好，找对适合自己的学习方法，一定能够取得较大的进步。

3. 师生关系处理不当

师生关系作为学生求学时期比较常见的人际关系，是学生比较重要的学习资源，也是他们成长环境的组成部分。如果没有和谐的师生关系，高效课堂将成为空谈，学生的发展也将失去基础。事实上，思想政治理论课在整个大学阶段的课时并不多，大学生和思想政治理论课教师打交道的次数较少，所以学生与思想政治理论课教师关系生疏，这也是学生不喜欢思想政治理论课的一个原因。

在学校时，师生关系影响学生的学习兴趣，当学生步入社会后，人际关系又能影响到学生的发展，所以学生应当认识到培养良好师生关系的重要性，并以此学习为人处事的能力。和谐的师生关系需要教师和学生的共同努力，考虑到课堂中教师和学生是一对多的关系，所以学生应当以更为主动的态度去培养这种关系。

4. 受家庭不良环境影响

家庭环境作为与学生最密切的成长环境对其影响是十分重大的。为了便于探究家庭环境对大学生思想政治课学习的影响，笔者根据家长的受教育水平、经济水平及职业把家庭环境分为以下几类：第一类是家长受教育水平及经济水平相对较低的家庭，主要包含农村普通农民及城市的农民工家庭。第二类是家长受教育水平低但经济水平较高的家庭，主要包括城乡的个体从业者及有普通稳定工作的家。第三类是家长教育水平和经济水平都相对较高的家庭，主要包括企事业单位或政府部门的中高层领导者家庭。这三类家庭中，前两类由于家长文化水平较低、家庭文化氛围较低同时家长疏于管理孩子，甚至个别家长本身就对某些社会现象有着比较极端的看法，使得学生易受社会不良思想的影响而对思想政治理论课的学习产生厌学情绪；后两类家庭由于经济水平较高，其社会关系的层次相对较高，学生又能接触一些社会主流正面思想而对思想政治理论课产生一定程度的学习兴趣。思想政治理论课教师在处理学生厌学问题时，应充分考虑到学生家庭环境的影响。

造成大学生思想政治理论课厌学的另一个家庭原因则来自于家长。大学生的学习压力中相当一部分是来自家长的压力，家长对孩子不切实际的期望，必然会加重孩子学习的心理负担，使其对学习产生厌倦进而产生厌学情绪。调查显示，一部分家长喜欢把自己没有实现的人生目标强加在孩子身上，这是家长对孩子期望过高的根源。然而，这些期望因为没有从孩子的实际出发，同时家长又没有科学的教育和引导的方法，一些家长平时忙于工作，无暇顾及孩子的学习，一旦孩子成绩出现问题，则采用简单粗暴的教育方式，使得孩子的精神和思想高度紧张而容易厌倦学习，由此产生厌学思想政治理论的情绪。可见，家长不切实际望子成龙的期望往往产生相反的作用。另外，一些家长过分的溺爱孩子，当他们进入大学以后，面对巨大的学习压力显示出抗挫折能力不足，容易产生自卑心理而引发厌学情绪。

（四）教师方面的因素

可以说，教师是学生学习之路的指引者、学习行为的促进者、学习内容的传导者，是学生学习活动不可缺少的构成部分。教师的一举一动，都能直接或间接的影响到学生的学习活动之中。教师是教学活动取得效果最为宝贵的资源之一，大学生厌学思想政治理论，必定有教师原因。

1. 部分教师的教育教学理念存在偏颇

在教学实践中，部分教师对思想政治理论课教育教学持教育"社会本位论"的观点，而没有注意到思想政治理论课教学是有别于其他学科的知识传授和技艺训练，它更注重培养学生树立正确的价值观，并将其内化到学生的社会行为中。教师仅把教学当成是传授知识的活动，在一定程度上忽视了学生的个性化及主体性，这就在根本的意义上淡化了思想政治理论课的育人功能，也压抑了学生在思想政治理论课学习的主动性、积极性和创造性。

当前我国多数大学仍然过于注重考试分数，素质教育基本上停留在表面。在思想政治理论课教学活动中，教师按时完成教学内容，按时完成教学任务才是重中之重，没有足够的时间去联系学生现实生活，关注学生个体差异，发挥学生积极性创造性，这使得许多学生感到"被思想政治理论课老师忽视"、"思想政治理论课找不到存在感"，逐渐失去学习思想政治理论的兴趣，产生厌学情绪。另外，思想政治理论由于其课程内容的特殊性，成为我国当前硕士研究生和博士研究生入学的必考科目之一，教师在给大学生传播终身学习理念及鼓励学生深造时对思想政治学科理论的优势强调的不够，没有充分利用这个优势吸引大学生的学习兴趣。

教学活动实质上是创造的过程，即创造出教学内容、教学方法及教学效果等，而教学模式则是这种创造的方法。大学屡次提高思想政治理论课教师的入职门槛，新入职教师素质的确有了很大提升。但不可忽视的是，思想政治理论课教师队伍中存在着相当数量的中老年教师，多年的教学习惯使他们难以改变自己的教学模式。传统教学模式的理论依据，是以德国著名教育家赫尔巴特为代表提出来的，它的特点是以教师为中心，过于强调教师的主导作用，用说教灌输式教学，注重个人努力而很少考虑集体合作。部分教师重知识轻能力培养，重教法轻学法指导。这种教学模式以教师为中心，在安排教学内容、选择教学方法、检查和评定学生学习成绩等方面，主要由教师决定。教师忽视甚至遏制学生参与，加之对现代多媒体教学重视不够，这个现实不但有损学生发挥学习的积极性、主动性和创造性，而且会增加学生的压抑感，很容易让学生对这个科目产生厌学情绪。

2. 忽视学生地位，有区别对待学生

大学生厌学思想政治理论，往往从讨厌思想政治理论课教师开始，而讨厌思想政治理论课教师的原因之一就是教师对学生态度存在差异，只关注一部分学生，对其他人不能一视同仁。反映出教师没有看到一些学生的优点，没有用发展的视角看待全体学生，说到底，仍是教师的"学生主体"意识不够。当前我国大学多数教师的收入、升职机会、各种福利等都与他们的教学成果有直接联系。教师在压力之下，对不同学生态度很容易产生差别，表现为在课堂上往往重视优等生，歧视或忽视差生，对教学效果表现出一种急功近利的态度，对差生缺乏教育的耐心。比如，课堂提问问题时，往往让学习好的学生回答；授课过程中的眼神、语言等交流，也往往只涉及学习成绩好的学生。由于思想政治理论课教师有差别对待学生，使部分学生的自尊心受到伤害，在思想政治理论课课堂中找不到自己的存在感，感到自己的努力不能得到教师的认可，由此产生厌学情绪。

3. 缺乏沟通交流，忽略学生需求

一切教育活动本质都是师生通过沟通和交往而实现的，有效的沟通和交往是达到教学效果的必要条件之一。师生间有效的沟通交流不但可以缩小师生间的距离感，而且能促使大学生从心理上接受教师进而接受其所教课程，实现学生对思想政治理论课教师的"亲其师而信其道"。教育学相关研究已经表明，教育活动是学生把教师所讲知识内化的过程，所以大学生在学习思想政治理论课时，首先要从内心接受教师所讲的知识，经过一定的整合和自我构建，才能转化为自己的知识。课上师生沟通交流的过程必不可少，因为教师可以据此判断自己授课的节奏是否合适以及效果如何。另外，课下的师生交流对于思想政治教师掌握学情也具有积极作用，可以及时发现影响学生学习的其他原因。然而现实的思想政治理论课堂上，多数教师只为赶进度完成教学任务，基本上是"自说自话"，忽视师生沟通交流的重要性，教师和学生的沟通交流太少，学生没有机会表达自己对学习内容的看法，以至于学生有被忽视甚至压抑之感，无形中抑制了学生个性发展，导致学生厌学情绪的产生。教师只有与学生进行足够的沟通交流，才能了解他们的需求和疑惑，并据此改进自己的教学过程，使学生的主体地位进一步凸显出来。从学生的需求出发进行教学，有助于激发学生课堂参与的热情，从而克服他们思想政治的厌学情绪。

4. 忽略学习习惯，压抑学生个性

大学生的学习习惯在很大程度上影响其学习效果。大学生基本上都有自己较为固定的学习习惯，这个习惯主要体现在课前预习、课中听讲、课后复习及考前复习，大学生由于较为繁重的学习任务以及对思想政治理论认识上存在偏见，往往不重视学习思想政治理论，多数学生只是在课堂上泛泛的听教师讲授，至于课前及课后应有的学习过程，往往被忽略或一带而过，这使得部分学生由于在思想政治理论课中表现不突出而产生厌学倾向。

调查显示，大学生分配给思想政治理论课的学习时间很少，一部分学生学习这个科目的习惯是"考前突击"，即只在考前的短时间内学习这个科目，思想政治理论课教师在分析学生成绩不理想的原因时，能总结出他们由于不重视这个科目的学习，但没有深入具体的指出学生学习习惯的弊端，而使得学生找不到自己学好思想政治理论的头绪，导致自己成绩难以进步。

几乎每个思想政治理论课教师都能认识到因材施教、重视学生差异性的重要性，然而实际教学过程中，多数思想政治理论课教师却忽略了这一点。有的大学生擅长情景记忆，有的学生擅长图表记忆，有的学生擅长联想记忆，思想政治理论课教师应当引导学生选择适合自己的识记方法，使学生能在思想政治理论课中体现出自己的长处，以此体验思想政治理论课的乐趣，而现实中教师指导学生学习方法比较单一，多数教师忽略学生的差异性，使得一部分学生开始学习热情很高，可是这个科目的成绩却很一般，由此逐渐产生厌学情绪。

5. 当前部分高校思想政治理论课教师自身素质还有待提高

有些教师自身的政治理论和思想道德素质欠缺，对马克思主义不坚定，不信仰，对自己的职业角色缺乏自豪感，事业心不强，因而表现在教学中，没有花更多时间去思考如何使教学内容更充实，授课更生动，更有吸引力。思想政治理论课需要教师具备一些经济学、政治学、哲学、历史学等相关学科知识，而有些教师知识面较窄，科学文化素质不高，甚至有些教师的人格及生理和心理素质欠缺。这些都会在不同程度上影响到教师的教学有效性，从而使学生在思想政治理论课学习中表现出缺乏学习的热情，学习动力不强。

（五）课程的原因

思想政治理论课课程本身性质和功能决定了其趣味不足、严肃有余的特点。调查结果显示：哪怕是成绩最差的学生，也有自己愿意学的学科；学生的厌学具有针对性，即厌学某个或某类科目，对别的科目，并没有明显的厌学情绪。由此可见，大学生厌学情绪与该科目课程本身有着直接的联系。想提高思想政治理论课的教学实效，必须重视学科性厌学的研究，并由此寻找对策。

1. 教材结构不尽合理

大学思想政治理论课课程内容呈现模块式的知识特点，虽然新教材在编排上努力使学科逻辑服从生活逻辑，使课程内容更具有实效性和针对性，但新教材在知识结构上仍然存在一些问题。首先是课程知识间逻辑联系不强，这使得讲授新课和复习旧课时难以形成知识框架和体系。一部分学生正是从不喜欢这些结构不合理的内容开始厌学整个思想政治理论课的。值得强调的是，思想政治理论课知识结构的特点具有两面性，由于知识较为松散，学生前一部分所学的知识对后一部分知识的学习没有太多影响，一方面成绩好的学生需要持续的努力才能保持自己的成绩，另一方面成绩较差的学生可以通过自己的努力比较容易的把当前的知识学好。然而多数教师对这些特点没有充分的认识，使得思想政治理论课出现好学生的成绩没能保持，差学生的成绩没能提高的现象。师生对思想政治理论课课程知识结构的这种特点没有全面明确的认识，导致一部分学生不能流畅的学习这个科目，感到有些知识"不好理解"，成绩表现为忽高忽低，渐渐失去学习这个科目的耐心而产生厌学情绪。

2. 课程本身威信较低

长期以来，思想政治理论课相比其他科目在学生心目中威信较低，当学生面临考试或者学习任务较重时，他们会把学习思想政治理论的时间和精力用来学习其他科目，导致学生思想政治理论成绩不理想，成绩不理想进一步降低这个科目的威信，形成恶性循环。思想政治理论课威信较低与思想政治理论课教师有一定的联系，与少数思想政治理论课教师的专业素养和职业道德品质较差有关，受学生对这个科目的错误认识影响较大，部分学生认为思想政治理论课的学习可以依靠"考前突击"，同时，思想政治理论教师缺乏与学生的情感交流，导致学生对思想政治理论课教师"不熟悉"甚至"有些陌生"，进一步降低该科目的威信。

综上，思想政治理论课课程在学生心目中威信较低，必然影响他们对这个科目学习的投入，这是导致一些学生成绩较差或不稳定的重要原因。另一方面，思想政治理论课课程在学生心目中威信较低又和学生对这个科目的错误认识相互影响，也能导致学生思想政治理论课成绩较差或不稳定。这两方面的原因都能导致学生厌学思想政治理论课。

3. "非主流热点"利用不够

大学思想政治理论课是对学生弘扬主流文化、主流价值观、主流意识形态的一个重要渠道，这是无疑的。但是，一些思想政治理论课教师不能科学的看待非主流热点在教育学生时的积极作用。在授课过程中，不敢直面非主流热点，甚至刻意回避非主流热点，这样做，不仅起不到理想的教育作用，反而加重了学生对思想政治理论课内容的疑惑，久而久之，使他们认为思想政治理论课的内容与社会实际不符，加重了他们对这个科目的消极认识，进而产生厌学情绪。

（六）思想政治理论课教学环境的因素

1. 社会环境中的消极因素

当前社会正处于转型期，社会上存在的浮躁、急功近利等不良现象，也给大学生带来了一定的影响。在一些大学生中出现了讲功利、图实惠的实用主义学习观和就业观，因而对思想政治理论课的学习也易产生抵触情绪。

当今社会也正处于信息网络时代，互联网知识资源共享给大学生带来大量的知识和信息的同时，资产阶级自由化思想及各种社会思潮等非马克思主义思想也鱼龙混杂而来，网上的这些消极信息对社会阅历不深的大学生来说具有很大的迷惑性，一些缺乏良好的认知判断能力的大学生极易受到消极负面信息的诱变，对正确的思想政治教育持存疑甚至排斥心理。

2. 学校环境中的消极因素

学校作为教学活动的场所，很大程度上影响着教师的教学活动和学生的学习活动，最终也影响着教学效果。大学生学习思想政治理论课的兴趣程度与学校有着较为密切的联系。

（1）重视程度不足

"德育为先，立德树人"是许多大学的宣传口号和教育原则，然而一些高校较多注重专业学科建设，而对思想政治理论课的学科建设重视不够，把较多的精力放在学校的硬环境建设上，而较少注重大学人文精神的培养及大学生思想政治教育工作等软环境的建设上。在教学管理机制上，有些高校简单的把思想政治教育放在做学生工作的辅导员及思想政治理论课教师身上，忽视了思想政治教育工作是每一位教师都应具有的职责这一共识。这样，学校的思想政治教育的有效性难以得到真正发挥，学生对思想政治理论课的学习兴趣也就提不起来。

当前大学"德育为先"的教育原则在教学中贯彻不深入，学生没有形成正确道德观的氛围和动力。思想政治教师授课培育学生正确情感、态度、价值观时，其观点、认识、思维过程与学生已有认识发生抵触，难以使学生信服，导致学生产生厌学思想政治的情绪。

（2）校园不良现象时有发生

大学学校一般实行"寄宿制"，使得学校环境成为与大学生生活最为密切的环境之一。学校生活中某些不合理不道德的行为能在最大程度上影响大学生的心理。比如，多数大学"以分数论英雄"，对成绩突出而违反班规校纪的学生可以网开一面；部分教师指定班干部；多数教师不能辩证的看待学生的考试成绩；教师在课堂上强调重视行为，而实际生活中却只重视分数；同学之间攀比现象严重等等，这些充斥在学生生活环境中的不良现象，一定程度上阻碍学生正确价值观的形成，给思想政治理论课教师成功授课带来不小的难度，使授课效果表面化，久而久之，导致学生对思想政治理论课失去学习兴趣。

（3）评价体系不完善

评价体系是判断学生学习成绩优劣的标准，师生的一切课堂活动无不围绕评价体系而进行，而当前绝大多数大学的评价标准仍是考试分数。大学的思想政治理论学科有其自身的特殊性，教师在传授学科知识的同时，还要对学生进行德育教育。知识可以通过考试分数体现出来，而德育效果显然不能仅从分数判断。一些大学生思想政治理论课考试分数很高，道德修养素质却很低现象，显然是学校思想政治理论课评价体系不完善造成的。思想政治理论课的不科学的评价体系进一步加重学生对思想政治理论课的错误认识和消极情绪，助长学生思想政治理论课学而无用的看法，导致部分大学生产生厌学情绪。

（4）实践活动安排太少

当前多数大学对课外实践的教育意义有了一定程度的认识，然而对思想政治理论课课程的实践还缺乏充分认识和必要投入，思想政治理论课课程的说教倾向严重，使得本来内容单调的思想政治理论课变得更加枯燥无味。根据笔者了解，少数学校虽然对思想政治理论课实践活动有明确的安排，比如定期组织学生观看宣扬主旋律的电影，定期组织学生参加敬老助老、敬老助残、植树等活动，但活动结束后对这些活动的教育意义缺乏引导和提升，最终带给学生更多的是娱乐意义。另外，学校思想政治理论课教学组对情景教学法利用不够，学生难以获得真切的感受。思想政治理论课实践活动安排太少，学生没有切身体会，使得学生对思想政治理论课的内容在记忆层面和情感认同层面停留在较浅的层次，不能很好地激发学生学习的兴趣。

3. 家庭环境中的消极因素

一个人对客观现实的认识，往往是从家庭环境、家长的言行举止开始的，不同的家庭教育与环境产生的结果也会截然不同。家庭在学生成长的过程中，会产生潜移默化的影响，有的家庭家境贫寒，有的父母离婚、有的单亲等，这在客观上容易使一些意志脆弱的学生产生自卑、自爆自弃的心理；有的父母对独生子女过分溺爱、娇惯，导致部分大学生个人中心主义严重，集体主义观念薄弱；有的家长自身思想素质不够，自身榜样力量不够，很容易使其子女效仿，导致思想道德修养也不够高。所有这些使得家庭环境应有的思想政治教育功能难以充分发挥，也制约了高校思想政治教育中学生积极性的培育与发挥，学生学习思想政治教育理论课也就觉得枯燥乏味。

（七）思想政治理论课教学内容的因素

审视思想政治理论课的教学内容，部分课程的教学内容联系实际不紧密，缺乏现实性、时代感，特别是道德品质养成教育的内容较为少见，而一些反映新时代要求和大学生精神发展需要的内容没有及时与时俱进地纳入教学体系，这些会在不懂程度上导致学生对思想政治理论课不感兴趣，学习的积极性降低。比如，在问及学生学习思想政治理论课的感受时，很多学生提及课堂设置的教学内容是理论性太强，讲大道理，联系学生的思想生活实际的内容较少，并且回避了一些社会现实和大学生思想实际的热点、难点问题，这样，学生觉得理论的东西太多，太抽象，提不起学习兴趣，学习动力自然就不足了。

（八）部分高校思想政治理论课教学方式多样化不足

高校思想政治理论课教学实践中，一些教师教学方式较为单一，在教学中灌输的多，过多注重书本内容，脱离大学生的思想实际，导致大学生个性发展受制约、创造性思维受束缚；一些教师忽略学生知识、素养的内化过程，以思想政治理论、道德规范宣讲取代思想政治及品性修养，淡化了学生在思想道德、政治品格上的养成教育；一些教师运用网络进行思想政治理论课教学较少，这样与学生交流较少，此外，一些教师上完课就走，与学生沟通较少，缺乏亲和力。在教学评价上，方式单一，要么是出些提纲让学生背，要么是开卷考试，使得知性与德性分裂，这样自然影响到学生对思想政治理论课的学习兴趣。

四、体验式教学在提高高校大学生思想政治理论课学习动力中的应用

体验式教学在提高思想政治理论课实效性方面具有积极作用。通过体验教学，教师引导学生享受学习，感悟社会、体验生活，引导学生在情境践行中深化对理论认识理解，做到知行统一。目前各高校的体验式教学思想还未成熟，特别是一些院校的思想政治理论课教学，鉴于学生本身基础较差、不热爱学习的特性，更是对理论知识灌输式教育有着情感上的抗拒性，当前有部分学者在探索高校思想政治理论课体验式教学的可行性方法，取得了一些理论性成果。

（一）分组教学体验法

1. 分组教学体验法的内涵分析

思想政治理论课分组教学体验法就是根据教学内容的难易点，充分利用现有的教学资源，将教学内容进行有机分割，化整为零，按既定行之有效的教学规律将学生分成若干个学习小组，对教学内容进行讨论分析，充分调动学生学习兴趣，体验学习乐趣，全面提升学生素质的教学方式。分组教学法的分组讨论与学习是体验式教学法的一种组织形式，一种方法表现，通过分组学习，便于养成学生相互帮教、共同提升的优良品质。分组教学注重学生在学习过程中的合作与交流、教师在传授知识上的发展与创新。分组教学体验法既吸收了互动式教育、探索式教学的优势，又对它们有所创新，结合当代学生的心理特点，立足于我国高校教学的实际，更进一步强调了学生的主体性、创造性、平等性和发展性，突出了可操作性，让学生在相互讨论中提升对思想政治理论课的认识，产生对思想政治理论课的学习兴趣，激发学习动力，不断深化自己的思想境界，努力形成对课程的价值认同，实现教学目标。

2. 分组教学体验法的组织分析

我国思想政治理论课的教学强调培育人的思想认识和发展，培养学生社会主义核心价值观和正确的人生观、世界观和价值观。分组教学体验法的践行首先在于教师积极引导、学生积极配合，充分发挥学生的主观能动性，体现教学过程中的"双主体"地位，教师在

上课过程中不在局限于对理论知识的灌输，更应引导学生自我探究，深度讨论，加强认识，形成内涵。

第一、教师主动转变教学观念，引导学生形成良性思考的常态化。现阶段大部分高校的思想政治理论课教学还沉浸于"任课老师主讲、学生被动接受"的状态，课堂气氛不是很好，学生的注意力很难集中，教学的效果也较差。教师应该主动改变教学方式方法，由"主讲"变为"主导"，成为课堂教学的"设计者"，通过分组互动的教学，调动学生学习与探索的欲望，体现他们的主体性地位，发散思维，引导学生在认知的过程中体验，形成良性思考，而不是用传统的"一言堂"、"填鸭式"教学方式，影响学生思维辩证、创新能力的提升。

第二、学生自主提高认识，摆正学习态度，积极配合教师课堂教学。课堂教学是一个师生互动的行为，不仅教师"教"的观念要转变，学生"学"的观念也要转变。学生普遍对思想政治理论课的教学不感兴趣，在学习方面的态度也不端正，认为应该注重技能轻视理论，直接影响到思想政治理论课教学组织的效果。"百年大计，教育为本，德教为先"，教育应将"德教"放在第一位，学生应该主动提高认识，摆正学习态度，重视德教理论，提升个人素养，学会思考问题、分析问题、解决问题，全身心融入到思想政治理论课分组教学环节中去，真正成为学习的主人。

3. 分组教学体验法的实效分析

第一、调动学生的学习积极性，树立正确的合作观与竞争意识。相对于其他的专业课程及辅修课程，思想政治理论课较为枯燥，分组教学体验法在教学过程中的问题分解，让学生压力降低，兴趣增强，在相互探讨中加深对思想的理解，提升自身的理论水平，从而促进自己对合作观的认识；同时也由于分组学习的特色，又会对各小组形成一定的考评与激励，产生学习方面的竞争意识，最终改善传统式思想政治理论课教学"死气沉沉"的状态。

第二、培养学生独立思考和团结互助的团队精神。体验的真谛在于人类自己用生命的情感来感受生活，验证认知，感知世界，体悟生命，最终形成对客观事物正确的认识。分组体验式教学首先肯定的就是通过学生小组合作，共同探讨及体验，形成小组成员对思想政治理论课教学内容的理解，形成共识，最终再通过教师与其他同学的点评，加深印象，提高认识，融入自身的思想体系。

第三、体现"因材施教"教学思路，实现教与学的和谐共进。分组教学的特点之一就是教师将所教内容分解，在教学过程中能根据学生的知识水平将教学内容中的难易点合理分配到各小组去，与传统思想政治理论课"大锅饭"式的教育不一样，分组教学体验法更能体现"因材施教"的教学原则。

（二）角色互换体验法

1. 角色互换体验法的内涵分析

顾名思义，角色互换是指扮演两种不同社会角色的主体相互转换，体验不同角色带来的社会责任与义务、情感与判断。高校思想政治理论课教学课堂中的"角色互换"，就是根据教学内容，实现教学目标，利用课堂中的一段时间或者整节课，转换传统理论课教学中师生的角色，换位体验，由学生转变角色——走上讲台——组织教学活动，而教师则走下讲台聆听学生的讲述。这种角色互换体验式的教学活动，更有利于增进老师和学生之间在课堂教学过程中的沟通与交流，使学生对于学习的认知焕然一新，进一步吸引学生主动学习的乐趣，调动学生学习的积极性，同时角色互换体验式教学也有便于培养学生的创新思维和自信心，锻炼他们面临公众场合时展现出的讲说能力。由此也可知，角色互换体验教学法是研究的就是如何开发学生智力及培养学生综合能力的教学方法，通过不断的互换体验学习中，培养学生换位思考的能力，用主人翁的心态来看待课堂，不断提高学生的学业信仰，塑造个人人格魅力，改变自我对思想政治理论课的认知，提升理论素养，实现学生的全面发展，它有着传统教学方法所不具备的特殊教育功能。

2. 角色互换体验法的组织分析

角色互换体验法强调在教学环节中，教师通过其特殊的教学魅力与组织方式，调动学生"好为人师"的心理积极因素，以学生为中心，发挥学生学习的主动性和积极性，培养学生的自主学习能力、思考能力和创造能力。

第一、预先安排教学内容，制定教学规则，组织教学人员：凡事预则立不预则废，教学组织更需要充分准备，在角色互换体验法中，教师预先安排好教学内容，制定教学规则，组织教学人员，更便于课堂教学效果的实现，学生在预先了解教学安排后，为了让自己的授课吸引其他同学，会精心准备自己的教学内容，从中加深对知识点的理解，且教学前的准备工作能较好的培养学生的动手能力和创新思维。

第二、控制课堂秩序，聆听学生授课：学生的基础理论知识较为薄弱，相对来说，在讲台上的自信力不够。如果课堂秩序混乱的话，学生在讲台上压不住场面，会打击到学生讲授的信心，起到适得其反的效果。在组织角色互换体验教学的过程中，教师的身份有了短暂性的变化，但对于课堂的秩序还是必须要负责管理，"控制住局面"则成了此教学方法是否能起到积极作用的关键所在，同时，为了学生能更好到展现个人的魅力性，教师还应细心聆听学生授课，给予学生精神与行动上的鼓励，让学生在这种角色变化中感悟知识、体验人生。

第三、课后鼓励性评价，总结反馈：思想政治理论课教学的目标之一就是提升学生的理论素养，培养学生的社会主义核心价值观，最终形成高素质人才。角色互换教学体验法在学生实践的基础上锻炼了学生的思维能动性，进一步提升学生对思想政治理论课程的认同感。教师在用角色互换体验法完成一堂课的教学后，需进一步总结课堂，提炼精华。对于学生的教学尽量给予肯定性、鼓励性的评价，帮助学生树立自信，调动学生参与的积极性，激发学生的学习动机。

3. 角色互换体验法的效果分析

第一、调动学生学习兴趣，激励求知欲望：学生大部分已经属于成年人，在尊严面前，都会竭力维护。学生不愿看到自己上台讲课时"不会"的难堪局面，必定刻苦学习，深入钻研，提升求知深度。角色互换体验中，更能让学生体验到老师的认同，同学的友好，通过个体之间的情感的相互交流与碰撞，达到心理上的共振，情感上的共鸣，教与学的互换与高度协调，学生处于积极的心态，学习热情也随着不断提升，教学效果也随之提高。

第二、提高学生的分析、解决问题的能力和创新能力：思想政治理论课教育对培养学生的思辨能力、探究精神和创新能力都有着积极的作用，采取角色互换教学法，更换教学师生角色，能够使学生积极主动进行研究、总结，从而养成理性、客观、准确分析各类问题的能力。学生在"为人师"的过程中，会主动寻找自己从教所需的教学材料并进行分析理解，加深对课程相关资料的总体印象，举一反三，形成自己对课程的认识，产生对课程的兴趣，培养自身深入分析研究的主观能动性，从而提升自身分析、解决问题的能力和创新能力。

第三、换位思考，促进师生情感：角色互换教学法客观上增加了学生与教师之间接触的机会，学生在体验的过程中主动产生有机行为，对教师的好感会不断提升，积极主动参与到教学活动中去。而教师在充当学生聆听所带班级学生授课的过程中扩大了学生与教师学习交流的渠道，更促进师生同时"换位思考"后的相互体谅，从主观上与学生融为一体，增强师生间的情感。

第四、弥补知识与认知缺陷：师生之间的角色相互转换，教师充当学生听课的过程中，可以印证自己平时教学中的不足之处并加以改进，也能体会到教师"教法"的重要性，以"学生"的身份与学生探讨问题，充分发挥出学生的主观能动性，也能对知识点有新的认识。学生角色转成"教师"走上讲台后，更能体会到自己知识的缺陷，在授课的过程中，通过细致的准备，不断加深对知识的吸收，从而在学习过程中不断验证，弥补缺陷，自我锻炼成有知识、有文化的社会主义青年。

(三) 微课引导体验法

1. 微课引导体验法的内涵分析

"微课"是指教师在教学过程中，通过提前录制精品教学视频，融合教学内容，在课堂上以多媒体为主要载体播放教学视频，引导学生投入情感，模拟教学情境，体验教学过程的教与学活动。学生对思想与理论的学习较为抗拒，更希望有较为新颖的教学方式，而微课引导体验法由于"视频短，内涵多"的优势，更能吸引学生的注意力和自主学习的欲望，实现思想政治理论课教学的目的。

"微课"，又称微课程或微型课程，由美国新墨西哥州圣胡安学院的高级教学设计师、一分钟学者（One Minute Scholar）戴维·彭罗斯在 2008 年提出的，戴维·彭罗斯认为，"微课"既是一种进行知识挖掘的工具，也是一种知识脉冲，教师在这一过程中进行监督考评。在我国，"微课"概念由胡铁生率先提出，他强调微课教学方式就是以微视频为中心的新型教学资源，为适应学生认知力集中的需要，微课课程时间最多不超过 20 分钟，微课课程结束后还可伴随习题、测试等供学习者加固知识点。

作为一种新型的教学模式，"微课"教学具有较强的吸引力，在高校思想政治理论课教学的学生视觉下，"45 分纯理论灌输式教育"根本就接受不了，学生瞌睡或者玩手机现象频频皆是，严重影响了教学效果，也不利于开拓学生的探究精神和自主学习的能力，而微课引导体验教学与高职院校思想政治理论课教学改革有机地结合起来，可以有效的提高学生的学习兴趣，正是当前思想政治理论课教学的诉求。

2. 微课引导体验法的组织分析

第一、选择好教学主题，收集社会热点问题："微课"以简短精炼的方式进行教学，在组织开展的过程中，首先要考虑的就是认真分析主题内容，通过适合时代发展特性的热点问题融入思想政治理论课教学内容进行教学拍摄，这样不仅可以增强思想政治理论课的时代性和动态感，而且还可以调动学生主动学习的热情，在短暂的时间内理解教师的教学重心。教师在选择教学主题时一定要密切联系教材内容，通过新颖的方式教化学生。由于"微课"组织教学的时候时间比较短暂，选题的时候要尽量避免思想繁杂、信息量庞大的内容，教师在拍摄教学视频的时候应该选择课程中某个具有独特性、代表性和指引性的教学重点和难点。由于思想政治理论课与社会、政治、经济、哲学等学科紧密相连的特性，教师应该尽量通过对时事新闻、社会热点的分析进行展开，用马克思主义理论思想武装教学主题。在教师通过录制"微课"视频的方式开展时间短、内容精、思想全的教学组织时，有了社会突出性问题的加入会更加容易激发学生学习的动力和热情。

第二、制作"微课"视频，力求精简扼要："微课"视频是组织"微课"教学的关键所在。教师将所要讲解的知识要义通过"微课"视频播放形式展现出来，以便学生集中注意力认真倾听并经过大脑分解，最终获得知识。"微课"视频在制作的过程中应该以精简扼要为主，将知识点讲透但又不拖泥带水，普遍来说，微课视频的时间应以为 10 — 20 分钟为宜。主要是讲解部分重要的知识点，融入情感，让学生在学习之中体验教学内容，形成共识。由于时间短知识面全且精的特性，使得"微课"视频制作的质量直接决定着

"微课"的建设水平和应用效果。在微课体验式教学视频的制作过程中，首先应对思想政治理论课教师的拍摄技术水平进行强化，提升他们对于视频制作、编辑和合成的能力水平；其次应在生活中、社会中找寻与教育息息相关的素材进行编辑，使教学生活化，让学生从生活化的微课视频中提升认知能力；再次对制作出来的视频进行可行性分析，逐一修改，不断完善，形成最优的教学资源。

第三、课堂组织教学，调动学生学习兴趣："微课"的主体内容需要投入到教学过程中去验证，教师将要教的内容熔炼，用短暂的视频播放形式迅速调动学生学习的兴趣，吸引学生投入情感，体验情景，体悟认知。微课课堂的教学在高职院校思想政治理论课教学中有其必然性。首先，高职生本身对理论知识不是很感兴趣，通过动感视频教学是更能引发学生的学习兴趣；其次，高职生的接受能力较差，很难坚持45分钟的"满堂"教学，而微课教学正好满足他们的接受结构，剩下的时间则可以用来思考、体验、总结，升华认知和情感。最后，微课教学更方便教师观察学生，有针对性的"因材施教"，增强教学效果，帮助学生领悟知识，明白为人处世的学问，提升个人综合素养。

第四、课后及时评价，完善认知体系：高等院校课程安排一般一节课为45分钟或者50分钟，而微课视频教学的时间一般一个视频只有不到20分钟的时间，这就给课后评价留下了较为丰富的时间资源。微课组织的质量高低要看学生的精力投入程度以及知识的收获力度，因此在每节微课堂完成后应及时进行反思性或者补充性的评价，利用剩下的时间检测教学的效果，学生在接受微课教学的效果也就比较明朗化。教师应对学生不能及时吸收消化的知识点进行再次的点评，在学生投入情感的基础上进行深度分析，帮助学生用最快的速度牢记知识要义，完善自我认知体系。

3. 微课引导体验法的效果分析

第一、增强动感性，锻炼学生自主学习能力：微课通过录制视频的手段得以制作，在课堂上教学，展现给学生的是十足的动态感，对于高职院校的学生好动特性来说，这种方式方法能最快的调动学生注意力的集中，培养学生的学习兴趣及探求的欲望，通过视频播放让理论知识动态化是一种非常好的教学选择。教师通过视频展示后，学生根据视频内容进行思考、讨论、探究，在学习过程中体验情境，锻炼自己的自主学习能力和创新能力，培养高职生的自我价值的实现。

第二、提高教师队伍的教学魅力和知识水平：微课堂教学的制作与实施过程中，教师需要对教材吃的更透，才能在录制过程中面面俱到又短小精悍，在展示中体现个人魅力，吸引学生。这也从客观上要求思想政治理论课教师队伍的知识水平不断提升，树立终生学习的理念，不断适应社会发展、政策改变的需求，切实提高教学的实效性，使思想政治理论课成为学生受欢迎的课程。

（四）电子课堂体验法

《国家中长期教育改革和发展规划纲要（2010－2020年）》中强调"信息技术对教育发展具有革命性影响，必须予以高度重视，把教育信息化纳入国家信息化发展整体战略，超前部署教育信息网络，促进教育内容、教学手段和方法现代化。"

1. 电子课堂体验法的内涵分析

电子课堂，是指利用一套软件，在现有的电脑网络设备上，通过教师机对学生机的方式，形成动态情境，引导学生跟随教师的教学思路，完成教学任务。此电子软件是数字化、网络化、信息化先进思想相互融合的结晶，利用电子信息设备引导学生学习，创设虚拟场景，吸引学生不断探究，在探究的基础上又不断突破，体验个人的成长，完善个人的知识体系。这是模式的教学体验法已经突破了传统教室课堂的限制，虽然还是在一定的时空环境内，但是又不依赖于特定的物质环境，它既能更好的保障传统课堂教学中师生间的沟通与交流，又符合现代化教学手段轻松、互动、实效的特点，通过对学习的感悟获得真知、体验真理性，是教学方式方法的大跨越。

随着电子信息技术以及其应用水平的高速发展，以及我国对于教育的要求的增加与投入的加深，现在各大高职性院校也已经开始走向了开展电子化教学之路。我国高校大学生现以90后群体为主，均是生活在电子信息大发展的一个阶段，他们的自我存在感普遍偏高，喜欢张扬自我个性，不愿受世俗约束；喜欢表现个人才能，不再坚持沉默是金。但是这一群年轻人在生活条件快速改善现今社会，他们的心理发展往往与生理发展脱节，对于事物的认知较为肤浅，平时表现出来的行为习惯总是较为幼稚，且这一代人生活在网络世界大爆发的年代，很多人深受西方腐朽文化和网络非主流文化的影响，对其开展思想素养教育的困难进一步加深。创新是当今社会发展的生命线，随着当今社会电子信息技术的迅猛发展，积极通过"电子课堂"体验式教学新型模式组织开展教学，更是进一步适应90后大学生的心理诉求和思维发展特性的需要，也是提升高校思想政治理论课教学效果的需要。

2. 电子课堂体验法的组织分析

第一、积极探索电子化教学新模式：如果教师仅仅把电子化平台当做一种媒体形式，将传统他理论知识照搬到媒体上，结果可能导致学生理论知识学习很扎实，但实际情感及动手能力较差。因此，学校教学方向必须要面向社会效益，以社会需求为基本出发点，改变现有的教学模式，不断地调整教学内容，进一步加强实践教学，积极探索电子化课堂教学新模式。

第二、教师在讲课过程中要坚持理论与实践相结合：在开展电子化教学中，教师必须明确，多媒体电化教学是一种辅助手段而不是全部，在高职体验式学习中，理论知识是也是为实践服务的。因此，教师在教学过程中要坚持理论联系实践的原则，完成了一段理论的讲解之后要给出充分的时间进行一次模拟实践引导学生加深认知，然后再进行理论讲解，再实践，以此不断递进，最终帮助学生形成真正的自我人生价值的实现。

第三、利用时间互动与情感互动的策略：在开展多媒体电化教学中，教师要努力营造民主、平等、和谐、融洽的时间和空间，认真聆听、有效引导，学生真情投入、扎实推进。师生积极展开对话，在对话中生成引导，在引导中感悟。教师在教学的过程中应该改变传统的教师高高在上，学生闷头学习的现状，应该利用电子化建设为基本契机，全方位地改变教学的思路，与学生拉近距离，由过去的传统师生关系，完成新型师生关系的转变。并在实际的教学过程中时刻地提醒自己需要通过自身的言行进行知识的传播。而知识的传播不仅限于在课堂之上，可以将之分配到生活与学习的各个环节中去。这样就能摆脱书本知识的局限性，教师凭借丰富的人生阅历和个人感悟带给学生对正确价值判断的渲染，以此来增加学生学习的兴趣。

3. 电子课堂体验法的效果分析

第一、教材立体化，内容丰富化，形式生动化：电子课堂教学利用现代网络模拟教学，教师与学生都有单独的机子，学生的教材来源于不再是呆板的纸质教材，在开展思想政治理论课教学中，可以随时关注时事教学，丰富教学内容，且由于教学过程中学生依旧在动手操作，也易于提升学生学习的注意力，加深对知识点的印象，让理论性的知识点不再枯燥，更有效的达到教学目标，电子课堂体验法也是未来教育的主要发展趋势之一。

第二、教学跳出传统模式，学生兴趣提升，课堂氛围融洽：传统高职思想政治理论课教学过程中，"重理论轻实践"，以理论知识灌输为主，缺乏实践导入，这对活泼好动又理论基础较差的的90后高职生来说，容易进入教育死角，影响思想政治理论课教育的实效。电子课堂由于教学模式的新颖性，便于提起学生的学习兴趣，利用网络化的教学手段，也适应了90后学生的身心发展特征，在思想政治理论课教学环节中，形成有效机制。

体验式教学高度重视人的主体性，关切人的价值和意义，高校思想政治教育实施体验式教学有利于改变传统思想政治教育漠视人的主体性状态，引导人的健康成长。"思想政治教育过程是在教育者根据一定社会的思想品德要求和受教育者的思想品德形成与发展的规律，对受教育者施加有目的、有计划、有组织的教育影响，促使受教育者产生内在的思想矛盾运动，以形成一定社会所期望的思想品德的过程。"因此思想政治教育效果的实现离不开受教育者的主体性的发挥，在思想政治教育过程中，"受教育者并非被动地接受教育，而是以自己原有的思想认识基础对教育者的教育要求进行评价与选择，通过主体内在的矛盾运动，吸纳教育内容、调整认知结构和将新知转化为新质行为"。而在实际的大学生思想政治教育过程中，教育者往往从本本出发，忽视受教育者的主体性，以一种居高临下者的姿态，忽视受教育者原有的思想认识基础（经验），过多采取传统灌输的方式，

"没有把学生当做探索者、当作真正的人"，"人仅仅是存在于世界中，而不是与世界或其他人一起发展；个人是旁观者，而不是再创造者"。这样的思想政治教育忽视了主体体验在教育过程中的重要意义，阻碍了个体生命意义的生成，势必导致受教育者的厌倦，从而也会影响教育者的情绪，陷入一种教无味、学无趣的恶性循环之中。许多大学生对当前思想政治理论课的教学方式手段不满意，觉得单调刻板，缺乏社会实践体验，更缺少真诚的师生交流对话，因此创新思想政治教育方式，注重学生亲历体验，迸发思想政治教育的活力，增强其吸引力，感召力，凝聚力尤为重要和必须。

第二节　发挥学生主体作用的内涵要求

现代教育的特征是高扬人的主体性，追求人的全面发展，充分发挥每个人的主观能动性。所以，教学是在教师指导下的认识活动，学生无疑是认识活动的主体，是知识和意义的建构者。没有学生的体验、探究、理解、感悟，学习就会变得毫无意义。

学生是学习的主体，在体验中学生也必然是主体，这是因为，体验具有直接性，它无需任何中介，体验必然是自我的，他人完全无法替代。按照皮亚杰的认知发展理论，青少年的认知水平正处于形式运算阶段。具体来说青年在记忆活动中也一般不再机械的"死记硬背"，而是自觉或不自觉地采用理解的记忆，并渴求在对知识的掌握过程中获取成功的喜悦，这对体验式教学的实施提出了较为强烈的主体内在要求；同时体验总是因人而异的、个性化的，对同一个事物，不同的人会形成不同的体验，然而个人化的体验又是可以分享的。正因为主体的体验存在差异，他们之间才有交流和分享的必要。体验式教学实际上就是强化学生对教学的主动参与和对学习内容的积极把握，发挥学生在教学过程中的主体作用，让学生在学习中主动地探索外部世界，自觉地认识自我，追寻自我，提升自我。

一、高校大学生思想政治理论课课堂中发挥主体作用的体验式教学维度构成

（一）生命主体维度

在高校思想政治教育实施体验式教学过程中，大学生是思想政治教育的主体，作为生命主体的大学生具有生命的个体性、自主性、生成性、综合性等特质，是高校思想政治教育实施体验式教学的逻辑起点和逻辑归宿。

作为生命主体的大学生，他们每个人都具有各自不同的生理与心理特点，不同年级学生之间，即使是同一年级的学生之间由于家庭背景、人生经历、认知水平等的差异，在人

格、心理等方面都呈现出多种多样的差异性。当代大学生往往有着一定的生活热情，求知欲，对新鲜事物的好奇感，但也缺乏一定的吃苦精神，同时每个学生面对生活的态度又有差异。加之现代化信息媒体尤其是网络的普及对大学生的心理发展造成了重要影响，在世界观、人生观、价值观形成的关键时期，使得可塑性很强的大学生在诸多方面展现出各自不同的个性特点。这种人的个性是现实的个人在一定社会历史条件下，通过社会实践形成的生理、心理和自我意识等诸因素构成的系统的独特性，它集中地、具体地体现了个人主体性的特殊发展状况。生命主体的个体性要求高校思想政治教育在实施体验式教学过程中要从学生个体独特性出发，关注每个学生的思想状况，根据不同学生的特点，从人的发展规律出发，贴近学生生活实际，因材施教，引导学生体验获得生命成长的快乐和意义，尽可能地实现思想政治教育的最优化。

自主性是作为生命主体的大学生的又一特点，这种自主性是生命主体的一种自我确认，表现为人具有自主探寻外部世界，探求生命意义的本性，意味着"人终于成为自己的社会结合的主人，从而也就成为自然界的主人，成为自身的主人自由的人"。具有自主性的人不仅积极认识和调控外部环境，而且主导着自我意识和行为，并且在认识自我和环境的基础上实现着对自我的超越，人是这样一种存在物，他不仅存在着，而且能够意识到自己的存在，具有关于自己存在的自我意识；在这种自我意识的基础上，他还力图对自己的存在进行自我认识并作出解释。生命主体的自主性要求高校思想政治教育在实施体验式教学过程中要认识到大学生是具有自我认识和自我教育能力的主体，要从尊重人，理解人，关心人的角度出发，发挥人的主体性能力并在此基础上实现学生的自我价值。

生命主体的生成性是指人在生命历程中通过与外部世界的联系和碰撞，不断体验着生命的价值和意义，而且在每个不同的阶段总有着不同以往的感悟，这种感悟既可以是新生成的体认，也可以是在原有经验和认识上的一种深化，表现为主体生命意识的增强和精神力量的提升。高校学生处于未完全社会化的发展阶段，在这个阶段思想政治教育要做好为学生实现社会化服务的工作，使他们具备现代社会发展应有的政治意识、道德观念、思维品质，为实现人的社会化架设桥梁，这就要求在实施体验式教学中不只是预设一些教育目标，而要看到生命主体具有的生成性特点，认识到生命是一个不断变化发展的过程，要关注学生当下的学习思想状态，在思想政治教育生活化的过程中，引导学生体验不同成长阶段的快乐，为学生生命生长提供一个合乎个性的环境和空间。

生命主体不仅是具有认知能力的主体，而且是具有情感、意志、态度等诸多心理因素的综合体。在体验过程中是多种心理因素共同发挥作用，由此产生的不仅是认知的发展，还有多种心理因素的变化发展。高校思想政治教育实施体验式教学，不仅是要使学生形成一定的观念，掌握一定的规范原则，更重要的是要力求做到在引导学生体验的过程中，调动学生的心理和行为，使学生全身心地投入到体验活动中来，在掌握知识的同时理解知识的内在意义，获得生命意义的理解，感受生命的价值。只有认识到生命主体的综合性特点，教育者才能全面理解把握体验式教学在高校思想政治教育中运用的价值和意义，也才能理解思想政治教育"以人为本"的当代价值。

对生命主体的理解和把握是高校思想政治教育开展体验式教学的基本前提，也是实施体验式教学的基本立足点，离开了人的发展，一切都会显得毫无意义。认识了生命主体的几个重要特质，有利于教育者转变思想观念，构建和谐的师生关系，这种和谐的师生关系是通过教学中的交往、对话、理解而达成的我你关系，而不是单纯的授受关系。唯有如此，才能在高校思想政治教育工作中彰显体验式教学的价值和意义，实现体验式教学逻辑起点和逻辑归宿的内在统一。

（二）活动载体维度

体验式教学的实施离不开具体的活动载体。体验式教学的活动载体同时具有多向度性特点，并不仅仅局限于课堂的具体思想政治理论课教学活动，而是在以课堂活动为主要载体的同时延展至课外活动如大学生社团活动及各种兴趣小组，家庭教育活动，社会实践活动。

课堂教育教学活动是高校思想政治教育实施体验式教学的主要渠道，高校思想政治理论课教学活动是有效开展高校思想政治教育的重要依托，高校思想政治理论课教学活动是高校思想政治教育实施体验式教学的主要载体。目前，思想政治理论课较以往有了很大改进，在教育教学方式、方法上也有了一定的创新，一些高校还进行了体验式教学的实践探索和教师培训工作，但也存在着一些不容忽视的问题，我们通过调查访问苏州市一些高校师生，查阅一些关于高校思想政治理论课教学现状的资料发现，大部分学生认为当下思想政治理论课的开设很有必要，对教师的努力也大都予以肯定，同时多数学生认为思想政治理论课教学教学方式单一，讨论实践环节太少，师生互动交流较少，相当一部分教师仍延续一言堂的传统教学模式，难以激发学习的兴趣。在此情况下，出现教师做功不少，学生却接受不多的不良状况，影响了思想政治理论课的实际效果，不利于高校思想政治教育工作的良性发展。将体验式教学引入到高校思想政治教育中，必须充分发挥思想政治理论课课堂教学活动的作用，革除传统课堂教学的种种弊端，实现几个转变：一是由单一性转向多维性。在思想政治理论课实施体验式教学过程中，教学目标不能仅仅限于发展学生的认知能力，而还要关注学生的思维能力、情感价值观、健康心理素质的形成，力求学生全面发展；教育者要由单一的传道授业转向为受教育者的引导者，倾听人，指路人，实现师生的良好沟通、互动交流，不仅关注学生的学业知识，也要关切学生的人格发展；教学方法要实现多维性，要根据不同的教学内容，学生特点，选取不同的教学方法，不能完全灌输。二是由封闭性转向开放性。思想政治理论课应以教材为依托，寻求教材与生活的联结点，不能仅仅停留在教材上，而应从生活中再汲取课堂学习的新鲜水源，只有使课堂教学活动与日常生活世界相贯通，才能贴近实际、贴近生活、贴近学生，突破相对封闭性，走向开放性，一个人是通过共同生活的过程来教育自己，而不是被别人所教育。引发学生的自主生活体验对于思想政治教育效果的取得显得尤为重要。三是由静态化转向动态化。教育者要以课堂引导者的身份出现，不能居高临下，要认识到师生平等交往、互动交流的重要性，实现课堂活动的人性化，以此达到学生思想认识的良性转变。同时，要认识到学生认知、思想、心理的发展是一个动态的发展过程，要结合学生已有的知识经验，关注学生的生活世界，生命价值和生存方式，引导学生在已有经验的基础上，深化认识体验。

课外活动是在课堂教学以外进行的活动，是高校思想政治教育实施体验式教学的又一重要载体，大学生社团活动、社会实践活动、家庭教育活动都影响着高校思想政治教育的顺利开展以及效果的取得，很多时候又与思想政治教育密不可分。课外活动具有自主性、灵活性、伸缩性、实践性等特点。很多课外活动是受教育者根据自己的需要、兴趣而自主选择参加的，活动的规模、时间、内容都比较灵活，不像课堂教学有统一的大纲计划和教科书，活动内容可多可少，可以不断变动，具有伸缩性，同时课外活动中，学生亲身直接参与体验，因为他所知道的东西，不是由于你的告诉而是由于他的理解，所以具有很强的主体性和很好的教育效果。高校思想政治教育实施体验式教学，必须重视课外教育活动载体的重要意义，从高校学生需要和兴趣出发，引导学生自主活动体验，创设有利于学生体验的活动平台和场所，打通学生书本世界和生活世界的界限，调动学生的积极性、主动性、创造性，给学生以主动探索建构、自主支配的时间和空间，使课外活动与课堂活动一道，构成高校思想政治教育体验式教学的立体动态系统，形成思想政治教育合力，开创高校思想政治教育新局面。

（三）体验方法维度

高校思想政治教育实施体验式教学需要从高校学生实际出发，遵循一定的教育规律，在思想政治教育过程中，突出受教育的主体性、独特性，在教育者的引导下，通过实践活动、情境体验、社会实践等方式，尊重受教育者的个性特点，以受教育者的先在经验为基础，激发受教育者的主动性、积极性，促进受教者的行为和心理体验，唤醒其自我体验意识，主动进行人生体验，生成生命感动，形成积极的符合社会发展要求的世界观、价值观、人生观。在这一过程中，恰当的体验方式方法显得尤为重要，对于完成思想政治教育任务，实现思想政治教育目标具有重要意义，毛泽东曾明确指出："我们不但要提出任务，而且要解决完成任务的方法问题。我们的任务是过河，但是没有桥或没有船就不能过。不解决桥或船的问题，过河就是一句空话。不解决方法问题，任务也只能瞎说一顿。"

体验式教学方法总体上可分为两种一种是非介入性体验即并不介入实际认知客体而是

通过各种间接的方法模拟实际生活通过构象的形式建构认识的方式，如案例教学法、互动教学法和角色扮演教学法等虚拟情境体验方法。其二是介入性体验指认识主体实际面对认知客体通过主客体互动而获得知识的方式主要包括以实践教学法为主的真实情境体验方法。

二、体验式教学在发挥高校大学生主体作用中的应用

（一）社会实践体验法

1. 社会实践体验法的内涵分析

实践具有客观性、能动性和社会历史性的属性，恩格斯自然哲学中揭示人的思想产生于劳动即人的主观意识产生于人的实践行为，同时人的主观意识反作用于客观存在。马克思强调社会实践决定社会意识，强调实践的社会性。实践是人类自觉自我的一切行为，人的实践是社会的实践，是生成体验的重要来源，任何体验活动的存在始终要实现于实践活动的过程中。思想政治理论课体验式教学方法也应该在走向社会体验，产生社会认知，作用于人的品行培养。实践体验式教学方法描述的是教师在教学过程中，通过有目的、有计划、有组织、有评价的社会实践性活动，让学生在实践中产生对事物认知，获得真实的感受和体验评价，并与自身所具备的价值判断进行对比与思想碰撞，已形成更合理的道德标准，依此标准进行道德践行，再从践行中体验新的道德理论。这种实践——体验——实践的反反复复过程，正是一个人不断成长成熟的过程。

2. 社会实践体验法的组织分析

第一、确定实践体验基地，合理安排时间：高职院校思想政治理论课在进行社会实践教学时，一般就是组织学生"走出去"，通过参观、考察、调研等形式在一定时间内（一般不宜超过两个小时）到实践教学基地进行现场教学，引导学生体验哲理与生活，把理论知识与社会实际相结合，培养学生发现问题、分析问题和解决问题的能力，进一步加强思想政治理论课教学的针对性、实效性，培养学生的自主能动性。

第二、设定教学主题，明确教学目的：思想政治理论课教师在组织学生进行社会实践时，应该提前设定教学主题，利用课时安排，带领学生按时完成实践。高职学生的组织难度相对较大，教师需要时刻跟随在学生身边，以防部分学生不服从安排，甚至可以严格按照课堂教学纪律要求开展实践教学，让学生明白实践的目的，确保实践教学体验的正常组织与圆满完成。

第三、撰写实践体悟，升华个人素养：教学的目的就是为了实现对学生的能力、素养的培养，思想政治理论课教学从学生的思想出发，帮助学生树立正确的价值观，提升个人

的综合素养。社会实践后期，还需要组织学生撰写个人感悟，实现"知—行—知"的循环体验过程。

3. 社会实践体验法的效果分析

第一、加强学生认知，进一步解决教学的困境：实践是检验真理的唯一标准，学生的理论学习最终还是需要实践的论证，高职学校思想政治理论课的课堂教学终究是"纸上得来终觉浅"，学生对于学习理论知识存在着难以吸收内化的现象，实践教学与理论教学的深度联系，进一步确保了实践与理论的矛盾统一，也拓宽了教学思路，深化了学生认知，便于走出当前高职院校思想政治理论课教学的困境。

第二、实现第一课堂与第二课堂的有效结合：思想政治理论课的社会实践教学始终不能取代课堂理论教学，学生们经过课堂理论学习，又带着理论问题走向社会、体验现实。在这个过程中首先强调的是理论对实践的指导性，学生在实践中又进一步印证理论的科学性，实现第一课堂与第二课堂的有机结合，丰富学生的人生体验，形成对理论知识的深化理解与认同，用科学的理论知识来武装自己的大脑，培养个人具备正确价值判断的能力，在理论与实践的结合中使学生的理论水平不断提高，不断升华，实现思想政治理论课教学教化学生思想、养成良好品质、培育四有人才的目的。

（二）榜样目标体验法

1. 榜样目标体验法的内涵分析

榜样目标体验法是在课堂外的思想政治理论课过程中，通过引入典型人物，以榜样带动学生树立目标与抱负，形成道德高尚、行为规范和成就卓越的大学生，优化思想政治理论课教学效果。榜样的作用是非常巨大，它在引领人树立自信、体验成就方面有现实的价值意义。中国共产党思想政治理论课教学的主要方法之一就是用榜样的力量来帮助受教育者树立全新的目标。当前整个社会的思想政治理论课教学阵地，都贯彻着榜样的作用，通过多种途径进行宣扬，利用网络基地与舆论措施铺面式开展。如"最美乡村教师朱敏才、孙丽娜"、"最美医生杜丽群"、"道德模范龚全珍"等，都是在给整个社会树立榜样，对全社会人员进行思想素质的教育，这也作用于所有大学生群体。

2. 榜样目标体验法的组织分析

第一、邀请优秀毕业生（名片学生）回校与学生面对面交流：优秀毕业生都是在校生的学长学姐，与学生的心灵距离更近，能用心与学生进行沟通，且不会让学生觉得他们的成就是高不可攀的，便于激励学生成长。优秀毕业生的交流，让学生体会到的是心与心的沟通，零距离的碰撞，也能让学生树立自信心，体验成就的历程，养成良好的行为习惯，直面走向学业事业成功的压力，不段学习成功经验鼓励自身，让榜样的力量成为自己的成功的助力。

第二、教师介绍典型人物，学生课后通过查阅资料深入了解：榜样目标体验法的关键是榜样的选择和确定。教师在介绍典型人物时，应该选择励志型、行为规范型的人物，通过他们的成长故事来引导学生，鼓励学生。最好是安排学生在课后通过多种途径了解典型人物的具体经历，亲身体会别人的经验，形成自身良好的品质。

3. 榜样目标体验法的效果分析

第一，树立正确目标，激励个人提升：我国汉代时期许慎在《说文解字》一书中指出："教，上所施，下所效；育，养子使作善也。"榜样目标体验法是教育者设定一定的教学目的，根据受教育者的身心发展阶段性的特点，以榜样形象为教育载体，引导受教育者的根据自身的现状对比，找出不足，参照榜样的技能标准和道德素养标准进行改进，以此来激发起受教育者的思想动力，进一步调整自己的认知并引起情感上的共鸣，增加受教育者的心理认同，从思想到行动上自我激励，不断提升，以求追上甚至超越榜样的境界。

第二，再现学习过程，优化教学效果：思想政治理论课榜样目标体验法的重心内容必须把握在教学环节内，教师通过榜样的力量实现教学的优化，引导学生认真对待学业，努力学习知识，以期从思想与行为、精神与现实中不断提升。通过榜样教育学生时，首先要重视榜样学习的经历，对价值观、学习观的认识，帮助学生树立积极的学习态度，在体验榜样经历中实现情感共鸣并产生体验冲击，去体验并融入到榜样的情感层面，主动将榜样行为及其内在的精神支持内化为自己的精神取向，最终使教学得意优化提升。

（三）"慕课"引导体验法

1. 慕课引导体验法的内涵分析

MOOC 又被称为"慕课"，是一种新型的在线课程授课形式，2008 年由加拿大爱德华王子岛大学网络传播与创新主任与国家人文教育技术应用研究院高级研究员联合提出来的。其中"M"代表 Massive（大规模），指的是课程是大规模组织开展的，在线人数课多达数万人；第二个字母"O"代表 Open（开放），指的是学习是开放式的，只要个人感兴趣想学习的，都可以进来求学，学习的环境优越、气氛浓厚；第三个字母"O"代表 Online（在线），指的是学习是在线上进行，个人无需到达目的地，属于一种网络虚拟式的学习方式，而且只要有时间的话，想学就可以学；第四个字母"C"代表 Course，就是课程的意思。说明慕课可作为一门独立的课程来进行，与所谓的线上网络远程教育不一样，这一课程是就"大规模、开放式"在线课程，可以免费享受到大学教育资源，同时还能掌握自己的学习进程，不断形成学习体验。

2. 慕课引导体验法的组织分析

"慕课"是一种开放式的在线教学模式，学生可以根据自己的兴趣爱好选择性学习。"慕课"模式下，教师的教学活动不同于传统型大学课堂上的个人讲授，而是一个团队的集体行为，这突出强调了慕课学习的广面性和内容的深度性，教师在组织学习方面要细心加以引导。

第一、确定教学内容，选择教学名师：教学内容的是组织教学的龙头，思想政治理论课教师应提前确定教学内容，引导学生登陆慕课网站并找好"慕课"教学名师，组织学生进行慕课体验，利用课外的时间主动登陆网站，在名师的教学思维引导下加深对理论知识的理解。

第二、交流学习感悟，升华情感认识：学生在慕课模式下学习认知的过程，由于网络的开放性可能会导致不同价值观念的传播、碰撞、交融。在正式上课时思想政治理论课教师可以就之前设定的教学内容谈感悟、同交流，在交流中体验知识，引导学生树立正确的价值观和认识观，也能更顺利的完成课程的教学要求。

3. 慕课引导体验法的效果分析

第一，扩大受教面，促进学生对思想政治理论课程的深度理解：思想政治理论课对于大学生来说，可以说是思想政治素质培养的主渠道，是社会主义四有青年应该要具备的知识要素。但是在高职学生群里中，枯燥的、狭隘的课堂教学不能引起学生对学习理论知识的兴趣，通过慕课引导教育，在完全免费的平台下帮助学生打开思维的天窗，增加受教面，接受一流名师的思想熏陶，加深对思想政治理论课知识的理解，并且可能性的化为己用，优化了教学资源，实现了教学目标。

第二，改进教学方法，减轻思想政治理论课教师的教学负担：慕课由于开放、广阔、灵活等特性，与我国传统课堂教学固化、枯燥等相比较，有着较为明显的优势。大学生在接受慕课组织教学的过程中，可以根据自己感兴趣的内容、有好感的教师进行选择性的学习，这样既可以丰富学生的认知面，让学生积极主动参与到学习的过程中去，化被动为主动，享受到学习的快乐，同时又又可以减轻教师的教学负担，教师在授课的过程中，不仅收效较好，而且也不需要一个人演戏式的进行课堂教学，学生通过慕课获得的既有认知，甚至可以进一步推动课堂气氛的活跃。

第三，推动高校思想政治理论课教学的进一步发展：高校思想政治理论课教学是对学生思想政治方面的教育，培养的是学生的个人情操。这种教育应该说是无处不在的，靠思想政治理论课教师也很难完成，需要更多的人投入进来。慕课本身就是组织面广、人多的在线教学模式，学习者不仅只是通过网络手段单纯的接受只是的传输，还会通过个体对内容的体验进行思想碰撞，大家在一个课堂上进行探讨真知。同时大学生还可以根据自身的特色，选择适合的思想政治理论课慕课内容进行学习，从教学层面拓宽了思想政治理论课的教授渠道，进而提升整体教育教学水平，通过众人的力量来实现思想政治理论课教学的发展。

第三节　促进学生学习方式转变的必要手段

体验式教学强调学生在学习上的自觉自愿，反对传统的灌输式学习方法。因此，在体验式教学中应倡导新的学习方法，即自主学习、合作学习、探究学习的学习方式。

关于自主学习，国内外已经有了大量的研究。其中较有影响的自主学习的定义，是由美国自主学习研究的著名专家、纽约城市大学的齐莫曼（Zimmerman）教授提出的，他所用的术语是 self-regulated learning。他对自主学习的有关定义作了系统的总结后提出，"对学生的自主学习进行界定涉及到三个特征：他们所运用的自主学习的策略，他们对学习效果的自我定向反馈所拥有的热诚，以及他们相互依赖的动机过程。"进而，他提出，自主学习是指"自主地（self-regulated）学生以对学习效率和学习技巧的反馈为基础，选择和运用自主学习策略，以获得渴望的学习结果。行为主义心理学家认为自主学习包括"自我监控"、"自我指导"、"自我强化"三个子过程。认知构建主义学派认为，自主学习实际上是元认知监控学习，是学习者根据自己的学习能力、学习要求，积极主动的调整自己的学习策略和努力程度的过程。

而我国学者庞维国主张从纵向和横向两个角度来定义自主学习。从横向角度看是指从学习的各个方面或维度来综合界定自主学习。如果学生本人对学习的各个方面都能自觉地做出选择和控制，其学习就是充分自主的。具体的说，如果学生的学习动机是自我驱动的，学习内容是自己选择的，学习策略是自主调节的，学习时间是自我计划和管理的，学生能够主动营造有利于学习的物质和社会性条件，并能够对学习结果做出自我判断和评价，那么他的学习就是充分自主的。从纵向角度看，是指从学习的整个过程来阐述自主学习的实质。如果学生在学习活动之前自己能够确定学习目标、制定学习计划、做好具体的学习准备，在学习活动中能够对学习进展、学习方法做出自我监控、自我反馈和自我调节，在学习活动后能够对学习结果进行自我检查、自我总结、自我评价和自我补救，那么他的学习就是自主的。

庞国维认为，如果学生在学习活动之前自己能够确定学习目标、制定学习计划、做好具体的学习准备，在学习活动中能够对学习进展、学习方法做出自我监控、自我反馈和自我调节，在学习活动中能够对学习结果进行自我检查、自我总结、自我评价和自我补救，那么，它的学习就是自主的。他还将"自主学习"概括为：建立在自我意识发展基础上的"能学"；建立在学生具有内在动机基础上的"想学"；建立在学生掌握一定的学习策略基础上的"会学"；建立在意志努力基础上的"坚持学"。总之，自主学习强调学生学习目标的自主确定，对学习策略积极的思考，对学习过程中的良好情感体验努力获取，对认知活动进行自我监控与调适。

一、体验式教学改变学生学习方式的可行性

1. 思想政治理论课的课程设置为改变学生学习方式提供了可能性

思想政治理论课是高校的必修课，一般是在一、二年级中开设，共五门必修课，一般为每学年开设 1－2 门，课时一般是每门课一周一次，每次课 2 节。思想政治理论课的考核形式一般为课任课教师自己命题，以修够学分为主。

第一，从思想政治理论课的课程来看，这五门课是知识与情感并存，个人修养与社会认知并重的课程。如《思想道德修养与法律基础》这门课包括对自我、社会、职业、家庭的认知和理解，以及基本的宪法、民法、刑法等法律知识。这些知识的学习和价值观的培养都离不开个人的切身体验。在课堂中和课外运用适当的方式对学生加以引导，都能够起到知识，能力，情感、态度、价值观的共同成长。

第二，从思想政治理论课的上课时间来看，每学年开设 1－2 门课，每次课的上课时间大约是二到三节课，这给体验式教学的实施提供了比较充分的时间保证。体验式教学具有个体性的特点，即由于每个人的经历和情感是独一无二的，所以每个个体的体验都是独一无二的。在实施过程中，为了达到更好的效果，应该留出足量的时间让更多的学生参与体验之中，感受体验的快乐，从体验中获得成长。另外，体验式教学的具体方法不仅包括课堂中的体验，还包括课外实践中的体验，如进企业、参加公益活动等，这更需要充足的时间。大学生相比中学生来讲，时间更加充裕，除了利用课堂时间之外，教师也可以利用周末等课余时间组织学生走出校门，在课外体验，获得真实情感和认识。这为体验式教学的实施以及改变学生学习方式提供了有利保障。

第三，从思想政治理论课的考核方式来看，以学校思想政治理论课教师自己命题为主，考核的方式自己可以做适当安排，比如平时成绩所占比重，考核方式是以试卷还是其他方式，考核标准是分数还是分等级。这为体验式教学的实施提供了有力的活动空间。体验式教学注重在平时的教与学过程中学生积极主动的参与，并且师生间进行情感的交流，从而获得认知并形成价值体系。体验式教学是很难用试卷、用分数来衡量它的教学效果的，因此在高校的思想政治理论课考核中，不存在升学等压力，任课教师可以根据学生参与体验的情况等来给出评价。这样可以让学生"体验"更无后顾之忧。

2. 体验式教学符合大学生的身心发展特点和道德认知规律

第一，体验式教学符合大学生的身心发展特点。大学时期是从青少年时期向成人转换的重要阶段，随着知识的增加和生活阅历的丰富，大学生的观察、记忆、思维、想象等能力逐步得到提高，并不断走向深刻、成熟、丰富。随之他们的体验能力和反思能力也不断提高，并且有自己体验的强烈要求和经历，内心里更加信服一种融合了情感以及尊重主体

性的教育，他们不再是一味听命于老师、家长的孩子，而是能根据自身的体验，在一定的环境下自主的选择属于自己的价值观。这为实施体验性德育模式提供了可行的条件。对大学生的体验要求有调查显示：有94%的同学认为"有对曾经最令人激动或令人沮丧的一件或几件事的深刻记忆"，这说明深刻的体验具有持久性；70%的同学认为"和善的交流与倾听"对自己的学习帮助最大；80%的同学认为"自己体验感受"是学校行道德教育的最好形式。

第二，体验式教学符合大学生的道德认知规律。就道德认知的一般规律讲，人的道德发展是一个知—情—信—意—行的过程。知是行的基础，情和意是促使形成信念的催化剂。在这一过程中，实现知到行的转化是德育的关键。根据这一公式，高校的思想政治教育，一直遵循提高学生的道德认知，激发学生的道德情感、促进学生道德信念的形成，以达到道德内化的目的的原则。大学生随着年龄的增长和阅历的增加，其道德认知水平不断得到提高，比起中小学阶段来说，道德心理逐渐摆脱了盲目性和被动性，不再是一味遵循老师、家长的"指示"，而是根据自己的经验，分析多方的利弊来进行价值定位，更具独立性和自觉性。可以说，大学生的道德行为，体现了个体道德发展中从他律、遵从向自主、自觉的过渡。在这个过渡中，学生不再是单纯的道德规则的执行者，他们力求根据自己已有的生活经验和道德需求，重新确立自己的道德规则，在对道德现实进行多角度权衡的基础上，努力去选择一个恰当的行为。因此，体验式教学符合大学生道德认知的发展特点，是从心灵的层面给予大学生道德认知的引导，也只有通过体验才能形成强烈的内心需求和驱动力，才能真正解决大学生所遇到的道德心理障碍和心理困惑。这是任何"说理"的教育模式所不能达到的效果。

同时，按照柯尔伯格提出的道德认知发展理论，处于后习俗水平的大学生也需要道德生活的体验。柯尔柏格将儿童的道德行为分为三水平六阶段，处在不同水平、不同阶段的儿童道德发展都有其特点和规律。大学生按照年龄阶段和认知能力来看，处于后习俗水平，他们不再是单纯依靠他人的标准来约束自己的行为，而是对是非善恶有了独立的评判标准。因此大学的德育任务是培养大学生的道德情感，以道德情感来支配道德行为。这样才能把外在的、被告知的道德规范内化成学生自己内在的道德信念。所以思想政治理论课教师应该立足于提高大学生的道德认识、道德情感、道德信念，需要在思想政治理论课上创设问题情境，积极引导大学生进行思考和交流，让大学生运用自己习得的道德思维和道德判断来求得对信事物、新知识的认识，从而增加辨别是非、对错、善恶的能力。在思想政治理论课的课堂上、社会实践中、隐性教育中实施体验式教学，符合大学生的身心发展规律和道德认知发展规律，有利用改变大学生学习思想政治的学习方式。

二、体验式教学改变学生学习高校思想政治理论课方式的实施手段

（一）创设良好的课堂环境，引导学生情感投入

高校思想政治理论课普遍存在课堂教学环境较差的现象，而要想组织实施好体验式教学，首先必须保证要有一种良好的课堂环境。其一、学校改变"大班授课"改为"小班教学"。通过这种授课方式的改进，教师与学生的距离会越来越近，"大班授课"由于人数太多，教师基本很少会观察学生个体的发展，而小班教学则让教师有机会对学生进行观察，培养师生的情感。其二、教师要积极主动的去亲近学生。由于中国传统儒家思想的影响，我国的学生在单独面对教师时总会自然而然的产生一定的畏惧或者抗拒心理，这就需要教师敢于放下架子，主动创设良好的课堂环境，尊重学生的主体地位，营造一种较为宽松的课堂氛围，建立和谐的师生关系。在了解学生的特点后，因人施教，帮助学生找到自信，主动学习，最后获取知识。这样教师在组织课堂教学中，创设出的情境才能得到同学们的认可与配合，主动按照教师的情境去分析问题、体验经历、投入情感、提升认识，让体验式教学真正带动学生的思想走向成熟。

（二）搭建交流平台，引导学生互动体验

体验式教学的目的之一是让思想政治理论课"活"起来，让课堂充满的朝气，学生能够积极主动在课堂中自我投入，加深体验，提升素养。在体验式教学实施的过程中，教师通过引导搭建好师生交流、生生交流的平台，更有便于体验思维的碰撞，师生的进一步交流可以使教师的教学帮助学生不断形成正确的自我认识，并养成良好的道德品质。教师在交流过程中要真正将自己也当做体验思想政治教育中的一员，在与学生的思想交锋中，通过自身的理论素养为学生指引品质发展的方向，形成正确的社会主义价值观念。生生的交流有利于学生之间互动性体验，以及之长补他人之短，相互印证，获得客观的认知能力，在这种互动体验中互补思想、相互成长、自我完善人格，不断在课堂教学过程中发现新问题、研究新思路、展开新论断、获得新认知，从而体现思想政治理论课教学的价值诉求。

（三）教师充分引入题材，利用新媒体展开体验

多媒体教学辅助手段在当前高职院校的思想政治理论课教学过程中被广泛使用，但很多教师在教学中并没有充分利用多媒体优势，仅限于更好的将课本知识通过多媒体的动态化展现出来。在课堂中，学生虽然会对教师偶尔之间播放的视频感兴趣，但基本上这种利

用多媒体手段进行"大班教学"的方式，并不能吸引学生的注意力，反而便于了学生课堂睡觉、聊天、玩手机现象的滋生。思想政治理论课教师需要利用新媒体的力量，不断引入教学新题材，改变教学方式，展开题材引入，让学生在课堂中形成个人情感与教学素材共鸣，在题材创设的情景中不断体验人生，最终将思想政治教育同化到学生的行为体系中。

教师可通过自诉人生体会，通过"微课堂"等形式引导学生投入情境，展开自己对某一事物的主观与客观的认识，用马克思主义理论武装自己的思想，认真总结经验，不断提升认识能力，最终实现思想教化及正确引领，帮助高职学生提升自己的综合素质，成为一个能为社会主义现代化建设做贡献的"四有公民"。

（四）肯定学生主体地位，引导学生课内课外主动学习

在新课改的要求下，必须努力实现课堂双主体的特性。课堂教学不能仅仅是"一言堂"、"独角戏"，更不是教师说了算。高职院校思想政治理论课教学过程中应力争使学生回归课堂才能有较好的教学效果。在体验式组织教学的组织中，教师首先要肯定学生的主体地位，通过教师对情境的引入，学生能积极的主动的学习与思考，教师的作用更在于随时帮助学生答疑解惑，让学生在体验中不断升华情感认识。而学生往往在得到了学习地位的认可后，自我感觉得到了尊重，有了强烈的自我存在感，不再把自身当成"门外汉"，更会积极主动的在课堂中配合教师的教学组织。教师的教学目标更易实现，甚至能够延续到课外的进一步深化，学生只要对课程或者教师由认可至感兴趣的话，会自然而然的不断学习、吸收乃至内化，教师的引导就更有了价值所在。

三、高校思想政治理论课体验式教学实施的效果分析

体验式教学通过创设教学情境，模拟真实场景，让学生在不断的生活场景中体验学习的真谛，养成良好的生命观。在思想政治理论课以课堂教学为主的高职院校，是一种非常不错的又合乎时间安排的教学方法，能够带动学生积极参与到教学过程中，且在学习过程中甚至不用老师布置具体任务学生就能主动积极、全身心投入到资料的收集与分析和团队编排的过程中，课堂气氛表现出前所未有的活跃，收到了非常好的成效。

（一）教学方式灵活化，教学内容丰富化

在体验式教学中，教师摈弃过去单一的"知识灌输"式的教学模式，根据教学内容和学生特点采用演示法、情景模拟法、角色扮演法、参观法、练习法等体验式教学方式，符合学生身心发展的阶段性特征，让学生们在做中学，看中学，老师多设定情境，引导学生深入思考，发表意见，增强学生发现问题、研究提升、创新创造的能力，学生从这种灵活

的教学方式中不断深化自己的认识、提高自身的素养，通过思想政治理论课的教学不断丰富自己的内涵，改善自己对理论课的排斥心理。教师也可以不断引入实时新论点、新论断，丰富知识面，带动学生探究新事物、新现象。这一理念刚好与美国著名教育家杜威提出在《民主主义与教育》中所提出的"从做中学"的教育理念不谋而合，体验生活本身就是一种"做"的过程，学生在生活中感受、学习最后获得享受的快乐，扭转了教学模式陈旧性、教学内容滞后性带来的不利影响。

（二）教学环境轻松化，教学体验激励化

在体验式教学中，教师从过去呆板权威又严肃式的"授课"角色转变为学生课堂学习的组织者、协调者，充分发挥了学生的主体性地位，发散学生的思维，教师不需要整堂课一步步辛苦的讲解，学生自我调动学习的气氛，这种新型的师生课堂互动关系使得教学过程不再局限于枯燥的"授受"传输，教学环境变得和谐轻松。学生在教学活动中，敢于提出问题，并通过展示自己的方式从行为和感情上直接参与到教学活动中来，体验到实践的乐趣。在这种轻松的环境下，学生通过自身的体验和亲历亲为来建构知识认知结构，提高分析问题、解决问题的实践能力，不仅可以将理论知识内化己有，还有助于升华个人情感态度价值，激励自身不断深入研究，将理论知识有内化又转为外化，提升个人的品行，形成正确的马克思主义观。

（三）教学评价合理化，教学体会深刻化

教学方式方法运用的好坏必须要有评价的标准，思想政治理论课体验式教学在运用的过程中充分了发挥了学生的主观能动性，学生在动态教学中学习理论知识，内化素养、外化行为，在评价体系中应注重学生的养成行为习惯的不断改进。教师考核学生不再是单一的"考试＋考勤"模式，而是从不同表现、不同体会综合性评价一个学生学习的成果，凸显教学方法的实效性。学以致用方为体验式学习的终极目标，思想政治理论课体验式教学的组织也是为了使学生在学习中不断总结、不断规范自身行为习惯。

理论与实践的统一，是马克思主义的一个最基本的原则。中国共产党以马克思主义的立场观点方法为指导，在思想路线上，最重要的就是坚持"一切从实际出发，理论联系实际，实事求是，在实践中检验真理和发展真理"的"解放思想，实事求是，与时俱进"的思想路线。马克思就曾指出："人应该在实践中证明自己思维的真理性"。毛泽东同志也强调："理论与实践要统一。理论与实践的统一，是马克思主义的一个最基本的原则"。这就确定了实践的观点是辩证唯物论的认识论之第一的和基本的观点，这是马克思主政党必须始终坚持的马克思主义一个最基本原则。思想政治理论课课程具有较强的理论性，而多年来的传统"灌输式教学"教学方式使得很多学生产生了惰性思

维习惯，理论与实践脱节，变得更加枯燥，最后造成学生无法内化，失去学习兴趣。而体验式教学法的优势就在于，通过一系列情景体验让学生能够在一定程度上将理论与实践相结合，从而不断加深高职学生对于教学知识点的体会，逐渐提高个人的综合素质能力，正面提升自身判断事物存在价值性的能力，树立正确的人生观、价值观和世界观。

第四章　体验式教学是实现思想政治理论课教学目标的重要途径

第一节　促进学生形成"知"的重要环节

新课程改革目标中强调课程是学习经验或体验，这种定义就是把课程的内容来源以及实施目标涵盖为学生在教师的引导下所获得的体验或者经验，既包括心理、身体、情感上的体验，也包括习惯和认知上的体验。这种定义既重视个性化的追求，也强调社会化的需要。新的时代面临新的挑战，面对知识经济的迅猛发展，我国大力实施科教兴国战略，经济的巨大成就也引发了重大社会问题，比如贪污腐败、国民素质低下、假冒伪劣等等社会问题，迫切需要素质教育的贯彻落实。随着新课改的力度不断加大和深入，以生为本的教育理念重视学生体验成为了课堂的重要支点。因此实施体验式教学既有理论意义，又有现实意义。

高校思想政治理论课是我国高等教育的重要内容，是中国特色社会主义大学的本质体现。高校思想政治理论课的主要任务，就是对大学生进行系统的马克思主义理论教育，帮助他们树立正确的世界观、人生观、价值观，提高运用马克思主义的立场、观点、方法分析问题解决问题的能力。为此，就必须着力引导和帮助学生解决"知、信、行"三个方面的问题，而体验式教学在这方面则有其独特的重要作用。

一、高校思想政治课实施体验式教学的必要性

（一）响应新课程改革培养目标的需要

新课改的实施关系着人才强国战略和科教兴国战略的进一步推进，也影响着我国经济的发展和现代化事业的进行。我国基础教育改革的目标：改变课程过于重视知识传授的倾向，强调形成积极主动的学习态度；使学生学会学习，学会合作，学会生存，学会做人，关注学生全面发展；改进学生的传统学习方式，变学生为学习的主体。提高学生在高校思想政治课中的体验能力，增强学生体验的有效性，注重学生的体验成为教学过程改革中的

一个重要体现。传统教学把知识的传授和学生的接受看作是教学的起始，教师在课堂上更多的是用"知识的掌握情况"去把握和解读教学的，造成了学生情感的缺失。新课改的实施，要求高校思想政治理论课经济、文化、政治和哲学这四大模块的教学目标更加注重生活体验，要求教材内容要贴近学生生活，符合学生的成长需要，使得这几个模块都要坚持"三贴近"的原则，发挥学生的主体作用，以生活为主体和逻辑线索进行课本知识的整合，使教材内容更加贴近生活、贴近学生、贴近实际，提高思想政治教材的吸引力，增强教学的时效性。

体验式教学作为以"体验"为中心的教学模式，它不仅你能够增强学生对于教材内容的兴趣和理解，更能激发学生从情感上去感受知识的魅力。体验教学注重过程性和生成性，比如利用典型的案例作情境导入，让学生身临其境，感悟问题，探究问题，尊重了学生学习的体验性。注重实践性，现在高校思想政治课更加重视学生的探究体验，活动主体是师生的共同参与，活动的空间是课内与课外的结合，活动的形式既有身体力行的体验，也有思维活动的体验，这说明体验教学是仅仅围绕新课程改革的需要的，新课程改革非常关注学生的情感体验和思维体验，因此，无论是出于新课程改革的需要还是实现学生的个人发展，体验教学都是重要的研究课题。只有有效贯彻体验教学，才能实现新课程改革的三位目标的体验。

（二）遵循思想政治课教学规律的需要

思想政治课具有自身特殊的规律，包括：知行合一、灌输疏导统一、间接经验与直接经验相结合等规律。教学内容和教学活动只有贯彻这些规律，才能取得预设的目标和归宿。知行合一要求学生的学习和行动必须是一致的，不能只做不学，也不能只学不做。教师需要引导学生在学习课本知识的同时，对于社会问题和社会现象要提高辨别是非的能力，引导学生在生活中善于总结和提炼知识，强调思想政治课的社会体验，强调社会实践的参与，这才符合知行合一的规律要求。灌输与疏导相统一的规律要求注重思想政治课的方向性问题，灌输不是指的"填鸭式"、"满堂灌"，它是指的正面教育，要求教师要运用生动的教学案例和贴近学生生活的现实来改变传统说教的方法，使学生从耳闻目睹、亲身经历的活的案例中理解知识。还要坚持疏导原则，要求教师发挥自身的主导作用，坚持正确方向的引导，以免学生走向弯路和错误的道路，比如高校政治理论课更多的是理论知识，对于学生比较难以理解，这就要求教师要正确的引导，使得学生更加容易的选择和接受。

体验式教学强调学生通过活动的体验或者生活的体验，把被动的接受知识转移到主动的从生活中发掘知识，认清自我、主体与社会的关系，这个体验的过程，不是简单的知识灌输或者知识记忆，而是要求学生在此基础上做出生动性的发现和选择，使得这种发现和选择内化为自己的情感信念和行为规范，养成学生良好的道德品质。高校思想政治课实施体验式教学，能够使学生身在其中，感受国家的政治经济文化内容，正确的看待社会现象，通过感官上的接触和思维上批判的体验，与现有的知识发生摩擦碰撞，升华为一种情感体验，从而使学生端正学习态度，提高修养和自身的社会责任感。

（三）贯彻理论联系实际教学方针的需要

思想政治课的教学方针决定着其教学的发展方向和目标，其学科性质要求必须坚持理论联系实际的教学方针。作为一门思想政治理论课，其目的不仅仅是让学生学习了多少理论，指导了多少行为规范，更重要的是理论指导其未来行为的作用，引导其改造自身和完善自我的作用。理论联系实际不仅要求教师教学方面要把教授的内容与现实联系在一起，也要求学生利用学习到的知识运用到实践过程中，学生只有通过生活的体验才能获得情感的体验，进而内化良好行为习惯，运用实践来增强自身的社会责任感和良好的个人情操。教材的内容作为一种间接的知识，是来源于生活又高于生活的，高校知识的理论深度和广度，对于学生来讲，如果不借助直接的生活经验，是很难理解和接受的，所以学生要在生活体验的基础上去接受这些间接的知识，用事实说明道理，增强学生对于实际理论之间的联系和理解，做到体验生活和体验知识。

体验式教学主张教师在传授学生知识理论的同时，让学生对于理论进行体验过程的内化，使得学生思想状态超越原有的道德情感水准，体验的过程也是一种提高的过程。通过情景或者案例的体验，学生会表现出对于基本的政治文化经济哲学等方面的简单认识，会形成自己的看法和观点，也会联系自身实际或者自己周围的社会现象，来理解消化课本教材中的知识内容，从这个体验过程中去提高分析解决问题的能力。整个体验过程也就贯彻了理论联系实际的教学方针，所以通过体验使学生掌握理论、了解实际，能够更好的促进学生加深对理性知识的学习，丰富社会实践的效果。

二、高校思想政治课实施体验式教学的时代意义

（一）有利于学生建立新的学习观念

随着信息化社会的迅速发展，知识、信息的大量暴涨，需要学生树立新的学习观，或者终身学习观，这就要求学生学习的主动性，使教师不在拘泥于传统的教学方式，突出学生的主体地位，体验教学不仅要求学生参与，而且要充分发挥学生的聪明才智，使学生在教学过程中不仅学会学习，而且还要学会创新，学会反省。使学生从"要学"转变到"会学"，进而完成学习任务，自主的探究学习，增强主体地位。情感教学能够激发学生内

在的学习兴趣，促进学生的自主学习。情感教学中注重营造一定的情感氛围，调动学生的情感因素，使学生产生对所学内容的兴趣，从而积极主动地学习，获得快乐的体验，有助于达成教学目标。兴趣是最好的老师，学生对学习产生兴趣，使得情感与情趣相互依存，相互促进。教师可以将学生的兴趣爱好迁移到对知识的学习上，使兴趣成为他学习的动力，促进学生的发展。课堂参与的体验有利于激发学生学习的兴趣，有助于学生的探究和合作，而参与的有效性则直接影响着学生在学习过程中潜能的激发，使他们在参与过程中主动的释放身体能量和心理能量。这样对于学生的学习方法，学习内容的选择，对于问题的思考都有质的突破，与生活实际相结合，相互渗透，也就有利于他们树立终身学习的新观念。

（二）有利于学生端正学习思想政治课的态度

在许多人眼中政治课大概是最无聊最没劲的课，传统的思想政治课中，教师是知识的权威，学生只能被牵着鼻子走。教师照本宣科，学生循规蹈矩。课堂死气沉沉，教师厌教，学生厌学。思想政治课堂教学就会显得毫无生机，教学效果也就大打折扣。一些学生认为思想品德课的教学内容是讲大话、讲空话、讲假话，脱离生活实际，太枯燥、太教条，做的是表面功夫，认为这些内容都很简单，开卷考试时，从书上随便抄抄就可以。他们忽视将这些内容纳入自己的态度体系，有意地逃避、排斥思想政治教育活动。更有甚者他们对思想政治课中不提倡、不允许的事情偏要为之，做出一些违反行为规范的事情，而对于教育者所积极倡导的价值观念、行为规范则嗤之以鼻，表现出一种对立、抵制、厌恶的情绪。还有一些学生认为思想政治课教师在课堂上"说教"性太强，说服意图明显，总是"填鸭式"向我们灌输枯燥抽象的理论，教学方法单一、落后，从而对思想政治课表现出排斥，对传授的思想政治知识不认同，难以内化，久而久之，对思想政治课产生强烈的厌恶情绪。所以学生都不喜欢这门课，划重点，背重点，这样恶性循环，使学生在思想上扭曲了对于这门课的认识和态度。学习态度和动机直接影响着教学过程的效果。在教学过程中，学生有效的体验教学评价，探究合作，不仅影响着学生学习兴趣，而且对于学生端正学习态度有着重要影响，在课堂上积极参与有利于兴趣的培养，又能使学生的学习目标进一步明确，使学生在学习过程中不断的体验到取得成果的愉悦心情。

（三）有利于激发学生学习的内在动力

"内部的驱动力产生于人的内在需要，如马克思所说，需要是人积极性的源泉"。外部压力下所产生的学习效果和内在需要下所产生的效果有着截然不同的结果。压力所产生的动力不能持久，还会产生许多消极的影响，进一步会影响师生关系的构建。现在许多同学学习政治课的主动性很差，在教学过程中不能自觉、积极的参与，这种学习思想与我们培养学生创新能力的素质教育的要求是截然相反的。情感如人饮水，冷暖自知。情感是亲身体验过才产生的，我们对客观事物采取什么样的的态度，是自身直接体验的，别人不能代替。体验是情感教学的基本特征，情感教学强调学生学习的过程，注重学生的亲身体验。教学不只是一味教的过程，学生不是知识的容器、考试的机器，他们是具有独立个性的人，教育的目的不是把他们变成流水线加工的产品，而应立足于学生的发展，培养社会所需要的人才。情感教学注重学生的学习过程，教给学生学习方法，调动学生学习的主动性，联系自己的生活和情感体验，提高学生分析问题解决问题的能力，更好地指导学生的生活，促进学生的发展。积极体验和参与的学习过程有利于学生把学习看做自己内心的需要，有利于学生树立正确的学习目标，对于平等、和谐、民主的新型师生关系的建立也有着重要的影响。

（四）有利于活跃课堂氛围

目前新课程提倡的教学理念还没有被高校政治教师完全理解到位，没有真正在教学过程中实践，很多教师还是使用传统的教学模式。在思想政治课传统教学中，教师常常扮演知识的权威者，教师主要是强调接受，就是老师讲，学生死记硬背，没有为学生充分提供自主学习的机会。满堂"灌"的传统教学模式不利于教师和学生进行沟通交流不利于形成和谐的师生关系和融洽的课堂氛围。而实施体验学习是建立在和谐的师生关系和融洽的课堂氛围基础之上的。政治课沉闷，压抑的课堂环境严重阻碍着学生个性化的发展，缺乏学生主体参与的课堂是不完整的，教学过程是教师和学生两方面的投入。体验学习应该是以学生为主体、教师为主导，而"灌输式"教学使学生处于被动，只能跟随老师的思路走，丧失了主体地位。所以在传统的课堂教学中，学生没有充分的自主学习的机会，也就不可能提高体验学习能力了。在教学过程中如果能让学生积极主动的参与到其中，不仅有利于营造良好的课堂氛围，激发课堂活力，而且有利于激发教师教学的创新性。参与能增强教学过程的生气，使学生在轻松愉悦的环境下接受知识，这样也就使教学的有效性和持久性得到生成。

（五）有利于构建和谐的师生关系

有些学生厌烦与思想政治课教师接触，认为这些教师总是"监视"他们，不能信任老师，对教师只能"避而远之"，不愿意与他们交流，认为这些教育者太过古板，是"马列主义老太太"或"马列主义老头子"，老师们根本不理解自己的世界；还有些学生把教师的谆谆教诲、关心看作是对自己的限制和束缚，是对自己的"管、卡、压"，对教育者提倡和奉行的世界观、人生观、价值观不赞同、不信任，与其相抵触，认为其陈旧过时，不屑一顾，不接受思想政治课教师传授的知识和观念，排斥教师带头践行的模范行为，甚至无视教师提出的教育要求，故意违反思想政治课的课堂秩序，公然顶撞老师，与老师"对着干"，使之与教育者处于对立状态。良好师生关系的形成取决于师生双方的共同努力，教师在教学过程中如果能够引导学生在主动的去参与教学环节，增加学生参与和体验的内在驱力，平等的对待参与的每一个学生，这样就能使学生爱上思政课。否则，则使学生产生厌学的情绪和对于学习的逆反心理。而且学生是否能够积极参与教学也进一步影响教师教授的心情，影响教师情绪和水平的发挥，使教师对于学生产生看法。而如果学生热情的产于，使学生在思想上与教师产生碰撞，提高活动的效率。相互促进，相互支持，这样建立起来的师生关系才一具有良性的持久耐力和发展潜力。

道德认知是学生道德行为形成的重要前提，学生只有对道德规范认知、接受、理解和内化，才有可能外化为他们的具体行为，形成道德习惯。道德认知教育不仅限于日常生活行为规范的教育，而是更加注重社会公德、家庭美德和职业道德的教育，包括热爱祖国、热爱人民、关心集体、热心公益、扶贫帮困的崇高精神；文明礼貌、助人为乐、爱护公物、保护环境、遵纪守法的社会公德；爱岗敬业、诚实守信，办事公道，服务群众，奉献社会的职业道德；尊老爱幼，男女平等，夫妻和睦，勤俭持家，邻里团结的家庭美德等。

从学科功能及特点上说，德育是认知善与恶、美与丑的。学生如何学会做人、学会做事、学会生活、学会求知、学会交往，这不是靠老师的传授就能实现的，主要是通过自身的体验去获得感悟。建构主义理论认为，"每个学习者都不应等待知识的传递，而应基于自己与世界相互作用的独特经验去建构自己的知识并赋予经验以意义"。换言之，学生获得知识与经验并非由老师去灌输，而只能通过自身的活动去体验、去感悟，从而习得知识并自主重建知识能力结构。这一理论的指导意义在于，要使学生获得积极的、丰富的道德情感体验就得赋予学生充分参与丰富生动的教育活动的权利和机会。道德教育必须面向丰富多彩的社会生活，唯有如此，学生才能获得丰富真切的生活体验。教师要善于创设教育情境、例举正反事例，引导学生关注生活、社会和自然，参与社会生活，让学生在与人交往活动中，在与环境的交互作用中，在现实生活带来的喜怒哀乐中，在自我认识和反思过程中丰富和提升道德情感，化解内心的心理矛盾和道德冲突，坚定道德信念，从而为道德行为的养成奠定坚实的基础。

三、高校思想政治课运用体验式教学现状分析

（一）当前实施高校思想政治课体验式教学存在的问题

学生参与教学对于学生的学习，对教师的教学课堂有着重要的作用，本人结合自身参加的实习经历，发现在思想政治课教学过程中，学生参与体验的状况有较大的改善，对于

传统教学模式有着一定程度的发展和突破，新课标强调以生为本，强调学生在课堂中的主体地位，在教学中不仅要求学生能否参与课堂活动，而且还注重学生参与的有效性，有效参与是鼓励学生参与的一种方式。体验教学在新课改以后，被思想政治课教师广泛运用到政治课的教学过程中，但是，这种运用更多的体现在优质课和公开课的讲评中，在常规教学过程中基本上还是老套路、旧方法。体验式教学强调发挥学生的主体参与，但是受当前教育模式的束缚导致家长学校教师三方还是看重成绩，因为最终的落脚点和归宿是学生的成绩来衡量的，而且体验式教学要求老师付出的心血更多，要求更高，难度更大。学生很喜欢体验教学，但是往往这种参与更多的流行与形式，没有发挥出实际的效果。因此，学生参与体验依然存在着许多问题，具体来讲在以下几个方面：

1. 体验情境的创设不当，导致学生参与体验的积极性不高

在教学过程中，长期单一固定的教学模式使教师在课堂上难以做到收放自如，许多教师心有余而力不足，既想让学生在课堂环节中积极参与体验，又迫于教学任务的压力，教学成绩的压力，教学进度的压力，而矛盾重重，使课堂讨体验步履艰难。教师创设情境内容资源的选择是以实现知识目标为主要内容的，教学情境的设计必须紧紧围绕教学内容，这是基本的立足点，不能为了活跃气氛、吸引学生而过分的追求华丽的热闹的情境，这样虽然用心良苦，但是忽视了真正要实现的三维目标。对于这样的问题，我们应该懂得情境的创设一定要与课本知识内容联系在一起，不能取一些毫不相关的情境。还有部分老教师依然主导着教学的一切，片面强调以教师为中心，教师是教学各个环节的最重要的角色：忽视学生在课堂上的主人翁地位和主体地位。从而影响了学生参与教学活动的积极性和主动性，学生最终沦为被动的接受者。把学生当成自己完成教学任务的工具，在课堂上机械的问问题，回答问题，教学过程中死气沉沉，学生不愿意参与，不想参与，不能参与的问题存在。另一方面有部分新教师，在新课改的压力下，追风跟风现象严重，片面强调学生主体地位，总想把教学任务仅仅依靠学生自主参与来实现和完成，产生了物极必反，使学生惧怕参与。

2. 体验活动流于形式，导致学生参与体验的效度不高

传统的课堂活动，提问回答，死记硬背，机械听讲等问题在教育领域依然有着深厚的土壤环境，影响着教师学生的课堂参与状况。传统的应试教育片面强调成绩，把分数跟成绩看作衡量学生优劣的基本标准，使教师和学生在分数的压力下，不得不进行机械的枯燥的课堂教学。以至于许多教师只是采用单一的灌输式教学，忽视发挥学生自身的主观能动性，缺乏教学方式上的创新和突破。使学生主体意识严重缺失，这样也就是学生课堂参与体验的效果无法得到体现，教师教的累，学生学的累，学生在课堂上没有探究和表现的可能。体验式教学的实施和推进必须以一定的情境活动作为依托，在此基础上实现学生知识内化为情感，体验的活动作为媒介，所以活动的开展和创设是达到体验教学目标和效果的

重要环节。这种目标关注的错位缺失，是情境体验过程中经常会出现的一种状况，最终会使体验式教学流于形式，而无法实现体验的目的和意义。还有一些体验是偏离了教学目标，也就无法产生有效的情感体验，虽然调动了学生的有效参与，却出现了严重的偏离问题，体验的效果大打折扣。

3. 评价标准的单一，导致学生参与体验的被动性、机会的不均等性

在课堂评价方面，学生没有办法对自己的行为进行评价，学生丧失主人翁意识，导致学生自身没有自我反思、自我评价，在一种消极的环境中失去对于参与的主动和热情。结合本人经历，通过调查发现学生参与体验的动机有的是为了获得表扬，有的是帮助同学解决困境，有的是被老师点名之下被动参与等，学生参与的动机来至于外因居多，学习效果差，在参与过程中缺乏主动，缺少独立性。其次在课堂教学中，成绩好的学生参与度比差生要高得多，差生由于知识水平的有限，教师不自觉的把鼓励投放到了好学生身上，这就造成了机会的不平等。这样一方面激发成绩好的学生学习兴趣，另一方面也打击了差生的学习热情。这种偏心也是恶劣师生关系形成的根源之一，不利于良好师生关系的构建。作为衡量教师教学结果与学生学习结果的教学评价，不是一种没有感情的工具，它有助于促进教师的教学反思和学生的进步。在教学中教师通过课堂提问以及试卷测验等方式来判断学生是否掌握了在思想政治课上学到的相关知识点，但学生是否真正接受、以及在实践中是否会应用就无法检验出来了。学生思想的转变与感悟的获得并不能就这样简单的衡量出来。思想政治课的教学评价中，存在着对学生评价方式单一，不能全面准确地评价学生的素质的问题。有些思想政治课上，教师进行了体验前的积极准备，对于多媒体展现的素材以及学生结合自身的案例，给予了学生较为充足的时间去考虑，但是有时候由于时间的有限性以及知识的丰富性，导致部分教师无法给予学生的有效参一与的结果进行积极的有价值的反馈评价，或者评价方式过于单一，好或者不好，而没有形成情感共鸣，久而久之，这种评价方式的单一，以及参与机会的不均等性造成了学生体验兴趣的缺乏。

（二）高校思想政治课实施体验式教学面临的问题归因分析

1. 学生参与动机的缺乏

学生在课堂上学习的动机有许多，一方面学生被动的接受，听、写、回答等等，另一种是积极的探究，参与问题的讨论。在实际课堂活动中，学生习惯被动的接受，老师喜欢鞭策着学生，赶鸭子上架。学生厌学、懒学、倦学的现象时有发生，一方面是学业负担的加重，另一方面，学生的依赖心理很严重缺乏创新意识，不愿意深入探究，缺乏主动求知的意识。在课堂上跟风现象严重，别人回答，自己也回答，讨论时言不由己，乱说一气，表面上跟大家一样在学习，在讨论，实际上根本没有对问题进行思考和分析。这种参与自然而然也就停留在肤浅的表层。还是学生自身内心缺乏探索问题的动机，对于知识的探索

都只停留在表层，个性化的发展潜力没有得到挖掘，不愿动脑子。学生对于政治课的普遍观念就是，上课老师把考试重点划划，学生课下把知识点记记，造成课堂气氛死气沉沉，学生动机的缺失严重影响了其参与教学活动的积极性和热度。

另外，学生的好奇心和求知欲特别强烈，对新知识和新事物拥有强烈的心理需求，这种心理需求会形成学习动机，对学习产生浓厚的兴趣。但是如果好奇心过强就会形成一种特殊的心理，即"人们对于越是得不到的东西，越想得到，越是不能接触的东西，越想接触，这就是所谓'禁果逆反'"，越是禁止的东西越想猎奇，而对于教师大力宣传的东西却不感兴趣、不以为意。在思想政治课向学生传授正确的思想观念、价值标准、行为规范以帮助学生形成良好的思想品德和行为习惯的过程中，教育者多用禁止性、约束性语言规范学生的行为，比如"不要"、"禁止"等，而并没有给出这样做的理由，因而学生在过强的好奇心的驱使下，往往产生逆反心理，做出与思想政治课教育要求不一致的行为。这就说明参与体验的主体，不具有正确的参与动机，更别提参与的效果了。

2. 教师自身效能的影响

学生课堂教学的低效一方面说明了教师专业化水平有待进一步提升，另一方面也反映了教师自身综合素养不高，对于课堂掌控能力，对于教材的把握，学生心理特点的分析都不到位，新瓶装旧酒的现象仍然存在。传统的思想政治课受欢迎的主要因素是教师拥有丰富的知识。思想政治课涉及到了政治、哲学、经济、文化各个方面，这就要求政治老师既是通才，又必须是专才。广阔的知识面是成为优秀政治老师的前提，用培根的话来说就是"知识就是力量"。

"教师是影响课程实施的核心因素，是课程方案的最终执行者，其素质能力对课程实施起着最直接最重要的影响。"当前，有些学校对于思想政治课教学并不重视，他们浅显地认为思想政治课最容易讲授，因而让一些没有相关知识背景的教师兼职思想政治课教师，这些教师多缺乏思想政治教育的专业知识，没有受过正规的思想政治教育专业的学习，政治素质、知识素质偏低，只知道照本宣科、宣读教材内容而没有系统掌握专业知识和具有科学性、艺术性的思想品德课教学方法，学生就不能有效接受道德教育，仍然固守自己原有的道德观念。还有一些专职的思想政治课教师，他们虽然受过专业的思想政治教育，但是自身道德素质、思想素质、能力素质较低，不注重提高自身思想道德修养，言行不一，对于自己所提倡的价值观念和道德规范都不带头遵守和实践，不能以德服人，言传与身教难以融合，使学生对思想政治课教师产生不信任感，进而发展成为对思想政治课教学的不认同、反感、排斥，不愿意参与体验，对其产生逆向反应。

在高校思想政治课的教学中，还存在着教师为主体，学生为客体的教学观，在其影响下，使师生的地位不平等，一定程度也影响了师生关系的和谐。这种长期生活在威严下的学生认为教师是权威，必须服从，他们习惯了被动接受，迷信权威，缺乏创新能力，不利于学生的发展。教师对学生的教学管理模式多半是严加看管，缺少感情的沟通和交流，更缺乏对学生内心世界及情感诉求的关注，导致师生之间缺少真诚沟通，进而影响学生的全面健康发展。过于严厉和冷酷的老师很难真正的融入到学生群体中，更无法了解学生真正的需要，难以达到其教学效果。而随着经济全球化的迅速发展，知识经济，互联网的爆炸式发展，对于思想政治老师的专业要求进一步提高，许多教师跟不上时代潮流，思想还停留在上个世纪自然不能再课堂上解答学生的疑问，讲授的知识不能吸引学生，也就影响了学生对于政治课的动机和欲望，从而降低了学生参与的效度。

第二节　帮助学生达到"信"的必要措施

在思想政治理论课教学中，引导学生达到"知"是基础，帮助学生达到"信"则是关键。而要达到"信"，关键在体验。这是因为，只有通过自己亲身的体验，大学生才能真正确认有关政治理论和思想观点的正确性，才能自主地形成对有关思想观点和道德规范的情感和态度，从而在此基础上形成相应的思想信念。恩格斯曾经对参加美国工人运动的德国社会主义者说指出："我们的理论是发展着的理论，而不是必须背得烂熟并机械地加以重复的教条。越少从外面把这种理论硬灌输给美国人，而越多由他们通过自己亲身的经验（在德国人的帮助下）去检验它，它就越会深入他们的心坎。"因此，我们要使思想政治理论课的教学内容真正深入学生的心坎，使之为学生所认同、所信服、就必须注重运用体验式教学。要着力营造体现课程教学要求的教学情境，组织贯彻课程教学目标的实践活动，引导学生通过情境体验和实践体验，达到对思想政治理论课教学内容的"信"。

一、提升高校思想政治理论课体验式教学效果的策略

（一）构建有利于学生参与的课堂教学系统

1. 改进教学方式，激发学生参与体验。

教师在教学过程中要在教案设计，备课环节根据学生实际和学习目标探索有效的教学方式，在体验教学中把自主学习与合作学习，探究学习与小组合作充分利用起来，形成动态、持续、平等、和谐的教学方式。体验教学方式的更新与完善，不仅能够激发学生享受参与体验的兴趣，而且能够提高学生体验成功，获得成绩的信心。学会用不同的教学方式和教学艺术，鼓励学生，表扬学生，才能进一步激发学生参与体验的活力。教师要从教育对象实际出发，发现、研究学生的个体差异，根据学生特点，区别对待，采取灵活多变、具有针对性的教育措施，分层次进行教学，克服过去教学中存在的"一刀切"、"一锅煮"

等弊端。要注重调查研究，准确了解、把握教育对象的思想实际和变化特点，明确学生原有的思想认识、道德认识和能力水平，从而对不同层次的学生确定不同的思想政治教育目标和内容，采取不同的教育方法，循序渐进，引导学生的思想逐渐达到社会的要求，使其体验到成功的喜悦。

除此之外，思想政治课的教学方法不要以单纯"说教"、单向灌输为主，而要从学生实际出发运用启发式教学模式、案例教学法、情感教学法等，要体现多样化，要对学生多鼓励，少批评：多指导，少冷落：多启发，少说服。教学手段要有所创新，追求现代化，将先进的科学技术引进教学，使现代化的大众传播手段成为对学生进行思想政治教育的载体，以引起学生学习思想政治课的兴趣，提高其积极性、自觉性、主动性。因为思想政治教育是一门应用型学科，这就决定了实践性是其本质特征，并且思想政治学科随着实践的发展而不断完善，对思想政治课教学中学生的体验效果具有积极意义。

2. 建立良好的新型的师生关系，促进学生参与体验。

师生关系是课堂教学好坏的晴雨表，把教师主导作用跟学生的主体地位有效结合起来，改善课堂教学，建立学生参与的良好课堂秩序。教师首先要认清自己的位置，树立新的教育理念，以生为本，把提高学生学习能力和实践能力作为自己教学的目标，用师爱感化学生，关心学生，给学生以平等表现的机会，不以自己是知识的权威来自视。把学生看做是自己平等的合作对象，这样才能提高学生参与的兴趣，改善师生关系，建立良好的师生关系。

"如果你想感化别人，那么你必须是一个实际上能够鼓舞和推动别人前进的人。"所以，教师要主动改善发挥权威作用的方式，提高自身素质，增强人格魅力。思想政治课教师发挥权威作用的方式不能仅仅依靠权力，依靠命令、惩罚和强制压迫，而要通过提高教师的基本素质，如政治素质、知识素质、能力素质、思想素质、道德素质、生理心理素质等，使其具备高尚的思想品德修养、广博的知识经验、现代化的教育能力、健康的身心、受人尊重的外在形象，有效地将真理的力量和人格的力量结合起来发挥作用，通过符合社会生活实际和学生实际的科学真实的思想政治课教学内容教育广大学生，通过思想政治课教师良好的品德、模范的行为，以身作则，增强其"非权力影响力"，树立教师的威信，提高教师的人格魅力，从而对学生产生潜移默化的、持久的教育影响，感染、陶冶学生。只有思想品德课教师具有较强的人格魅力，才能建立人格权威，使学生真正从心理上对教师产生信任感，继而对思想政治课产生兴趣、产生信服感，自觉内化思想政治课内容，并努力践行。

同时，教师需要从情感、道德、认知、生理、心理等全方面认识和理解学生，走近学生，给学生以真诚关爱，平等对待每一位学生，关怀每一位学生，善于与学生谈心，从而深入学生的内心世界、掌握学生的思想变化。教师还要充分尊重学生的主体性、差异性、独特性，尊重每个学生做人的尊严和价值，多采用正强化的信息反馈，少用否定性、批判性的态度或语言，要晓之以理，动之以情，以构建民主、和谐、平等、合作的新型师生关系，增强学生的"向师性"。

3. 创造个性化的课堂秩序，保证学生参与。

学习环境是学生身心赖以成长发展的基础，它以自身特有的影响力潜在地干涉着学生学习活动的过程，系统地影响着学习活动的成果。良好的学习环境可以激发学生的学习热情。所以为了促进学生体验学习，教师应该不断优化课堂自主学习环境。在课堂教学过程中，教师要注重创新精神的培养和课堂教学方式的创新，对于自身思维、个性、品德、美感等方面进行创新来激活课堂参与体验的秩序。尊重差异，平等对待，坚持民主的原则，从教材中学会学习和提高自己，运用不同的参与形式，活跃课堂氛围，再加以高超的教师智慧和改进教学方式，巧用课堂资源，适时给予学生鼓励，从而创造有利于学生个性化参与的课堂秩序。

（二）促进师生角色转化，充分发挥学生的主体作用

1. 当好设计者，激发学生参与热度，让学生乐于体验

在教学环节中，教师备课时已经明确了教学目标，但是对于学生的学习目标还很模糊，学生主体的依据就是学习目的，但是教学体验如果还是仅仅停留在教的层面，那么学生体验就无从可言。因此教师必须引导学生明确学习目标，变被动参与为主动参与。教师要根据学生实际学习状况来改进教学方法，注重教学方式的变化，让学生的体验在可控的有序的前提下进行，不能偏离课堂主线，乱成一气。指导学生利用有益的学习方法，使参与有序进行。在体验的过程中还要注意给学生强调要与实际生活联系在一起，让教学过程不再枯燥无味，使学生的教学体验变得有生机有活力。

2. 当好组织者，启发学生思维，让学生真实体验

在教学过程中，最忌讳教师包办学生的一切，使课堂变得沉闷无趣。学生体验学习是学生通过自身的主体活动来完成学习和认识的任务，促进自身的发展，而不是教师越俎代庖，打击学生体验的主动性、挤压学生的学习发展空间和自我挖掘的潜能。在课堂上情境和问题的创设要以学生实际水平和能力为依据，过犹不及，太难的问题影响学生参与热情，太简单的问题又食之无味。教师设疑必须联系教程和实际，这样才不至于体验停留在肤浅层面，流于形式，从而提高体验的效能，变低效体验为高效体验。同时还要注重参与体验的平等，使大多数学生都能参与进来，提高学生的参与度，变畏惧参与体验为真实的积极体验。

3. 当好引导者，让学生勇于体验

在思想政治理论课的课堂上，许多教师认为学生消极被动，不愿配合教学活动。这是

因为参与体验的评价有问题，对于学生参与没有及时反馈，没有形成一套标准，使学生参与的持久性受到打击。所以教师要树立民主意识，在课堂上适时的对学生给予鼓励和表扬，让学生宽松的教学氛围中主动参与。教师恰当的评价艺术对于提高学生体验意识和新奇感，使学生乐学、好学有着重要的意义，客观公正的参与评价，使学生的表现得到肯定，帮助学生对于学习的参与体验提高信心，坚定信念，创造学生勇于体验的课堂环境。

（三）创设适宜的情境教学，提高体验质量

1. 教学情境育人化

教育是人的社会化的手段，思想政治课教育情境要以情境激发学生学习兴趣，用情境来营造学习氛围，以期产生情感的共鸣，从而达到育人的效果。皮亚杰说过："教师不应企图将知识硬塞给学生，而应该找出能引起学生兴趣、刺激学生的材料，然后让学生自己解决问题"。在这个过程中，学生不是被动的接受知识，而是通过主动参与去获取知识。保证课堂设计的情境能够影响学生的学习态度，使学生在参与过程中形成良好的情感、态度和价值观。课程改革立足学生的发展，联系学生的生活和社会的需要丰富教学资源，关注学生的发展过程，注重学生的全面发展和健全人格的培养。

2. 教学情境情感化

高校思想政治理论课的教学内容包括经济、政治、文化生活，再加上时事政策、道德法律、心理健康知识、马克思主义的基本观点和方法，这些内容与学生的生活相关联，能够更好帮助和指导学生过健康积极向上的生活。教师在处理包括语言文字图片等直观形象的教材内容时，经过加工和提炼后，选择适当的方式来呈现这些显性的情感因素，使其调动学生的积极情感，达到知情合一的教学效果。教师在处理本身不带感情色彩的教材内容时，应利用自己的人生阅历和情感积累、用心去体悟教材中的情感因素，尽可能地赋予这些内容以感情色彩，选择学生易于接受的表达方式（语言和表情），使学生产生积极情感体验。所以，教师应刻苦钻研教材，吃透教材，细细体会教材中的不同的情感，结合适当的教学方式去打动学生的内心，提高体验效果。

3. 教学情境生活化

苏联教学论专家斯卡特金曾说："未经过人的积极情感强化和加温的知识将使人变得冷漠，由于它不能拨动人们的心弦，很快就会被遗忘。"这就要求教师在教学的过程中，选择学生感兴趣的、能触动学生的素材来丰富教学内容，提高教学效果。人是一切社会关系的总和，是社会人，这就要求思想政治理论课情景设计要与生活实际相联系，要来源于生活实践，不能脱离生活理论化。情景设计既要体现出时代精神，又要切合学生心理特点；既要符合学生思想状况，又要使情境教学具有实际可操作性。只要贴近学生生活的思想政治理论课，才能获得学生的认可，提高参与的兴趣，激发学生的求知欲。教师要通过

教材内容情境化，让学生发挥主体地位，真正参与到教学当中，这样才能加深学生对理论知识的理解，并将其运用到解决实际问题中。很多学生在学习思想政治理论的时候有"枯燥无味"、"一听就会一做题就错"的感觉，究其原因就是对原理理解不深刻。针对这种情况教师要灵活地使用教材，把教材内容设置到具体的情境当中，而不是让学生死记硬背原理。

4. 教学情境主体化

学生是教育活动的对象，也是教学过程的主体，情景教学的设计要转变"以教师为中心"为"以学生为中心"。在尊重学生主体地位的基础上去设计情境教学，坚持以生为本，有利于学生主动参与体验、积极参与体验、主动思索的原则，让每个学生能够平等的参与体验，从而促进学生的全面发展和端正学习态度。传统的思想政治课教学过度注重认知性目标，将知识目标放在三维目标的首位，强调"知识本位"，盲目地进行"应试教育"，力图把学生培养成为得高分升学的"机器"。这一落后的教育理念为思想政治课教学设下重重障碍。所以，思想政治课教师要不断更新教育理念，树立以人为本教育理念、可持续发展教育理念、创新教育理念、主体性教育理念等，不能只关注知识的传递，要有"全人"观念，不仅传授知识，更要关注学生情感、态度、价值观的形成，要着力培养学生的能力，以完成基本理论教育的任务、思想品德教育的任务、各种能力教育的任务以及心理健康教育的任务。同时，教师也要善于发现学生身上潜在的闪光点，并将其放大，唤起学生的自信，进而使学生对学习思想政治理论课充满信心。

思想政治教育是培养人的事业，它的所有活动都是直接作用于人的。这也要求思想政治课教师要转变教育理念，要面向全体学生，关注每一个学生的全面发展，尊重学生的个性发展，注重培养学生的完整人格，力图培养学生成为德才兼备的"四有"新人。教师还要变落后的"以教师的教为本"的教育理念为"以学生的学为本位"的教育理念，充分肯定学生的内在价值，树立起"学生即目的"的新理念，真正确立学生的主体地位，要引导学生身心参与思想政治课教学全过程，促使学生主体能动性的充分发挥，使学生自觉地接受思想政治课的教育影响，并结合自我教育养成良好的思想品德。

第三节　课堂内体验式教学方法

一、分组教学体验法的内涵分析

思想政治理论课分组教学体验法就是根据教学内容的难易点，充分利用现有的教学资源，将教学内容进行有机分割，化整为零，按既定行之有效的教学规律将学生分成若干个学习小组，对教学内容进行讨论分析，充分调动学生学习兴趣，体验学习乐趣，全面提升学生素质的教学方式。分组教学法的分组讨论与学习是体验式教学法的一种组织形式，一种方法表现，通过分组学习，便于养成学生"相互帮教、共同提升"的优良品质。分组教学注重学生在学习过程中的合作与交流、教师在传授知识上的发展与创新。分组教学体验法既吸收了互动式教育、探索式教学的优势，又对它们有所创新，结合当代学生的心理特点，立足于我国高校教学的实际，更进一步强调了学生的主体性、创造性、平等性和发展性，突出了可操作性，让学生在相互讨论中提升对思想政治理论课的认识，产生对思想政治理论课的学习兴趣，不断深化自己的思想境界，努力形成对课程的价值认同，实现教学目标。

二、分组教学体验法的组织分析

我国思想政治理论课的教学强调培育人的思想认识和发展，培养学生正确的社会主义价值观和世界观。分组教学体验法的践行首先在于教师积极引导、学生积极配合，充分发挥学生的主观能动性，体现教学过程中的"双主体"地位，教师在上课过程中不在局限于对理论知识的灌输，更应引导学生自我探究，深度讨论，加强认识，形成内涵。

第一、教师主动转变教学观念，引导学生形成良性思考的常态化。现阶段大部分高职院校的思想政治理论课教学还沉浸于"任课老师主讲、学生被动接受"的状态，课堂气氛不是很好，学生的注意力很难集中，教学的效果也较差。教师应该主动改变教学方式方法，由"主讲"变为"主导"，成为课堂教学的"设计者"，通过分组互动的教学，调动学生学习与探索的欲望，体现他们的主体性地位，发散思维，引导学生在认知的过程中体验，形成良性思考，而不是用传统的"一言堂"、"填鸭式"教学方式，影响学生思维辩证、创新能力的提升。

第二、学生自主提高认识，摆正学习态度，积极配合教师课堂教学。课堂教学是一个师生互动的行为，不仅教师"教"的观念要转变，学生"学"的观念也要转变。高职学生普遍对思想政治理论课的教学不感兴趣，在学习方面的态度也不端正，认为高职院校应该注重技能轻视理论，直接影响到思想政治理论课教学组织的效果。"百年大计，教育为本，德教为先"，教育应将"德教"放在第一位，学生应该主动提高认识，摆正学习态度，重视德教理论，提升个人素养，学会思考问题、分析问题、解决问题，全身心融入到思想政治理论课分组教学环节中去，真正成为学习的主人。

三、分组教学体验法的实效分析

第一、调动学生的学习积极性，树立正确的合作观与竞争意识。相对于其他的专业课程及辅修课程，思想政治理论课较为枯燥，分组教学体验法在教学过程中的问题分解，让学生压力降低，兴趣增强，在相互探讨中加深对思想的理解，提升自身的理论水平，从而促进自己对合作观的认识；同时也由于分组学习的特色，又会对各小组形成一定的考评与激励，产生学习方面的竞争意识，最终改善传统式思想政治理论课教学"死气沉沉"的状态。

第二、培养学生独立思考和团结互助的团队精神。体验的真谛在于人类自己用生命的情感来感受生活，验证认知，感知世界，体悟生命，最终形成对客观事物正确的认识。分组体验式教学首先肯定的就是通过学生小组合作，共同探讨及体验，形成小组成员对思想政治理论课教学内容的理解，形成共识，最终再通过教师与其他同学的点评，加深印象，提高认识，融入自身的思想体系。

第三、体现"因材施教"教学思路，实现教与学的和谐共进。分组教学的特点之一就是教师将所教内容分解，在教学过程中能根据学生的知识水平将教学内容中的难易点合理分配到各小组去，与传统思想政治理论课"大锅饭"式的教育不一样，分组教学体验法更能体现"因材施教"的教学原则。

四、高校思想政治课运用体验教学法的实践探索

（一）实施体验式教学坚持的原则

1. 从学生实际出发的原则

思想政治理论课作为一门德育课，具有重要的育人功能，所以重在传道而不是授业，进行德育教育的前提就是从主体的自身实际出发。每个人都是独立的个体，有自身的特点，这就需要个性化的有针对性的教育，体验式教学重视学生的主体参与和教师的引导作用，这就要求教师从学生的心理特征出发，以此基础上参与体验，去认识客观世界和社会现象，这样才能收到体验的效果和意义。认清学生的实际，是找到恰当的教学模式的前提条件和依据，只有创设的情境符合学生的实际状况，才能收到良好的教学效果和学生的体验效果。否则，如果采用了不相符合的内容，会与教学的目标严重脱节，也就违背了体验教学的意图了。最终的结果不仅浪费了教师的时间，还浪费了学生的学习时间，脱离学生实际就犯了主观主义的错误，所以必须坚持从学生实际出发的原则刁能使体验教学收获成功。

2. 知识性与方向性的原则

无论体验教学怎样设定、开展，最终都要坚持思想政治理论课的育人方向，思想政治理论课的教学工作也是党对学生的思想教育工作的重要组成部分，因此，不仅要注重知识

的传授，更要注重目标的正规。教师设置体验的内容必须符合社会主义的方向，体现出基本的道德原则，基本的政治观点，基本的行为规范，还应该以相关的教学目标和内容紧贴，要有利于突破重、难点，有利于促进学生发展的原则，以目标为导向，以知识为载体，紧密联系生活，引导学生发现问题、解决问题。如果脱离这个方向性，也就不具有体验的意义了。因此，通过对于知识的课堂体验，内化为情感价值取向，态度行为规范，最终把学生培养为社会主义现代化建设所需要的四有新人，成为社会主义事业建设的可靠的主力军和接班人。

3. 师生民主合作的原则

西方人本主义学派的罗杰斯说过："教师应充分尊重学生，接受每个学生作为具有自身独特价值的实体。"因此，在实施体验式教学过程中要转变传统的学生观，尊重学生，坚持平等的师生关系。首先，教师在情境体验中要尊重学生，重视学生的个体差异和独立人格，做到因材施教，如多给予性格内向的学生鼓励和关爱，对粗枝大叶的学生给予及时的提醒和批评等。在体验中应善于倾听学生的意见，了解他们的愿望和想法，重视学生的情感，发挥各自的优势，促进师生的交流，实现教学相长。另外，教师在体验中要以学生为主体，平等施教，尊重学生的人格，维护学生的自尊心，创设和谐民主的教学氛围，使学生在其中畅所欲言。虽然教师与学生在教学活动中所处的地位不一样，但他们并没有人格上的差别，在老师的眼里学生没有高低贵贱之分，老师对待学生应一视同仁。

实现培养有血有肉的感情丰富的人的目标，需要教师用真情真爱去滋润学生的心田，与学生建立伙伴型的师生关系，真正地走进学生广阔的心灵世界，给予学生一些帮助和指导，更好地促进学生的健康成长。比如，教师在体验中通过动作、表情、语言来表达发自内心的爱，适时、具体、适度地进行赏识教育。教师在体验中应加强与学生的交流和沟通，俯下身子以朋友的身份聆听学生的心声，坦诚相待，了解他们的想法和情感变化。总之良好的师生关系对于促进体验教学达到预设的效果，调动学生参与体验的积极性具有不可估量的作用。

（二）实施体式验教学的一般步骤

1. 体验需求分析

体验式教学作为一种教学观和教学形式，其最根本的目的也是为了教学目标而服务的。在选择采用体验式教学这种教学形式时，首先应该是对体验需求作一个基本的分析。体验式教学本身就具备针对提升不同教学效果的作用，比如为了深化知识而以体验感悟加深理解的形式、为了提升某项技能而参与体验的形式、为了树立正确的价值观或者引起某种情感的共鸣的形式等等。选择采用体验式教学的第一步应该就是对教学目标有具体的了解，根据不同的教学目标而选择设计不同的教学内容，从而才有可能引发学生不同的体验而真正达到预设的教学效果。

2. 体验能力分析

每一个个体的知识经验积累、人生阅历、感官感觉能力等都是存在差异的，这个不可否认。那么自然的每个个体的体验能力肯定也是不同的。执教者想要施加的"体验刺激"一定要考虑接受者的能力，否者肯定会达不到预设的效果。换一个角度说，教师的体验能力跟学生的体验能力肯定是不一样的。许多的知识、情感、态度在教师看来是理所应当的正确，或者学生应该理所应当的具备这种能力，但恰恰是这种误认为被执教老师忽略了，从而导致了教学效果的下降。

3. 实施过程

（1）创设情境，激发体验兴趣

在体验教学中，为了激发引导学生相应的体验，必须要注意创设情境，既可以组织活动直接体验，也可以创设情境，简单的去体验。可以借助多种方式进行体验，比如利用语言创设画面情境，将抽象的东西具体化、形象化。借助体态去创设情境，例如角色的扮演，将枯燥的教学知识场景化，让学生近距离的感受到知识的魅力，激发学习的动力和兴趣。利用各种素材，使其与教材的重难点结合起来，贯穿教学过程的始终，让学生通过体验有种互动的意识，形成一个完整的体验过程，培育学生的综合素养。

（2）引导提问，进入体验过程

教师需要利用问题来连接知识与情境的，这样可以缩短学生与知识之间的距离，指引他们带着问题在情境的体验过程中进行思考，问题作为思想活动的起始，有了精心的问题，也就更好的达到教学的目标。问题的设置必须坚持教材内容的主线化，使整个过程具有连贯性，层次性，从而推动学生不断的体验—发现—分析—解决这个过程。问题的难易程度要根据学生的身心特点来进行设置，否则也就激发不了学生的兴趣，体验式教学面对的是所有的学生，教师必须公平的对待每一个学生，要注意后进生的实际状况，根据实际情况随时进行调整。这就要求问题的设置还要符合知识共识的达成，弥补学生自我的不足、因为知识的发现是一个主动的发现—分析—理解的问题生成的过程。

（3）互动交流，内化体验目标

分享交流是提高体验效度的有效策略，众多想法和经验的碰撞摩擦，使得体验也就丰富和深刻。通过讨论，体验主体可以根据他人的体验感受，对比分析自我的体验，寻找有利的结合点，丰富自身的体验，个人的力量是有限的，因此，相互启发、相互分享，能够使体验更加有深度和广度。交流既可以是师生之间的交流，也可以是生生之间的分享。教师作为主导着，发挥着重要的引导作用，学生心智发展的不成熟要求教师需要加以引导，朝着有利于教学的方向。而同伴教育的作用也不可忽视，同辈群体影响的独特性对学生思想和行为的发展有着更为重要的作用。同辈群体对其成员有很大组织号召力，特别是同辈群体所特有的思想观念、价值标准、行为规范更容易使其成员受到相当大的无形压力和向心力的牵引，使学生与之发生认同。因此在交流分享中能够促进学生的体验更具有效度，最终内化为自己的情感体验。

（4）归纳阶段——反馈应用，升华体验效果

学生自身认知水平的有限性决定了教师要继续引导他们对于体验的结果进行归纳总结，认知主体的差异性和应试考核评价标准的统一性，要求体验结果的归纳。整个体验过程是分散的民主的，所以不能只享受过程，而忽略结果。教师在学生体验的基础上稍加引导，就能形成共识，达到良好的教学效果，通过三维目标的检验才是完整的体验。知识目标要求达到规定的认知水平，能力目标的检验考察学生思考和解决问题的能力，情感态度价值观目标的体验决定了体验最终的归宿。体验来源于生活，超越于生活，最终还是要回归生活。学生通过课堂上的体验来提升自身的主观世界和道德境界，所以要不断的再生活实践中去检验和验证体验的结果。

（三）运用体验式教学的主要形式

1. 以探究讨论为主的小组合作形式

利用案例的讨论来激发学生体验的过程也是学生发表自己观点的过程，教师精心准备案例，引导学生进行讨论，发挥学生的主体地位，让其成为真正的学习上的主人。这样能够融洽师生之间的关系，在谈论和合作中使学生形成团结的集体意识，树立自尊自信自强自立的观念。因此，在讨论中离不开教师的指导，教师要抓住问题，引导学生进行协作，实现合作学习，收获互动体验的效果，激发他们的体验热情，启发他们的学习兴趣。但是在讨论过程中，要切忌讨论的滥用，要注意讨论主题的选择。让学生结合生活实际，对他们进行分组讨论，最后发表每组得到的结论，教师再进行归纳总结。进行探究谈论的小组合作，能够发挥学生的主体地位，提高学生独立思考的能力，展现自身观点想法，相互启发，相互合作，在合作中学习，在体验中生成。

2. 以生活再现为主的情境体验形式

情境具有丰富多元性的特点，每个时段每个地点都有不同的情境，情境既包括客观的现实情境，也包括主观的想象情境。这种方法可以使场景再现到课堂中来，能够使思想政治课堂真正的活起来，在这个体验过程中，学生的体验是真实而有目的的体验，它是建立在学生的基础之上进行的理性分析，否则仅仅以知识的讲授，学生难以理解知识的内容，就限定了学生的认知水平。多样化的情境也催生了体验的多元化。比如，利用多媒体、图片等素材，具有生动逼真的特征，能够触动学生的心灵体验。另外，也可以通过角色的扮演，让学生从自身去挖掘素材，自己设计情境，在做中学。让学生在情境的体验中学习知识，体现了体验教学的开放性，不仅有利于激发学生的参与热情，而且还有利于丰富学生

的认知情感。

3. 以生活体验为主的社会实践形式

体验的资源都是来源于生活的实践，所以让学生在社会生活实践中去体验知识与学习，走出教室，去课外亲临现场亲自发现问题，感受体验的快乐，自己去探究发现符合规律的内容，从而让知识为自身的生活服务。因此，在生活中，要建构生活与教学的联系，利用好社会这个大学校，真正做到教学做合一，使学生关注真正的社会，与社会亲密的接触，去亲自感悟，提高自己认识世界、改造世界的能力。通过这样，才能有深刻的体验，更好的去理解教材内容，从感性认识上升到理性认识，最终帮助学生树立正确的世界观、价值观和人生观。

第五章　体验式教学在思想政治理论课程中运用的基本原则

在体验式教学过程中，无论采取情境式教学模式还是实践式教学模式，有以下几个原则是必须要遵循的，否则教学就会偏离正确的方向、失去意义。

第一节　真实性与艺术性的统一

真实性主要有两层涵义：一是指在情境式教学模式中，教师所创设出来的情境必须是真实而非杜撰的，只有这样才符合思想政治理论课教学的基本原则和内在要求。如果教师虚构了情境，那么一方面学生无法从中得到有效的体验，另一方面也会使学生对思想政治课产生不信任感。二是指实践式教学模式——把社会当作课堂，甚至让学生走出教室、走进社会零距离地进行亲身体验，也都应是具体而真实的。

但我们知道教学是一门艺术，既要来源于生活也要高于生活。因此，在坚持真实性的同时也不能忽略艺术性。讲究艺术性集中体现在体验式教学必须是精心设计的，绝非一些真实材料的简单堆砌。从教学实践来看，体验教学的过程至少包括四个阶段：启动阶段——教师提供情境材料并引发学习者的个体需要，产生学习动机。在这里材料提供必须是有选择的、经过了适当加工的。自主体验阶段——个体对亲历过程进行抽象的概括，形成概念或观念的阶段。在这一阶段教师必须对学生进行指导和引导。体验内化阶段——通过个体反思等方式将亲历中对事物和知识的感知，或者对情境和人物的情感体验内化成为自身行为或观念。因为个体的体验是存在差异的，在这一阶段教师要特别注意引导大家将各自的体验交流和分享。同时在交流中教师还要善于发现和捕捉学生创新思维的亮点，引发学生更高层次的感悟和体验。总结阶段——体验活动方式的本身并不是目的，最后教师还要引导学生将亲历进行归纳、总结，并提升自己的感悟和体验。在这个过程中，教师要用宽容的心态对待学生在体验过程中采用的不同思维方式和出现的不同体验感受，努力营造出一种民主、和谐的氛围，为学生更深层次的体验提供必要的条件。

一、开展真实性体验式教学在思想政治理论课程的策略

"工欲善其事，必先利其器，"探究并完善体验式教学在高校思想政治课中有效运用的

基本路径，对于充分挖掘并发挥此教学方式在该课程中的运用价值，实现该课程学习的意义具有重要作用。在高校思想政治课体验式教学中，学生在情境中体验、在交往中体验、在探究中体验、在活动中体验，有选择性地使得感官、思维、情感与行为等各方面体验相结合，从而为知识、情感、能力的生成奠定终身基础。而保证保障体验式教学在思想政治理论课程的真实性，是保证体验式教学在思想政治理论课程中取得良好教学效果的有效途径。

（一）在情境—问题中，开启心智，体验"感悟"

在情境—问题中体验，是体验式教学的初级阶段。创设情境，生成问题，应该以学生的需求为基点，以学生的性格、兴趣、行为习惯为基础，在情境—问题中将理论知识与己有认知联系起来，从经验出发，塑造感官体验，引发学生注意力，起到激发认知的初步效果。而学生是否投入学习取决于学生对所学功课的注意和意愿。在情境—问题教学体验中，有利于学生增强对要学习知识点的注意力，在问题进一步提出的过程中，增强学生去探求去思考的意愿，从而为下一环节积极投入更多的学习时间做心理以及思维准备，成为改变信仰与行为的第一步。

感知是高校思想政治理论课体验式教学的开端，领悟贯穿于整个"教与学"的体验历程，不同的阶段，不同的学生，领悟的程度不一样。教师应依托课程目标要求，依据学生的认知特点和发展规律，精心创设各项"真实"情境，学生求知心被唤醒，从现有生活经验出发自觉进入情境，引出问题，进行认知、情感、行为的体验，奠定师生与教学知识之间的共鸣。只有当知识变成精神生活的因素，吸引人的思想，激发人的兴趣和热情的时候，才能称之为真正的知识。在情境—问题中，将感性知识和理性知识相结合，将形象思维与抽象思维相连接，有效激发学生的联想，逾越个人狭隘的实践经验范围以及时空思维的局限，拓展认知，激发进一步的求知欲。苏霍林姆斯基曾说过："求知欲，好奇心——这是人的永恒的、不可改变的特征。"在好奇心和求知欲中，学生带着新鲜感和愉悦感主动参与、投入、体验进一步的学习，在学习中享受，在学习中满足精神的需求。

情境—问题创设中需要关注以下几点。第一，创设的情境—问题要符合当前学生的认知规律和发展要求，考虑到学生的生活水平的倾向，尊重学生的差异性。如果教师只是从自己的主观愿望出发创设生活情境，选择教学内容，或者主观拔高或者错误地低估学生的认知水平，使得情境和学生的现实生活不相符，就会严重打击和阻碍学生参与政治理论课体验式学习的积极性。第二，注意创设的情境—问题应具有"真实性"。"真实性"是指生活世界有可能真实发生的事情，切忌无中生有、哗众取宠，如此才会有说服力和证实力。如果创设的情境不真实、设立的命题不合适，就会导致虚假的课堂，尤其是生搬硬套一些生活情境，提出生硬的与情境或者课程目标联系性不强的问题，就会容易让学生产生怀疑的心理，情节严重的，其至会引发集体的激进的逆反心理。第三，创造的情境—问题必须是积极向上，坚持一定的思想原则，有价值体验的。第四，创设的情境—问题必须是明确的，而不是模糊的。相关材料的选择既要是完整的还要是精选的，不能过多，也不能让学生不清楚情境和问题的含义。第五，还要注意真实情境中生成的一些没有预料到的现实问题，教师应该对学生和情境—问题进行适时的引导。

创设"真实"化的、有体验价值的情境，符合"三贴近"的原则；创设多样的、有效的情境，刺激学生的求问、求知的情感。通过角色扮演、模拟情境、模拟活动，用情境启发问题，激发兴趣，在情境—问题中，开启心智，实现体验的目标。

（二）在思考—探究中，碰撞思想，体验"生长"

情境—问题来源于经验，设立情境—问题又创造了学习者的个人经验，在此基础上，又促进了思考、理解、质询与探究的过程的进行。探究—思考，遵循学生的思维方式，在对教学内容进行现实性教学分析的基础上，"知其然并知其所以然"，探讨事件的启示，师生在教与学的过程中共同生活，学会做事情、更好的生存，从而未雨绸缪，达到前瞻性，以适应未来的社会环境。我国教育重建的基本方向（或理念）必然是：让学生在学校过有意义的探究生活。也就是说在思考—探究中体验高校思想政治理论课的学科知识，发展对思想政治知识和理念的兴趣，在思考—探究中体验思想政治课与现实生活的关系，实现有质量的有意义的生活，实现人与世界关系的和谐相处，追求生命的意义。

在思考探究中，拓展隐性知识的作用。教学的"知识传授"所给予学生的显性知识是极其有限，学生获取知识，尤其是隐性知识更多的不是通过教师的"传授"，而是通过"自己的方式"。思想政治体验式教学在思考—探究的过程中，发散思维，扩展了知识的广度，增强了知识运用的灵活性，学生思想百花齐放，在无意识中拓展了知识层面。

在思考探究中，增强体验的力度和强度。一方面，实现从模糊体验到具体体验进程。当新知识的学习与旧经验相遇见，当抽象学识与具体经验相遇见，在这样或者那样的问题中存在着冲突，存在着持续挣扎的认知与情感。"思考—探究"体验，学生具有主动权，通过小组合作、同学协作，在分析性探究与不断思考中散发思维，思想碰撞，相互激励，学习被刺激，在动态中学习，创造精彩观念，学习被有效地促进，实现模糊体验到具体体验的进程，挣扎不断降低，实现体验强度的增强，实现富有生命力和创造力的学习进行时。在合作与竞争中体验，在思维发散和思维的聚拢中获知、生长，在分享和思考中悟出真知。另一方面，促进体验的"知性"和"情性"两者的融合。在体验学习实践中，对主观体验的强调实际上是对个人参与的存在主义价值观、责任以及强调情绪和思维都是事实的人本主义价值观的强烈肯定。在思考探究中实现有效交流、互动与沟通，在民主自由中形成正确的价值判断和选择，形成正确的思想政治"三观"，在自我意愿、情愿的基础上将内部承诺与外部行为相结合，内化于情，外化于行，实现积极体验，增强学习真正发生的可能性。在思想政治体验式教学中，知识与情感相关联，理论世界与实践世界相关联，德性情感寓于知性知识，体验式学习将思想政治教育从知性知识出发，实现对精神、情感以及知性学习和德性学习之间关系的真实、深刻领悟，从而创造并融入内心的富有生命力的新理念。

在体验中增强学生的组织、协调、管理能力。在体验性教学中，大学生在活动中发挥主观能动性，有机会培养自我的组织管理能力。与现实生活相结合，这样的教学方式有利于学生日后在各行各业能力的奠基，日后学生就业、考公务员、考事业单位的面试都培养了一定的能力，提升了学生学习思想政治理论课的实用性。课堂上分小组讨论的学习，各组同学均参与其中，在"思考—合作—探究"的过程中，组中合作组间竞争，小组间成员的思想进行"碰撞—互补—吸收"，再讲不同的观点进行整合、优惠，以集体智慧解决实际问题的生活化教学方式，可以较好地提升学习的有效性，在训练思维中促进学生精彩观念的产生。比如，我在《思想道德修养与法律基础》中讲授"就业与创业"内容时，用北大学生卖猪肉的事例"无可厚非" VS "有损北大颜面"采用学生辩论的形式，学生通过思考、探索，得出树立自主择业、就业平等观、竞争就业观等结论。学生在精心准备的基础上各抒己见，从事例中明确在严峻的就业形势下，学生应该做出怎样的正确的抉择，在整个思考—探究的体验的过程中，学生既得到了感性体验，又实现了理性思考，由被动地位变为主动体验，"学中乐，乐中学"，不仅对知识进行了深入理解和运用，提高了思维创新能力，在师生互动交往与对话的平台上，在思想的交锋中，激发学生情感和潜能的同时内化思想政治知识，在今后的工作选择上受此次体验学习的影响减少迷茫成分。

思想政治理论课体验式教学思考—探究中，要坚持以生为本、多维互动、民主开放的原则。在实现的过程中，一、给予学生独立思考的过程，否则学生的参与度和体验度就会不均衡；

二、探究思考的时间要恰当，既不能过多，让学生将学习的时间用于聊天，也不能过少，没有达到效果，探究思考形式化；

三、探究思考次数要合理，泛滥无节制性，容易造成学生的浮躁学习心理，造成不懂装懂和学习不扎实的现象，教学过程表面化。探究思考的时间和次数掌握不好，长久存在，就容易造成消极的情绪化，造成错误的学习方式指向，形成低效率的学习习惯。

（三）在总结—评价中．求同存异，"内化"体验

日本创造学家丰泽丰雄说"过早地判断是创造力的克星。"在合适的时间段进行总结—评价具有重要意义。在总结—评价中，聚拢思维，达成共识，求同存异，将培养创新意识和增进交流情感相结合，注意体验式教学在教学过程中各个环节的衔接，体验式教学不

仅增强体验的行为，更在于体验后生长的知识、生长的观念、情感、价值观的落实与巩固，进行知识点的总结、进行体验过程的总结、进行体验情感与价值观的总结，在教师与学生的良性互动，促进再认识，增强认同感。

学生通过体验后，通过不同阶段的表现以及教学目标进行学生评价以及教师的总结评价。学生评价，在讨论组之外设置大众点评组，让学生自己点评、总结、打分，培养学生发现问题、分析问题、解决问题、评价事件的能力，充分发展学生的自主性，再加上教师的点评和总结，会让学生对学习内容更加认同，有利于形成正确有效的学习态度，树立正确的价值观，为学生日后的身心健康成长服务，提升思想政治课理论的学习实效。教师总结评价在不同的阶段应该有针对性、有层次性、及时性，分别对学生学习主体的行为体验和心理感受以及学习过程进行回顾、分析，积极回馈，增加体验的有效性，既要给学生积极地鼓励，也要适度的对其中的不足提出建议，从而纠正学生学习的不适当的方面，培养健康学习习惯。

（四）在学以致用中。有效迁移，"升华"体验

根据课程标准，检验教学效果，在"再体验"、"再认识"中实现有效思想政治理论课的迁移，教师可以采用如下的方式对学生体验的升华。一、可以设置习题在课堂上口头回答，也可以设置课后的习题小作业，

二、设置朗诵、即兴演讲、联系自身实践等其他活动，升华情感，获知反馈。

三、倡导学生尝试为各模块编写考试题目，包括开放性的和封闭性的，和学生一起总结考试的重点并进行分析，进而对题目的质量作出评价，有助于学生理解考试及考试题型的意义，从而提升学生自主学习的能力。小学习，大视野，从家庭的真诚到百姓的民生到国家社会的大事，一次有思想的自主性的体验学习大餐，在不同情境中体验，有效迁移，"内化""升华"。

思政教育以生活实践为起点，也以生活实践为目标和归宿。面向学生"原始"的生活，由生活实践体验引发对从生活中抽象出来的高于生活的理论学习的兴趣，由生活实践—思想政治教育—人—思想政治教育—生活实践三者之间产生良性互动，从而实现学生从一无所知到逐渐知道、了解，从知道理解的不多到懂得的越来越多，通过学习过程中的参与、体验，知与信结合，实现正确的"行"，的目标。除此之外，深化"行"的内涵，学生能够在日后的生活与实践中充分运用已经内化的知识，有效解决多样的实际生活问题，更好地迎合现实生活的需求，发挥思想政治教育的有用性、实用性，实现学以致用。体验式教学为学生服务，促进学生作为"人"的发展，发展中的人。学习思想政治课不是目的，目的是通过学习此门课程的知识更好的学习生活的知识，两者相结合，从而达到提升师生生活的质量目的，提高生命的品味，懂得生命存在的意义，使得思想政治理论课程的

学习为生活服务，为了更好地生活。把思想政治理论课的体验式教学定位于服务于生活，奠定在真实的根基之上，在体验中回归生活世界，就会避免脱离现实生活进行空洞的谈论以及空洞的说教的教学，学生通过体验、参与真实的感受，通过亲身的经历，通过"知、情、意、信、行"的协调、统一的培养和培育，教师的教、学生的学、学习内容与学习素材均回归生活实践中，从学习中得到生活启发，有利于改变课堂教学与学生现实生活之间脱节的现象，避免僵化和低效的教学，增强学生对政治课的认同感和接受度，有利于改进师生的关系，实现教学技术与教学艺术的结合，实现教育的真正作用，有利于发挥思想政治课成为指导师生正确处理各种人生问题、社会问题的重要思想武器，提升教学的有用性、实效性。

二、提升高校思想政治课中体验式教学真实性的主要策略

（一）转变观念，正确认知体验式教学内涵

虽然转变观念已经被倡导了很多年，但依旧要重点强调体验式教学。转变观念，是师生的认知不断深化的长期过程，是观念逐渐变化的过程。也许部分教师开始时只作为一个口号，但通过长期的思想渗透、行为活动的施行和成绩的取得推进，由知到信到变和行再到维持、保持，到进一步思考、提升，师生对体验式教学在思想政治理论课中进行有效运用都应该有明确的认知和目的，树立正确的体验式学习态度，选用合适的实施方法，预估可能产生的效果。思想政治理论课体验式教学中学生学习不应该仅仅是获得知识的内容，而且应该感悟发现知识、创新观念的过程；不仅要学习课本上的公共知识还要提升学习者个体知识和经验的积累，为生活知识服务；不仅要了解思想政治理论课的显性知识，还要深入了解其中所蕴含的丰富的隐性知识。高校思想政治理论课体验式教学依据学生已有知识、经验，贴近大学学生生活、贴近大学学生实际、贴近大学学生当前心理，紧贴时代的脉搏，使得学习理念、学习方法与时俱进，有利于唤醒师生的情感，激起师生身心的共鸣，切合主流教学观、学习观趋势，才能提高教学的真实性。

认知的本身就在于培养学生的能力与情感，而情感亦不应该仅仅成为教学的手段和教学背景，课堂教学本身就在于对学生情感的培养和发展。认知直接的目的是了解知识，但是在每次认知的过程中，能力、情感态度价值观就算不刻意去强调也渗透在其中，三者之间是一个教学过程强调的三个不同的方面，他们之间彼此影响，相互促进，从来不是完全独立的，只是根据教学的观念，最终三者之间促进、影响的程度不同。尤其对于思想政治理论课这个德育性兼知识性的课程，知识、能力、情感态度价值观之间更应该相互融合，进而促进大学学生核心素养的整体形成。思想政治体验式教学是创造和使用一切有利的外

部条件，使得受教育者在体验中将高校思想政治理论课的政治、经济、法律、情感等文明成果内化为自身较为全面的素质，使得知识为学生所理解，正确的价值观、人生观、世界观为学生所认同，中国特色的马克思主义为学生所自觉信仰，在体验中求知，在求知中体验，将外在的知识内化为精神、情感的经验，将知识、能力、情感价值观三者有效融合，促进学生身心两方面统一协调发展。高校思想政治理论课体验式教学将抽象的知识放在具体中体验，在具体体验中更好的内化抽象的理论，其目标在于在体验中学会学习，学会更有质量的生存，不断提高各方面的能力和素养，更好的实现满足自我需求和适应社会需求相统一，从而提升学习的有用性、实用性、实效性。

明确高校思想政治理论课体验式教学的含义和目的，促进学生的体验学习，促进学生的学习体验，在充满生命活力"教与学"的课堂体验中端正学习态度，建立正确的学习动机，形成正确的学习期望和学习期待；在体验式教学的过程中，激发思维、发现知识、发现问题、分析问题、解决问题，主动建构知识，生成精彩的观念，形成良好的思维能力、创新能力、实践能力；在知识与思想的共同前进中奠定马克思主义观念、理论以指导学生自我终身发展，为现代化"完整的人"的终身发展奠定坚实基础，为更高质量的生活做铺垫。

（二）高校思想政治教育实施体验式教学的长效机制

高校思想政治教育实施体验式教学既是对传统思想政治教育观念的一种创新突破，也是一项长期的实践行为，需要诸多要素的合理配置，发挥整体的效应，形成可持续发展的长效机制。本文所探讨的高校思想政治教育实施体验式教学的长效机制是指思想政治教育在实施体验式教学过程中所要具备的条件以及各个要素协同配合形成的结构体系和运行功能。

体验式教学在高校思想政治教育中的实施，是思想政治教育创新的重要实践，其任务复杂而又艰巨，必须切实加强高校思想政治教育体验式教学的领导和管理。加强高校思想政治教育体验式教学的领导和管理，是保证高校思想政治教育体验式教学的社会主义方向和贯彻落实党和国家教育方针的需要，也是有效加强高校思想政治教育体验式教学的客观要求。

在高校思想政治教育中实施体验式教学，不能仅仅将其看作是高校党组织、团委、专门学生工作者或高校思想政治理论课教师的任务，而是要将其当作是学校各个部门、包括教师在内的所有教职员工互相配合、共同推进的系统工程。因为体验式教学在高校思想政治教育中的实施运用，需要高校所有部门、人员的合力推动，也只有如此，才能实现思想政治教育育人环境的整体优化，达成体验式教学的效果。学校的领导管理主要从宏观方面，在指导思想、工作方针、重大问题上进行统一部署，保证体验式教学的社会主义方向，而具体的实施过程则有个职能部门具体指导实施，全面发挥教师、辅导员、学生组织、班级组织的作用，推进体验式教学在高校思想政治教育工作中的实施运用。"要建立和完善党委统一领导、党政齐抓共管、专兼职队伍相结合、全校紧密配合、学生自我教育的领导体制和工作机制。"。这样既能保证思想政治教育实施体验式教学的方向性，又能充分调动学校的人力资源，激发各部门、教职员工、学生的自我管理积极性，为体验式教学的实施提供了较大的灵活空间，有利于高校思想政治教育体验式教学形成一个立体、开放、动态的运行结构，发挥体验式教学的应有功能。要有效实现高校思想政治教育体验式教学的领导和管理，必须树立科学的领导管理理念和运用合理的领导管理方法与手段。

科学的领导管理理念应以科学发展观为指导，树立"以人为本"的领导管理理念。对于思想政治教育专兼职教师队伍，要从尊重理解的角度，加强对其实施体验式教学的领导管理，要充分发挥其自我管理的能力，对其工作的督导检查不能只问结果，不问过程，不能只是监督，不去指导，这样不仅不会增强思想政治教育体验式教学的实效性，反而会挫伤部分教育者的积极性，不利于思想政治教育体验式教学的开展。对于思想政治教育工作者，包括所有的教职员工，在要求他们承担思想政治教育体验式教学职责的同时，要给他们提供必要的物质和精神支持，要鼓励允许他们根据实际情况有针对性地采取相应灵活的方式方法，充分发挥他们的聪明才智和创造能力。对于学生，思想政治教育体验式教学的领导管理要充分尊重他们的主体性、创造性，在加强组织引导的同时，从他们的实际需要出发，为其创造良好的学习、生活环境，引导其利用各种学生组织、学生社团、班级团体开展丰富多样的体验活动，在活动中彰显自身的价值，感悟生命的意义，实现学生的全面发展。合理的领导管理方法与手段对于思想政治教育效果的实现也相当重要。在发挥党对高校思想政治教育体验式教学领导管理作用的同时，要发挥师生员工的自我管理积极性，调动广大师生员工为体验式教学管理献计献策，促进体验式教学领导管理的民主化、科学化，同时要充分发挥党团组织、学校教务管理部门、其他职能部门、学生团体在管理中的作用，积极探索新的领导管理方法，如开发网络思想政治教育资源，实现领导和管理的时代性。

高校思想政治教育作为一项实践活动，受到校园环境、社会环境等因素的影响，而对于在高校思想政治教育中实施体验式教学的重要性以及领导与管理必要性的认识也会受到诸多因素的影响，为保证体验式教学的顺利实施开展，营造思想政治教育体验式教学的领导及管理氛围尤为重要。

当前，高校对思想政治教育工作总体上是十分重视的。但现实社会中的种种不良现象，又对思想政治教育开展有着一定的冲击，有一定的消解作用，市场经济带来的拜金主义、个人主义、利益主义等负面因素冲击着教育者和受教育者，使其产生急功近利的浮躁心理，导致一些人忽视思想政治教育对人精神世界充盈提高的作用，同时党自身建设中存在的一些腐败等不良问题又影响着人们对思想政治教育的信任度。这些问题的出现并不是说思想政治教育地位下降了，而恰恰说明我们的思想政治教育工作还不到位，还需要进一步加强，以此帮助人们澄清思想认识，把握社会发展的主流，明确自身前进的方向。为有效推进思想政治教育的体验式教学实践，必须营造思想政治教育体验式教学的领导及管理氛围，要使广大师生员工认识到新时期思想政治教育创新改革的重要性，要加强对学生思想道德素质的考察，要将体验式教学的过程和效果纳入对思想政治教育专兼职教育者的考核之中，并通过多种方式渠道向广大师生员工传递高校思想政治教育实施体验式教学的必要性和重要性。同时，要制定相关的体验式教学领导及管理的层级负责制度，要保证体验式教学领导和管理及时到位，尤其要使广大教职员工认识到自己也是体验式教学管理中的重要一员。另外，要加强思想政治教育体验式教学的理论宣传和发动工作，要紧密结合学生实际，校园文化，社会发展，利用一切途径宣传思想政治教育体验式教学，形成正确的舆论导向，使思想政治教育体验式教学的领导和管理工作常态化。

体验式教学在高校思想政治教育中的开展，对高校思想政治教育队伍建设提出了更高的要求，高素质的思想政治教育专兼职教育者队伍对体验式教学的实施开展具有重要意义。

首先，加强思想政治教育队伍协同配合，促进体验式教学全面开展。

高校思想政治教育队伍主要由专兼职辅导员队伍、本科生德育导师队伍、思想政治理论课教师队伍、共青团干部队伍、研究生教育管理队伍、网络思想政治教育队伍、校外兼职辅导员队伍等部分组成。高校思想政治教育队伍建设实行在党委统一领导下，由党委学生工作部统筹协调，学校有关工作部门分工负责的管理体制）这些思想政治教育专兼职队伍在思想政治教育工作中各有侧重，有着自身的各自特点，在不同方面和不同方向上指向高校思想政治教育的目标，成为思想政治教育队伍中的重要一环。体验式教学引入高校思想政治教育既是思想政治教育方式方法的创新，也是一种新型思想政治教育的工作理念，是一个全方位、立体、动态的系统工程，需要各支思想政治教育队伍的协同配合，形成思想政治教育的合力，共同推进体验式教学的开展。

专兼职辅导员队伍、本科生德育导师队伍与大学生口常教育、管理服务工作密切相关，对学生的学习思想动态把握较清晰，在口常生活中，与学生接触更多，很容易倾听到学生的呼声，因此对学生思想认识、道德素质、行为习惯的影响更为直接，他们在体验式教学中能发挥重要作用，他们能便捷地引导学生在口常生活中亲历体验，形成正确的价值观念，能进一步巩固课堂体验式教学的成果。思想政治理论课教师队伍，作为课堂思想政治教育体验式教学的主要承担者，对于提高学生的认知能力、增强学生的政治理论素养具有重要意义，为学生进一步深入实际生活，社会实践的体验活动奠定了一定的知识准备。共青团干部队伍以及研究生教育管理队伍与学生组织、学生团体关系密切，能结合口常的党团活动、社团活动，生动活泼地开展思想政治教育体验式教学，提升学生的思想政治理论水平和实践素质。校外辅导员队伍往往具有相当丰富的社会生活经验，而且许多人都是各条战线上的典型人物，他们参与学生思想政治教育工作，既能为学生提供鲜活的体验素材，又能增长学生的实践才干。在思想政治教育实施体验式教学过程中，学校党委应高度重视这几支思想政治教育队伍建设，将体验式教学置于高校思想政治教育整个大系统之中，明确体验式教学的目标和计划，并结合相关部门分解体验式教学的任务，并注重几支队伍在日常工作中的联系，加强思想政治教育队伍协同配合，形成思想政治教育体验式教学的合力，促进思想政治教育效果的达成。

其次，树立发展意识，强化培训工作。

高校思想政治教育队伍是思想政治教育体验式教学的实施者、组织者、导引者，其整体状况和自身素质对思想政治教育体验式教学效果的取得十分关键。为适应思想政治教育新形势，推进体验式教学的顺利开展，学校必须树立发展意识，优化思想政治教育队伍，这种优化主要体现为这几个方面：一是增加思想政治教育队伍总量。随着高校规模的扩大以及思想政治教育工作的日益复杂化，原有的思想政治教育队伍数量已难以适应发展的需要。以广西某高校为例，"八五"期末，该高校在校学生 2500 人，教职工 400 多人，思想政治教育队伍 20 人。到"九五"期末，该校在校学生近 6000 人，教职工近 800 人，办学规模翻了近一番，而思想政治教育骨干队伍才 40 人。"十五"期间，该校在校学生近万人，教职工 900 多人，而思想政治教育骨干队伍才 50 多人。琦良显然，这样的思想政治教育队伍总量必须根据形势的发展予以增加，否则直接影响思想政治教育工作的开展。二是优化思想政治教育队伍结构。高校要加强人才的引进工作，优化思想政治教育队伍的年龄、学历、专业、职称结构，促进思想政治教育队伍整体素质的提高，实现新老交替，形成合理的思想政治教育人才队伍。三是建立竞争激励机制，促进思想政治教育队伍素质提高。要尊重人才，关心人才，用好人才，"对知识分之除了精神上的鼓励，还要采取其他一些鼓励措施，包括改善他们的物质待遇"。将实施体验式教学的过程和结果与思想政治教育人员的选拔任用、职称评定、定级考评挂钩，形成相应的竞争激励机制，促进思想政治教育者不断提高素质，改进方式方法。

强化对思想政治教育队伍的体验式教学培训也是顺利开展体验式教学的重要保证。高素质的思想政治教育队伍才能保证思想政治教育的正确政治方向，也才能真正领悟体验式教学的内涵及运用要点，这样才能保证体验式教学的实效性。高校要为思想政治教育体验式教学培训设立专项资金，举行定期的专项培训工作，使思想政治教育者树立体验式教学的理念。同时，结合高校各支思想政治教育队伍的工作特点，分门别类地有针对性地开展体验式教学培训工作。要制定一定的教师体验式教学培训计划，保证分时段实施，并加强培训效果的反馈跟踪。在培训过程中，既要加强对思想政治教育者的理论知识培训，也要结合思想政治教育体验式教学实践研究体验式教学具体实施的原则、方式方法及途径，并结合体验式教学的实践经常性地开展以报告会、经验交流会、教育沙龙等为形式的教育交流活动，拓宽培训渠道，以此巩固体验式教学在思想政治教育中的教育成果，推进形成稳定而持久的长效机制。

最后，实现多场域的高校思想政治教育体验式教学。

高校思想政治教育实施体验式教学离不开具体的场域，学校是实施体验式教学的主要场域，但体验式教学的实施也不仅仅局限于学校场域，是涉及学校、社会、家庭三个向度上的多场域发挥作用的系统，思想政治教育体验式教学目标和效果的实现需要在多场域下遵循思想政治教育规律，调动体验式教育资源，运用体验式教学方法等而达成。

就学校向度而言，要积极组织领导思想政治教育体验式教学，创造体验式教学的条件，利用课堂、校园文化环境、党团活动、学生社团活动、班级活动等多种场域实施思想政治教育体验式教学。学校从总体上规划思想政治教育体验式教学的计划方案，同时结合各部门，各支思想政治教育队伍，灵活多样地开展思想政治教育体验式教学活动。思想政治教育体验式教学一方面要利用好思想政治理论课这一思想政治教育主渠道，在课堂这一场域中实施思想政治教育体验式教学，另一方面要结合校园文化环境、党团活动、学生社团活动、班级活动等在多个场域展开体验式教学，因为在这些场域中学生的主体性、自主性得到了很大保证，而且活动的方式灵活多样又贴近学生实际，很能激发学生的主动性、创造性，能够较好促进学生知、情、意、行的和谐协调发展。在此过程中，要充分重视校园文化和网络媒体对思想政治教育体验式教学的重要意义。"校园文化是以大学校园为依托，由其所有成员共同创造形成的一切物质财富和精神财富的总和。校园文化以其内容的丰富深刻性、形式的多样性、主体的广泛性等方面的特征深受大学生群体的欢迎，并且对他们的思想观念和行为习惯起着潜移默化的影响作用。"）校园文化对体验式教学在各个场域的开展起着重要的影响作用，在体验式教学过程中要有推进校园文化建设的意识，为体验式教学的实施奠定较好的文化氛围。江泽民曾指出："互联网已经成为思想政治工作的一个新的重要阵地。"网络媒体与学生的口常生活息息相关，上网已成为大学生活的一部分，思想政治教育实施体验式教学要充分利用网络这一思想政治教育新载体，开辟网络思想政治教育新阵地，及时、便捷地对进行理论教育、形势政策宣传、心理健康教育等，与学生沟通交流，关心他们的口常生活，开展思想政治教育工作。

就家庭、社会向度而言，学校要重视家庭、社会场域对体验式教学实施的重要意义。家庭场域中的家庭教育对思想政治教育体验式教学具有重要的配合支持作用，多种多样的家校联系，以及家庭对体验式教学部分职责的实现，不仅仅是体验式教学的延伸，从受教育者角度而言，乃是体验式教学的一个有机组成部分。学校可通过与家长的及时沟通联系，建立常态的家校互动平台和制度，如家长中心、短信平台、信件往来、家长观摩团、家长访校口等形式共同做好学生的思想政治教育工作，并结合家庭情况利用寒暑假向家长或学生布置适当的家庭体验活动，同时做好信息反馈工作。社会为体验式教育提供了诸多的体验式教学场域，需要学校加强与社会力量的沟通，创造条件开辟实践教育基地、实习基地，充分发掘思想政治教育体验式教学资源，可以结合高校周边环境，利用校友等人脉资源，为学生实践体验提供必要的场所和条件，可建立与相关企事业单位、社区定期的交流体验制度，聘请校外人员担任校外辅导员，为学生思想政治教育工作出谋划策。

高校思想政治教育体验式教学是指在思想政治教育过程中，要突出受教育的主体性、独特性，在教育者的引导下，通过实践活动、情境体验、社会实践等方式，在尊重受教育者的个性特点，以受教育者的先在经验为基础，激发受教育者的主动性、积极性，促进受教者的行为和心理体验，唤醒其自我体验意识，主动进行人生体验，生成生命感动，形成积极的符合社会发展要求的世界观、价值观、人生观。因此，高校思想政治教育实施体验式教学要处理好思想政治教育者与受教育者之间的关系，要形成教育者组织引导与学生自主体验有机结合的格局。

思想政治教育者在思想政治教育过程中处于主导地位，发挥着主导作用。一方面，思想政治教育者作为社会发展要求的代表者向受教育者传输社会要求；另一方面，思想政治教育者又组织和调控着思想政治教育的整个进程。因而，在高校思想政治教育体验式教学过程中，思想政治教育者是整个体验式教学过程的组织者、导引者、实施者、调控者，他们的组织引导对体验式教学的实施开展、目标实现、效果取得具有关键作用。本文认为，在思想政治教育体验式教学过程中，思想政治教育者应在以下几个方面加强组织引导：一是根据工作特点，学生特点，制定好体验式教学的具体实施计划；二是根据课堂教学或实践体验的特点，确立具体的实施步骤，选择恰当的方法；三是加强与学生的双向互动，沟通交流。只有不断地与学生互动沟通，才能了解学生的思想动态，明白学生的实际需求，选择合理的体验式教学内容和方法，取得理想的教育效果。四是做好跟踪反馈工作。对学生的思想政治教育要做好阶段性的跟踪反馈，把握学生的思想认识、价值情感等方面的变化，及时发现存在的问题，以便总结经验教训，为下一步工作做好准备。思想政治教育者对体验式教学过程的组织引导是多方面的，也是十分细碎的，在此过程中，要求思想政治教育者增强责任意识和使命感，树立"以学生为本"的工作理念，改变长期以来的单向灌输说教的教育方式，尊重学生的主体地位，调动学生参与体验式教学的积极性、主动性，加强师生交流，促进生生交流，实现学生课堂、课外、社会、家庭的多方位，多角度的活动体验。

在思想政治教育体验式教学过程中，思想政治教育者的组织引导固然重要，但也离不开学生主体性的发挥，思想政治教育目标的实现最终要通过学生的思想和行为的发展变化来体现。"老师的心中热情洋溢，他想把这种感受传达给孩子，他以为使孩子注意那些触动他本人的情感的地方，就可以使孩子受到同样的感动。这完全是愚蠢的想法！"。没有学生先在经验的调动，主体性、自主性的发挥，想要生成深刻的感受和情感，形成师生共鸣是难以想象的。因此，在教育者组织引导的同时，要形成学生自主体验的状态，这里的自主体验既是学生在体验活动中的主体性、创造性的发挥，也是学生结合自身人生阅历而达成的一种新的心理和行为体验。这种自主体验是在教育者与受教育者的平等交流基础上的体验，是学生对自身、他人、社会以及生命状态的反思追问，没有压迫、强制的感觉，有的只是教育者契合时机的适度引导，使学生在与自然、社会、人类的共处互融中形成符合社会发展要求的人生观、世界观、价值观。这种自主体验在思想政治教育体验式教学实践中体现为学生对课堂、课外、家庭、社会体验活动的全身洲并在一定的条件下我教育和自我管理，在教育者的指引下，自主安排课外、社会实践活动，自投入，进行自，在实践活动中凸显生命本体的意义，获得真切的体验和感受。

在实际的体验式教学实施过程中，要处理好教育者组织引导与学生自主体验的关系，在强调教育者组织引导的同时，要重视学生自主体验，自我教育的意义，彰显学生的主体能动性，在发挥学生自主体验作用的同时，也要加强思想政治教育者的适时引导，做到学生主体性和教育者导向性的有机统一。

第二节　生动性与深刻性的统一

卢梭在《爱弥尔》一书中曾告诫我们"千万不要干巴巴地同年轻人讲什么道理，如果你想使他们懂得你所说的道理，你就用一种东西去标识它。应当使思想的语言通过他的心，才能为他所了解。"而在课堂上这个标识也许就是讲述一则感人的故事，或是展示一幅震撼心灵的图画，再或是一次有意义的实践活动。高校思想政治理论课教师最容易陷入的一种误区就是以为自己只要把道理给学生讲明白就可以了，于是一走进课堂便开始夸夸其谈那些"应然"的道理，殊不知学生却早已在陈词滥调中倍感困顿与烦闷。对于一些简单或者深奥的问题，其实我们并不一定需要用过多的语言进行大肆渲染。可能教师只要看清楚事物的实质，把握住问题的关键，然后以巧妙的手段将教学内容融入到所创设出的生动情境之中，并通过聆听、观察、品嗅、触摸等方式刺激学生的"感官"，以声、色、味、质等形式深深吸引他们的注意力，就能够尽可能地激发他们的课堂参与热情和自主学习兴趣。在现代教育教学实践中，我们必须充分利用好信息时代的多媒体手段创设出学生喜闻乐见、课堂感染力强的教学情境，化复杂为简单，化抽象为形象，这样课堂也就自然会变得"鲜活"起来。

理想的思想政治理论课的课堂不仅要洋溢着激情，还更应富有思辨和理性。思维起于直接经验的情境，但生动的情境往往又是以感性的方式呈现出来的，我们凸显的不只是情境本身的丰富性和生动性，而是通过对教学情境进行深刻地体验以使课堂教学能够突出重点、突破难点，最终实现由感性上升到理性，这才是我们在思想政治理论课堂中进行体验式教学的终极目标。

如果课堂教学仅流于表面，体验只注重感性，即便是创设出再生动的课堂情境也都会丧失其基本的意义。有的教师为了能够把课上得"精彩"，将许多预设情境一个接一个地呈现在学生面前，至于每一个情境究竟起着怎样的教学功效就不细想了，当然其体验后的情感生成也就无从谈起。学生只有走马观花一般快速浏览一遍，然后根据教学内容简单谈点"观后感"便草草了事。可见，能否让学生在课堂教学情境中进行深刻的体验并实现情感的升华，进而形成一定程度的理性认识，这是思想政治理论课教师创设体验式教学的关键所在。

一、体验式教学的生动性

（一）体验式教学的生动美概述

美能启真，美能导善，美能怡情。故而，美在教学活动中是一种最能撼动人心和最富教育性的力量。现实中的一些教学，之所以达不到教学的应有之效、得不到学生的应有之爱，往往是因为没有展现出教学的应有之美。让教学美起来，教学的效果就会好起来。问题在于，怎么让教学美起来？要认识到，教学美不是教学中可有可无的点缀，而是教学固有本质和规律的体现，是教师与学生的本质力量在创造性教学活动中的感性显现及对象化的结果。因而，教学美的创造，根本上依赖于教师对教学内在规律的把握。事实正是如此，一门课程的教学在不同的教师那里展开，总会表现出不同的境界，进而展示出不同的教学美层次。有的教师对教学规律的认识和把握不够到位，对教学活动的观照视野拘囿，其教学就必然缺少实效性和感染力；有的教师，对教学规律的认识深刻，所持的教学理念先进，对教学艺术的把持张弛有度，其教学活动就会事半功倍、美不胜收。所以站到更高的境界上审视和实践教学，是让教学美起来的关键所在。

研究教学的不同境界和美的层次，对教学实践具有重要的指导意义。一方面，一些学校的教学评价往往以所谓的教学风格差异，来回避不同教师教学水平的高下，严重制约了教学质量的提高；另一方面，一些教师也往往以所谓的教学风格不同为托词，在教学生涯中止步不前。明确教学的不同层次，可以为教学评价提供科学依据，也让教师清楚地知道自己的前头还有怎样的山峰要攀登。那么，教学的不同境界和美的层次怎样来划分呢？怀特海指出："要使知识充满活力，不能使知识僵化，而这是一切教育的核心问题。笔者认为，只有让教学"动"起来，才会使"知识充满活力"，使教学走向"教育的核心"。正如倡导教学要向自然学习的夸美纽斯，在《大教学论》教导我们的："自然因为常动，所以才变丰产和强健。而"动'，是分为不同层次的，所以笔者提出，教师的教学应沿着生动、互动、主动之路，去追求更高层次的教学境界和教学关。实践证明，这样来划分教学美层次，既符合现代教学理念和关学原理，也易于教师的实际操作。

1. 生动美：教学美的基本层次及其创造

以教师讲授为主的传授式教学，重在知识信息的传播，容易忽视学生的主体性，使学生处于被动地位，因而常常被现代人所垢病。但不可否认，在现实中传授依然是一种常用的基本教学方法，是教师的一项"基本功"；再说大凡教学方法各有优劣，不可一概而论，关键在教师的运用。故而，笔者把传授式教学列为教学境界的基本层次。与此相应，教学关的基本层次应是"生动"，即传授式教学要成为一种有效教学，其基本的关学要求是，教师的传授必须具有生动之关。

有人会质疑，课程的性质不同，有文科有理科，教师的教学风格各异，有活泼有严谨，能统一用"生动"的标准来要求和衡量吗，"生动"可以概括为一种水平层次吗，回答是肯定的。我们先看何谓生动。"生"：生发，生成，生命，生机等；"动"：动态，动感，变动，活动等。大自然本身是生动的，社会是生动的，任何思想理论、文化知识都有其生发、生成、变动的过程，无不在"生命"之中，从而都是生动的。为此，夸美纽斯提出，教学要步随自然的后尘，再从教学作为一种传播方式来看，生动性与传播效率成正比，这是共有的传播规律。把对象的生动特性恰当地反映出来，不枯燥不呆板、意态灵活能感动人，就是教学的生动之关。教学生动的实质就是，把教学对象的生发过程、生命特征，动态地呈现出来。例如，当我们从萌芽、形成、运用、发展的脉络来阐述马克思主义理论时，理论便生动起来了。再如，如果我们的讲授能灵活设疑，并有逻辑地层层深入，教学就有了生命的气息。具体说来，教学的生动美，应该从如下三个层面去把握。

首先，教学方法的"生动化"选择。教师要从是否易于学生接受的角度，遵循生动化原则，对教学方法进行选择和加工。"善教者必善喻"，即以比喻、故事、寓言等感性方式，把深奥的道理浅显化、情节化，这主要说的是在教学听觉上的生动化。化抽象为"具象"，即辅之以实物、仪器、多媒体等，使抽象的概念、内容具体化、形象化，这主要说的是在教学视觉上的生动化。教学的一切都应是关的，要创设生动感人的课堂教学情景，焕发学生的学习情绪；要使学生在整洁优关、和谐生动的校园和班级氛围中学习，尽情体验学习的乐趣，这说的是在教学整体感觉上的生动化。夸美纽斯说："学校本身应当是一个快意的场所，校内校外看去都应当富有吸引力。"其实，教学方法的生动化就是常说的借助关的形式来教学的"借美育人"。

其次，教学内容的"生动化"整合。如果说教学方法生动化是"借美育人"，那么教学内容生动化就属于"立美育人"的范畴，即彰显课程本身内在的关。在一个画家眼中，无山不美，无水不秀；在一个优秀教师眼中，无课不美，无教不活。美不自美，因人而彰。教师要彰显课程之关，就不能把课程内容视作死的结论。例如在讲授理论性较强的课程时，要把理论的形成、演变作为研究重点，着力搞清楚：作者为什么要提出这个理论？其他思想家怎么认为？过去怎么认为，后来又怎么认为？将来又会如何演化等问题。这就等于唤醒了理论的生命，使理论的生命性和生发性凸立起来。在对教学内容深入研究、生动化梳理整合的基础上，教师再借助生动的传播方式表现出内容的这种生动性，教学便如同一条流动着激情与灵性的河。

再次，教学主体的"生动化"提升。教学主体的生动美即"人美"，也属于"立美育人"的范畴，而且是其中的核心内容。只是在以传授为主的教学中，这里的"主体"主要指的是教师。教师主体的"生动化"，要旨在于教师的生命化，做生命化教师。在教学中，教师要"生命在场"，人即是课，课即是人。生命化教师是尊重和热爱生命的教师，注重提升自己的精神世界，活出生命的意义和风采，并让每一个生命个体都能得到最充分的尊重和珍视。生命化教师是富有激情和追求诗意人生的教师，因为只有富有激情和诗意的教师才能创造出鲜活的课堂，才能感染和感召学生进入"生动"的状态中，让学生的语言、思维、情感都激活起来，进入获取知识、发展能力的最佳状态。生命化教师是忠于生命感受的教师，讲贴近实际、贴近人性的话，不讲空话、套话和大话。其实，带着生命温度的真话最生动有力，最受年轻人的欢迎和喜爱，最容易钻到年轻人的心里去。生命化教师是富有人生智慧的教师，对人生、教育等有深层的洞悉和独到的见解，在课堂教学中具有解决教育问题、处理偶发事件的非凡能力，从而能及时为学生送去阳光雨露，点化和润泽学生的精神生命，让学生不断有"内心的敞亮"，有茅塞顿开、豁然开朗的认识飞跃。

需要指出的是，传授为主的教学虽然可以以生动之美感染人，但它毕竟重在要求课程教师发挥自己的主体性和智慧力量，存在着强调教师主体性而旁落学生主体性、强调展现教师本质力量而遮蔽学生本质力量的可能性。所以，伴随教育民主化的进程，从整体上说，教学的生动之关注定要被更能体现师生平等性、民主性、互助性的互动之美所超越。

2. 互动：体验式教学生动性的深化美

互动式教学是当代教育民主化在教学实践方面的重要体现。在互动式教学中，不是教师在单方面地"动"，而是一种"互动"，是师生之间、生生之间的平等互动，师生与各种教学因素之间的协调互动。在传授式教学中，教师的角色行为是传道、授业、解惑；互动式教学中，教师的角色行为是沟通、合作、对话。这是两种教学观的碰撞，对教师来说无疑是一种新的挑战。

要认识到，互动从更高的层而上揭示了教学的本质。这是因为，一方面从理论上看，人的存在，人的特性、本质和本质力量，无不表现为关系，并通过关系来实现和确证，进一步说来，人与人的关系应是一种主体之间的互动沟通关系，并在这种关系中实现互惠与共赢。而教学实质上是一种特殊的人与人的互动沟通关系，是人格与人格的互映，心灵与心灵的沟通，教学是语言与沟通文化的创造过程，。另一方面，实践也表明，互动沟通是有效教学的必要因素，在教师、学生、内容、方法等诸要素的互动中，学生的学习兴趣被激发，思维被激活，"潜意识"特别是"相异构想"得以更充分暴露和显现，各种能力得到更大限度的锻炼，人格世界得到更全而的发展。因而，互动式教学比传授式教学更为有效。所以，教师必须努力从一个知识传授者中解脱出来，做一个积极的互动者。

从审美角度看，互动之关从更高的层而上揭示了教学关。一方面，传授式教学的生动之关，主要展现了教师的本质力量，而互动式教学展现的却是所有人的本质力量，师生在教学过程中用各自的智慧，共同创造着教学关，而且互动使大家相互为"镜"，充分感受到自己的关和他人的关。正如戴维·伯姆在谈到对话的魅力时所说的："对话仿佛是一种流淌于人们之间的意义溪流，它使所有对话者都能够参与和分享这一意义之溪，并因此能够在群体中萌生新的理解和共识。另一方面，互动式教学中的互动，是一种活生生的而不是按部就班的过程，是一种开放多维的交融而不是封闭孤立的存在。这就使得各种教学因素处在不断互动之中，特别是师生、生生在思想观点、思维方式等方面的碰撞与交汇，使得教学的行进打破了预设，每一堂课都是新的，由此不断创造出出人意料的新奇之关、丰富多彩的纷繁之关、动态平衡的和谐之关。一个有教学使命感的教师，不应该满足于一个人的生动传授，而是自觉地去超越生动，进入互动的境地，创造更高层次的教学美。

首先，教学方法的"互动化"选择。一方面，要多采用谈话、对话、讨论、辩论、合作性研究等互动性强的教学方法，使学生有机会表达自己的见解并有机会比较不同的见解，用自己的理性做出选择，既各抒己见、各显神通又相互启发、相互协作。另一方面，要赋予各种基本教学方法以互动性。譬如，让传统的讲授升级为"互动性讲授"。这就要使讲授包含多种文化知识的互动运用，多种分析视角的互动转换，多种传播手段的互动穿插，理性与感性的互动融合等；同时在讲授的外延上，讲授应与提问互动，教师讲授与学生讲授互动，讲授与讨论互动。如何使讲授法等各种基本教学方法拥有互动的灵魂，是摆在每个教师成长道路上的一项重大课题。

其次，教学内容的"互动化"整合。互动式教学不再让学生去死记硬背书本上的知识，而是让学生在人与人、知与行等的互动中深刻理解知识，增强运用知识的能力。而互动需要有一定的互动点作为平台，为此教师必须对教学内容进行深加工，使之具有可互动性，形成内容互动点。以思想政治理论课为例，笔者在实践中体会到，所谓内容互动点，也就是课程的重点、难点、矛盾点、困惑点和热点，指的是具有理论和现实包容性、能够载荷师生共同参与、互动交流的教学内容设计。实践证明，这样的内容互动点往往是一种问题情景。问题情景是指包含着一定问题的事件、现象、材料、观点和理论等。它可分为：具有总体统摄性和内容贯穿性的大问题情景，以及具有某方面针对性的小问题情景；源于课程理论体系的内含性问题情景，以及源于社会生活和理论发展中的热点的外来问题情景等。教学内容的"互动化"整合，要求备课应当从过去重点备知识向重点备"互动"转移，即备内容互动点和互动的组织。互动点的恰当设置，加上到位的教学组织，将使课堂教学具有生成性，具有不可重复的激情与智慧之美。

再次，教学主体的"互动化"提升。互动式教学最迷人的关在于，课堂教学作为教师和学生共同的生命历程展开，师生相互用生命感应生命，既各关其关，又关关与共。这种生命的互动关，其基础在于，教师与学生都是教学过程中的主体，都是教学活动的承担者，共同作用于教学内容、方法、环境等客体。在教育哲学里，这种教师与学生之间的关系，被称为"互主体"关系，即教师与学生为了达成共同的目标，而实际地结成一种主体与主体的民主、平等、互动、互惠的关系。互动式教学所持的互主体论，使得教学走出了单主体论的困境。单主体论或偏向教师中心论，或偏向学生中心论。教师中心论，视学生为客体，在实践中导致灌输式教学；而学生中心论，又使学生可能放任、放纵自己，失去教学的导引性。以互主体论取代单主体论，旨在充分发挥教师主体与学生主体两个积极性，通过他们之间职能上的相互合作、人格上的相互影响、能力上的相互补充，推进彼此本质力量的发展。互动式教学的实施，从根本上乃是导引师生，通过彼此的尊重与努力创造良好的协作关系，在这种协作中自觉担当，亮出自己的精彩，并相互支撑，从中体验共同成长之乐。这样的教学无疑是美丽的。

3. 主动：体验式教学生动美的升华

在互动式教学之上，应该有一种更高的教学境界来导引互动、升华互动，保证互动的过程朝着可控、有效的方向发展。否则，在教学实践中它就会流于为互动而互动，为对话而对话，甚至使互动蜕变为"胡动"。笔者以为，高于互动的是主动，即互动式教学的指向和目标，应该是学生主动学习能力的提升；互动式教学之上应该有一种更高境界层次的教学—主动学习。主动学习作为一种教学活动，是指以建构和发展学生主动性为目标导向和价值追求的教学。学生的主动性，是指在教学过程中，学生表现出的自觉性、积极性、能动性、独立性、创造性等特征的总和。

主动学习从更高的层而上揭示了教学的本质。一方面，主动学习是有效教学的基础，没有学生内在动机的唤醒，便不可能有真正的教学。夸美纽斯这样教导我们以自然为师："在自然的一切作为里而，发展都是内生的。"建构主义把教学中的这种"内生性"叫做自主建构，所谓自主建构即指受教育者的精神世界是自主地、能动地生成、建构的，而不是外部力量模塑而成的。建构主义学习观认为，学习不是由教师向学生传递知识，而是学生建构自己的知识的过程；学习者不是被动的信息吸收者，相反，他要主动地建构信息的意义，这种建构不可能由其他人代替。从而，只有能唤起学生主动学习欲望的教学才是可行的、可取的教学，否则就是可弃的、无效的教学。我们之所以强调教学要生动、互动，就在于生动、互动的教学能够唤起学生主动学习的欲望，并能发展学生的主动性。另一方面，从教学的终极关怀看，使学生具备主动学习能力，使其能动地认识世界和改造世界，是教学的目的所在。如果一个人真正具备了主动学习的精神和能力，也就是实现了自我教育，我们的教学也就进入了"不教育"的最高境界。叶圣陶有一名言"教是为了不教"，其实是站在本体论的制高点上深刻阐发了教学的本质。

导引学生主动学习具有极高的审关价值。在主动学习中，有主动思考之关，即主体具有一种独立运用自己的思维，自觉积极地认识世界和触类旁通的思维能力；有主动行动之关，即具备一种有计划地能动地把握自己和改造世界的生命姿态；有主动创新之关，即以新颖、独特、有效的方式来解决问题；有主动进取的人格之关，即主体展现出积极生活、独立思考、自律自强等独立人格的风采。社会的变革与发展，越来越要求每一个人表现出各自的主动性和能动性。事实上，主动积极地学习和生活是人类幸福的出发点和归属地。为此，教师要牢记各门课程有个总目标，那就是发展学生的自觉性、主动性、能动性，并在实践中积极开展主动学习活动，努力创造教学的主动之美。

首先，教学方法的"主动化"选择。一方面，要以调动和发展学生的主动性为价值目标，来选择和运用教学方法。例如，探究式教学，即从课程领域或现实生活中确立主题，学生通过独立地发现问题、实验、操作、调查、收集与处理信息、交流等探索活动，获得知识、培养能力、发展情感与态度，特别是发展探索精神与创新能力；协作式教学，即充分利用小组的协商、讨论，在每个同学独立思考和共享集体思维成果的基础上，最终完成对所学知识的意义建构；行动导向式教学，即运用一整套可以单项使用，也可以综合实施的教学方法，如头脑风暴法、角色扮演法、项目教学法、体验法、模拟法、社会实践法等，重在培养学生的方法能力、社会能力。另一方面，教师在运用其他一些教学方法组织教学时，要凸显各种方法的主动性和自我教育的特性。

其次，教学内容的"主动化"整合。杜威认为，合格教师的"第一个条件需要追溯到他对教材具有理智的准备"。在此，教师对教学内容进行构思设计、整合加工，使之能够承载培育学生主动性的功能，适应教学方式"主动化"的要求，应是"理智准备"的应有之义。例如，为开展探究式教学，就要把内容融合到典型的案例和话题中；为进行行动导向式教学，就要把教学内容可体验化，可项目化，可模拟化，可实践化等；为开展自学活动，就要把内容加工以适合学生自学。对内容的"理智准备"，还应包括对学生现有主动学习水平的了解和链接，教师要把自己放到学生的位置，充分预测学生完成每一个教学环节的难点，并配之以有效的学法指导。

再次，教学主体的"主动化"提升。教师主体和学生主体，二者的主动性都应在教学中获得最大程度的发展和展现。但作为平等主体中的"首席"，教师无疑也是责任的"首席"。一示范，教师要增强自己的主动性，以积极进取的人生态度影响带动学生。教师必须首先成为主动的学习者、主动的探究者和主动的课堂参与者。二熏陶，营造良好的教学氛围。主动性强调的是依靠人的内在力量，而人的内在发展力量、支持力量的开发，离不开宽松、自由、和谐的课堂环境和学校环境。三激励，激励学生在主动性方面的任何行为，增强其自我教育的内在动力，鼓励学生在生活、学习和工作中自我探索。四活动，放手让学生去做、去活动。教师要将"教"的活动科学巧妙地"变"为学生的活动，追求"学生活动充分"的高层次教学境界。为了培养学生主体的主动性，教师要深入研究学生特点、课程内容、教学规律和教学艺术，做与学生知心交心的朋友型教师，独立思考、富有见地的思想性教师，为人间送去美丽的审美型教师。

天地有大关而不言，教学有大关而待我。为人师者应当经常省察自己的教学，应当追求更高远的教学境界和教学之关。生动者不如互动者，互动者不如主动者。教无止境！高山仰止，景行景止，虽不能至，心向往之。

（二）体验式教学生动性缺失原因分析

1."授—受"的师生关系

笔者这里所指的师生关系特指教学中的师生关系，所谓教学中的师生关系是指教师和学生在教学过程中所发生的直接交往和联系。他对教学目标的实现的关系极大，正如著名的教育家赞可夫所说："就教育工作的效果来说，很重要的一点是要看教师与学生之间的关系如何。"因此，对于体验式教学来说，一个良好的师生关系也是促进其开展并达到良好效果的因素之一。而上文中指出体验式教学"交互主体性"特征，即在体验式教学中师生应是一种平等的主体关系，师生之间的权威与服从的关系被平等与对话替代，生生之间的竞争关系被交流与合作替代，教学变成了洋溢着"人格主义"的"生活世界"。换句话说，只在这种平等的师生关系中，体验式教学才能真正的开展起来，师生双方才能获得属于自己的生命体验。体验式教学反对师生之间的二元对立关系，主张师生都是教学过程中的主体，都是具有独立人格价值的人，两者在人格上完全平等，即胡塞尔所说的"交互主体性"。只有在这种"交互主体性"的师生关系中，学生和教师才能作为两个平等的人进入到教学的氛围当中去，学生才能"畅所欲言"，思维的火花才能得以点燃；同时教师也能在这种平等、对话、宽容、信任的氛围当中，与学生发生思维的碰撞，情感的交流，体验的升华。我国学者李镇西以师生共同进餐时的"共享"来比喻这种关系，即"面对美味食物，师生共同进食，一道品尝：而且一边吃一边聊各自的感受，共同分享大快朵颐的乐趣。在共享的过程中，教师当然会以自己的行为感染带动学生，但更多的，是和学生平等地享用同时又平等地交流：他不强迫学生和自己保持同一口味，允许学生对各种佳肴做出自己的评价。在愉快的共享中，师生都得到满足，都获得营养"。

然而当前的师生的人际关系中仍然普遍存在着教师中心主义和管理主义的倾向，严重地剥夺了学生的自主性，伤害了学生的自尊心，摧残了学生的自信心。学生对教师充满怨恨和抵触情绪，教师也将教学当成一项硬着头皮完成的差事，师生关系经常处于冲突和对立之中，这无疑造成了体验式教学的缺失。

在传统教学中，教师在课堂教学中扮演了"中心者"的角色，师生之间缺乏真正意义上的交往互动。学生对知识产生异议时，教师为了维持教学的正常进度，而否定了学生的疑问；教师忽视了学生主动思维、创新思维的能力，一旦遇到疑难问题，便代替学生说出标准答案；教师缺乏与学生之间的交流，当学生在回答问题产生困难的时候，没有通过与学生的交流、引导、促进学生换一个角度去思考问题，而是急于找其他的同学来回答，师生之间的交流不是单向的、孤立的，而是互动的，多向的，不是高高站在讲台之上，用教鞭命令一个个学生去回答。另外，这位教师仅仅指名让他心目中最好的学生来回答难题，仅仅和这位学生进行"互动交流"，而将其他的同学排除在外，实际上他和这位同学之间的"互动交流"也不是真正意义上的"互动交流"。教师和学生处于一种"授—受"的关系，教师高高站在"传道授业解惑"的位置之上，而学生则处在被动接受的位置。教师对学生进行居高临下的说教，将自己掌握的知识一股脑的灌输给学生，却忽视了学生作为一个活生生的人的感受。然而，虽然教师掌握的知识先于学生，而他们在精神上、人格上却是平等的，这种"授—受"的师生关系打破了教师于学生作为两个平等的主体的关系，从而，妨碍了双方认知的互补、智慧的碰撞，精神的交流，以及体验的生成。如果教师不能为学生彰显各自的生命力量、发展各自的独特精神提供一个广阔、融洽、自主的空间，那么学生的心灵无法得以自由舒展、生命意义难以得到真正的实现，与此同时，教师自身也难以体验到了生命的活力与价值，获得了工作乃至生命的意义感。

体验式教学倡导平等的师生关系，要求教师转变自己的角色行为，要从知识的传授者转变为学生学习的组织者、引导者和合作者。要与学生积极互动，共同发展，要培养学生的独立性和自主性。只有这样，才能自觉的尊重学生、理解学生、平等的看待学生、才能在课堂中将学习的主动权交给学生，给学生提供积极思维、大胆想象的舞台和心里空间。而目前教育中师生之间缺乏交往互动的"授—受"现象仍然普遍存在，教师仍然扮演权威者的角色，学生仍然处于被动服从的地位，师生的人格没有完全达到平等。在课堂教学中，师生之间不能自由的发表各自在学习中的意见，不能就学习中的不同见解展开谈谈甚至争论，不能在平等交互的关系中达到对知识的理解、情感的体验。这也就是"授—受"的师生关系造成体验式教学缺失的原因所在。

2. 知识本位的教学目的

所谓教学目的，就是教学过程结束时所要达到的结果，或教学活动预期达到的结果。它是教学领域里为实现教育目的而提出的一种概括性的、总体的要求。教学目的是实现教育目的的一个主要途径。教育目的按照价值取向分为个人本位的教育目的和社会本位的教育目的。所谓个人本位教育目的即个人的价值高于社会的价值，个人的教育的根本目的在于人的价值、个性的发展；所谓社会本位教育目的，即教育的价值在于满足社会的价值，社会的价值高于人的价值。由于教育目的的价值取向的不同，作为实现教育目的的主要途径的教学目的来说，也就存在着不同的取向。现代社会，科技发展日新月异，科学知识成了最重要的生产力。反应在教学上就是大量的培养专业性的人才，更具体一些来说就是在学校教学中，强调学生对知识的掌握。教学目的相应的变成了"知识本位"，在强调知识习得的同时，却忽视了教学目的本应包含的其他方面，如发展学生的智力、能力，教会学生学习的方法，以及培养学生高尚的审美情趣，养成良好的思想品德和情感体验。

然而，体验式教学的目的不仅仅是注重知识的学习，同样也重视学生情感层次的发展。在体验式教学中，学生带有浓厚情感色彩的心理活动，情感总是相伴相随，达到情感促进知识习得，在知识的习得的同时也获得了情感体验的效果。"体验的出发点是情感，主体总是从自己的命运与遭遇，从内心的全部情感积累和先在的感受出发去体验和揭示生命的意蕴；而体验的最后归结点也是情感，体验的结果常常是一种新的更深刻的把握了生命活动的情感的生成"体验的产生离不开情感，而通过体验又能生发更深厚、更具意义的情感。体验的这种情感性使得体验与生命相连，因为，情感更紧密地关联着生命存在，更具体、更深刻、更内在地呈现着生命的状态。通过体验生发的情感不同于由单纯对事物的感受而产生的"感性情感"，而是超越感知与经验，对生命情致与意义有着深切领悟的"意义情感"。体验式教学注重教学中学生的情感体验，在教授知识的同时，注重学生情感生成，在此基础上促进学生体验的获得。而传统的教学过程则过分注重基础知识与基本技能的教学，在过分强调知识本位的同时，却忽视了学生情感的培养与形成，最终影响了学生体验的获得，也妨碍了体验式教学的形成。因此，可以说，体验式教学要得以开展，在教学目标上，要打破以知识本位的现状，关注教学中情感目标的实现，这样才有助于体验式教学的开展。然而，目前教学中偏重知识本位的现象仍然比较普遍。

其实这个现象不仅出现在思想政治理论课的教学中，其他的学科也普遍存在这种过分注重知识本位的现象。美国当代人本主义教育家、心理学家罗杰斯认为人是作为一个完整的人格而成长的，人的存在是认知与情意的统一，脱离了感情的智慧是空虚的、无意义的，单纯地着眼于智力活动，人格不能获得健全的成长。为了全人格的发展，认知学习必须同情意相结合，心智发展必须同情绪发展相结合，教学内容与方法只有当它植根于情意基础时，才能发挥最好的作用。教育的价值在于人的自我发展、自我实现，而"自我"是个体的一种体验，包括"个体整个儿地去知觉他的机体，他体验到的所有知觉，体验到的这些知觉与所处环境中其他知觉以及整个外部世界发生关系的方式"，是对自己的能力、态度、情感以及生理方面等等的认识（不仅是理性的认识，而且是体验着的认识）。这也就是说，体验式教学不是仅仅让学生关注知识，而是要认识到自己与这些知识之间的关系以及这些知识对自己的意义，从而获得理解和感悟。然一而，目前的教育真正做到这样能将知识学习、能力培养与情感体验三个目标有机地结合在一起的实则不多。知识本位的教学目标将学生的体验学习拦截在门外，学生无法获得属于自己的个性化体验。体验式教学注重情境设置，注重学生的"身验"及"心验"，如果教学仅仅将目光锁定在知识传授上，而不给学生土动"身验"及"心验"的机会，并通过"身验"及"心验"而感受自我与知识的联系以及对自身的意义，学生难以获得真正的体验，体验式教学想要开展也只能举步维艰，就更不用说提高体验式教学的生动性了。

3. 过分预设的教学目标

所谓教学目标是指教学活动主体预先确定的，在具体教学活动中所要达到的、利用现有技术手段可以测度的教学结果。它表现为对学生学习成果及终结行为的具体描述，或对学生在教学活动结束时其知识技能等方面所取得变化的说明。l2 一堂课要预设一个明确的教学目标，这是无可厚非的。没有目标的所谓教学是低效和不可思议的，预设的教学目标在整个教学起了一个导航的作用。但是如果对教学目标过分的预设，没有适度的弹性，没有给教学过程中的"生成"留下一定的空间，那么这样的目标预设就会扼杀课堂教学的生命活力，整个教学过程教会变得枯燥无味。

然而现实中有些公开课、研究课或展示课上得的大衣无缝、甚至师生的一言一行，一颦一笑都在课前进行过精心的设计和演练，没有意外、没有差错、一切尽在教师掌控和预料之中。如果说没有预设的教学可能不是好的教学，那么，过度预设、缺乏生成的教学肯定是有害的教学。教学是一个动态生成的过程，如同历险，在这个过程中，充满了惊喜和意外。在这样的教学中，学生可以根据自己的理解，提出属于自己的问题，如果教师在此基础上加以引导和点播，学生就能加深理解，获得属于自己的体验。相反如果，教师只关注预设目标的完成，而忽视学生的生成性的理解，可想而知，整个教学就缺少生机和魅力，学生也无法获得真切的情感体验。由此可见，教学目标的充分预设成了体验式教学生动性开展的另一个壁垒。

4. 孤立化的知识结构

笔者这里所指的知识的"孤立化"，是针对目前学科知识缺乏整体性的弊端来谈的，而目前学科知识缺乏整体性又体现在两个方面，即在横向上，呈现出知识的"蜂房化"，也就是说学科之间的知识壁垒森严，知识在空间上的整体性被打破；在纵向土，呈现出知识的"断层化"，也就是说知识在时间上是任意切割的，打破了知识在时间上的整体性。由于体验的方式并非阶梯式的、包含着一系列清晰步骤的归纳和演绎，而是跳跃性的全面领悟。所以体验式教学的开展，需要构建一个在不论是在横向土还是在纵向上都完整的知识背景。这样才能帮助学生在教学中获得真正的体验，才能有助于体验式教学的开展。

学科的"蜂房化"，即埃德加·莫兰所说的超级专业化（hyper-specialization），亦即把自己关闭在自身之中的专业化，它不允许把自身整合到关于对象的总的研究领域或整体观念中，它只是看到该对象的一个方面或一个部分。这种专业化的教育培养了大批的专业人才，给科技和经济带来了快速的进步。但是正是由于这个专业化经常打碎背景、总体性、复杂性，这些进步是分散的、不像连接的。由于这个问题，甚至在我们的教育系统内部，巨大的障碍被累积起来阻止知识的运行。不同学科知识之间存在着僵硬的壁垒，知识之间的有机联系被打破，这样的知识观下，学生只会用一种孤立的、局限的、原子化的、机械化的眼光来认识客观对象，无法获得一种"整体认识"、"全息认识"。

体验式教学的一个特征就是整体性，所谓体验式教学的整体性，即个体的体验不是抽象的存在的，它来源于他所处的社会环境，必然受到历史、文化、科技等各方面的影响，只有积极的联系各个领域的知识，以这些整体的知识作为背景，才一能获得宏伟广阔、真实丰富的人生体验。如果，仅仅将学生限制在本门学科规定的知识内容内，学生是很难获得真正的体验的，这有如把一个对象从它的背景和它的总体中提取出来，舍弃它与它的环境和相互交流，把它插入一个抽象概念化的区域亦即被箱格化的学科的区域；后者的边界线任意的打碎了现象的系统性（一个部分对于整体的关系）和多维度性。由此可见，"蜂房化"的知识结构造成体验式教学生动性的缺失。

5. 机械传授的教学方法

新课程改革中明确提出：改变课程实施过于强调接受学习、死记硬背、机械训练的现状，倡导学生主动参与、乐于探究、勤于动手，培养学生搜集和处理信息的能力、获取新知识的能力、分析和解决的问题的能力以及交流与合作的能力。新课改强调教学由偏重知识的机械传授向主动探究转变，不但注重授人以鱼，而且更注重授人以渔，强调学生通过自主、合作、探究的学习方式去研究知识、规则背后的原理以及知识获得的过程，使学生在主动亲历、实践过程中真正的掌握知识以及学习方法。体验式教学的特征之——主体性，即强调学生在学习中的主体地位，是知识学习的参与者，而不是被动接受者。所谓参与者即学生对知识的理解过程并不是一个"教师传授—学生聆听"的传递活动，而是学生通过亲自"研究"、"思索"、"想象"中领悟知识，在"探究知识"中形成个人的理解。体验式教学将学生作为知识的参与者，扫一破学生与知识的主客二元分离，激发学生的学习热情和兴趣，从根本上理解、掌握、领悟、运用知识，成为了推进新课程改革实现的有效措施之一。

然而，在目前的教一育中，体验式教学的实施却受到一定的阻力，使得体验式教学不能得到充分的开展。下面结合两个具体的案例来分析体验式教学缺失的原因所在。

体验式教学关注教学中学生主体性，即学生在教学过程当中，能充分发挥他的主观能动性。人天生具有对外部世界的好奇和求知的本性，而学生也不例外。而那种只强调机械传授的教学方式，无疑忽视了学生主动探究、求知的学习兴趣，面对这样的机械学习，学生像应付一项苦差事，因为他们找不到自己与知识的关系，也找不到知识在自己生命存在中的价值。人是这样一种存在物，他不仅存在着，而且能够意识到自己的存在，具有关于自己存在的自我意识；在这种自我意识的基础上，他还力图对自己的存在进行自我认识并做出解释。这也就是说，教学中要让学生充分的意识到自我存在的价值，充分的发挥主观能动性，去进行主动的学习，认识到知识与自我生命存在的关联。体验式教学就是让学生在学习中充分的发挥主体性，去主动的探究知识，探究外部世界，发现知识以及外部世界与自我的联系，从而自觉的认识自我，实现自我，超越自我。体验式教学不仅将发挥学生的自主性作为学生获得知识的手段，更重要的是将主体性作为教学的目标所在，即让学生在主动的发现、探究、求知的过程中进一步提升自己的主体性，并在其中体验到生命的价值和意义。而机械的传授方式，将学生排除在教学过程之外，学生只是被动接受者，无法作为一个能动的主体参与到求知、探究以及获得的过程，无法认识到自我生命存在和知识以及外部世界的关联，进而也最终不能体验到自我生命存在的价值。因此，可以说，机械传授的教学方式造成了体验式教学的"名存实亡"，生动性流于形式。

（三）促进体验式教学生动性的对策构想

1. 构建交往互动的师生关系

在上文中笔者分析了目前教学中还是强调教师为中心，教师的任务是负责教，学生的任务是负责学，教学就是教师对学生单向的"培养"活动，它表现为：一是以教为中心，学围绕教转。教师是知识的占有者和传授者，对于求知的学生来说，教师就是知识宝库，是获得教科书，是有学问的人，没有教师对与知识的传授学生就无法学到知识，所谓教学就是教师就是讲自己拥有的知识传授给学生。教学关系成为：我讲，你听；我问，你答；我写，你抄；我给，你收。在这样的课堂中"双边活动"变成了"单边活动"，教代替了学，学生是被教会，而不是自己学会，更不用说会学了，教师与学生处于二元对立的位置上。然而体验式教学所强调的教学过程是教师的教与学生的学的统一，统一的实质就是交往、互动。没有交往、互动，就不存在或未发生教学，那些只有教学的形式表面而无实质性交往发生的"教学"是假教学。把教学定位为师生之间的交往，是对教学过程的正本清源。

构建一个交往互动的师生关系，有助于体验式教学的开展，提高教学的生动性。在这种师生关系中，师生双方相互交流、相互启发、相互补充，在这个过程中教师与学生分享彼此的思考、经验和知识；交流彼此的情感、体验与观念，丰富教学内容，求得新的发现，从而达到共识、共趣、共进，实现教学相长共同发展。交往昭示着教学不是教师教、学生学的简单机械相加，彼此形成一个"学习共同体"。在这个共同体中，人人参与，意味着平等，意味着合作性意义建构，他不仅是是一种认识活动的过程，更是一种人与人之间平等的精神交流。对学生而言，交往意味着主体性的凸显、个性的表现、创造性的解放。在这个"学习共同体"中，学生与学生之间进行平等的交流学习，通过人人参与、平等对话、真实沟通、彼此信赖来发展合作精神，激发道德勇气，共享经验知识，实现自我超越。对教师而言，交往意味着上课不仅是传授知识，而是一起分享理解，促进学习；上课不是单向的付出，而是生命活动、专业成长和自我实现的过程，交往还意味着教师角色定位的转换：教师由教学中的主角转向多尔所说的"平等中的首席"。这也就意味着教师不再是解释者、他人价值的强加者、外在的专制者，而是对话者、转化者、内在于情境的领导者。该情境的形成需要构建良好的学习共同体，展开带有批判性的对话，把思想抛入每种可能性的集合，成为没有人拥有真理，但每个人都有权利要求被理解的迷人的想象的王国。

体验式教学注重学生的亲历性、主体性，若要使学生在教学的当中充分的发挥学生的主体性，让他们主动地亲历的知识的学习、获得过程，才能真正得到认知的发展、情感的熏陶，情感的体验，而这一目标的达成，首先在于创设一个民主、平等、对话的教学氛围，在这个氛围当中，学生能够获得充分的尊重和信任，不再知识的被动接受者，而是主动地参与到教学的过程中。教师充分尊重学生的差异性，对学生的个性给予接纳和肯定，对学生的不同思想、不同见解能够宽容与支持。教师不只是面向学生的说话者，更是体谅学生的倾听者。在体验式教学的过程中，教师自己也获得了发展。另外，师生交往互动的课堂教学氛围的构建，实现了这一目标，在这种氛围当中，学生的人脑不再是一个等待装满水的水桶，而是一个等待点燃的火把，可以说构建师生交往互动的教学氛围是实现体验式教学的一个重要条件。

那如何才能构建这样一个交往互动的师生关系，更好的推进体验式教学的实施呢？笔者认为首先要树立教育民主的思想。即教师要承认学生作为"人"的价值。每个学生都有特定的权利和尊严，更有自己的思想感情和需要。教师还要尊重学生的人格，这种尊重及表现在对学生独特个性行为表现的接纳和需要的满足，有表现在创设良好的环境和条件，让学生自由充分发现白己，意识到自己的存在，体验到自己作为人的一种尊严和幸福感；其次要提要法制意识，保护学生的合法权益，要认识到学生拥有的神圣不可侵犯的权益。最后，要加强师德建设，纯化师生关系，教师要加强自身修养，提高抵御不良社会风气侵蚀的积极性和能力。同时要更新管理观念，树立以人为本的管理思想，从而为师生关系纯化创造有利的教育环境。

2. 树立知情合一的教学目的

从认识论和主体论两个角度来理解体验，体验分为两层含义，"身验"与"心验"。"身验"与"心验"都是人们获得认识、产生情感和生成意义的重要途径。这就是说无论是通过"身验"还是"心验"，所获得不仅仅是理性的认知，还包括情感、生理和人格等领域。同样，体验式教学的目的不仅仅关注知识的获得，同时也是情感的获得，正确价值观的形成，人格健全与发展的过程。因此，如果要使体验式教学得以实施，改变强调知识木位的教学目标是其中的一项重要条件。

传统的教学中，学生处于被动接受知识的角色，他们学习的目的仅仅是在于获取知识，而发展能力，获得情感体验，形成正确的价值观却受到了忽略。体验式教学旨在打破传统教学强调以知识本位的教学目标，要求教师根据教学内容、学生的生活、己有经验背景创设情境，引一导学生由被动接受到主动参与，通过对情境的亲身体验（身验）及亲"心"体验（心验），获得对知识的个性化理解和建构，以及能力的发展，情感的体验和价值观生成的教学模式。这也就是说体验式教学的目的不仅在于知识的获得，而且注重个人能力的发展、情感的体验。体验式教学不仅是看重掌握知识这个终结性的目标，而是更关注学习的过程，强调学生去主动地经历学习这个过程，在过程中去主动地掌握获得知识的方法，获得情感体验。正如杜威所说："'经验'首先是一种经历的过程，一种经受某种事情的过程，一种遭遇和激情、一种情感—在这些词的本义上—的过程。"这也就是说，学习不仅是要用大脑去库存知识，而且要用自己的眼睛看，用自己的耳朵听，用自己的嘴去说，用自己的手去操作，即用自己的身体去亲白经历，用自己的心灵去亲自感悟。这不仅是理解知识的需要，更是激发学生生命活力，促进学生生命成长的需要。"人们在掌握知识时，如果没有理解意义，那么，在知识被淡忘以后，它就很难留下什么；如果人们在学习知识时理解了它对生命的意义，即使知识己被遗忘，这种意义定可以永远地融合在生命之中。"体验式教学是让学生的认知、情感、意志、态度等都参与到学习中来，使学生在认识知识的同时感受和理解知识的内在意义，获得精神的丰富和完整生命的成长。

而要真正树立知情合一的教学目的，可以通过这样方式，即将情感作为辅助知识获得的一条有效途径。这也就是说在教学中教师可以通过直观的教学方法，如出示图片、播放音乐或者是通过生动的语言描述，创设一定的情境，激起学生学习的热情和动机，激发他们的好奇心和求知欲，这为学生更好的掌握知识起到了一个推波助澜的作用。但是，要特别注意的是，情感虽然有助十学生掌握知识，但是不能仅仅将情感做为掌握知识的途径，而是在掌握知识的基础上，达到情感的目标，这也就是说情感不仅是教学的手段，更是教学的目的。树立这种知情合一的教学目的，才能将知识获得与情感体验的获得融为一体，真正促进体验式教学的开展。

3. 建立关注生成的教学目标

上文中谈到了教学目标的预设化过分强调课前预设目标的完成，将教学过程看做一个设定目标——执行计划——完成目标的线性过程。这样的教学排斥任何妨碍他线性前进的因素，忽视学生在教学过程中生成的问题以及个性化的体验，这些都造成了体验式教学的缺失。体验式教学强调教学是一个具有开放性、生成性的过程，在这个过程中，教师要有一个预设的目标，但不是将这个目标作为禁锢学生思维的枷锁，而是要根据教学过程的不断推进，创设情境，尊重学生生成的问题，并创设相应情境帮助学生获得属于自己的个性化体验。因此关注教学过程的生成性是促进体验式教学实施的一个有利条件。

关注教学过程中的生成性并不是意味着对教学目标的设定的否定，目标的作用固然很重要，它起了一个灯塔的作用。但是目标预设不是说目标是固定的、静止的，而是生成的、动态的，目标应随着整个教学的过程，根据教师、学生以及其他的复杂的事物随时进行调整。教学需要涉及处于复杂关系和相互作用中的人的多个方面，教学中需要承认、拥抱这样一种复杂性，不再局限于狭窄的定义、简单的预设和单面的说教。一方面是因为教学这个事件不是孤立的，仅仅靠教师一人操控，从小处来说，它要涉及到教学内容、教学的组织、学生情况、课堂突发事件等因素；从大处来说，教学可以涉及到社会、自然、文化、政治等等领域。教学的真正开展，就是要综合考虑到这些因素，将教学放在这个综合的系统当中，学生才能在这个开放的、相互联系的系统中领悟知识的真谛，获得个性化的体验。

另一方面，不仅教学是一个具有复杂性的事件，而且学生本身也是一个具有复杂性的个体。他不是一个作为孤立实体的人，他们处于公共的、经验的和环境的框架之中的人。这是因为学生具有自己的生活环境、家庭背景、经验积累等，这些都影响他对知识的不同理解和体验。也就是说学生在进入教学过程之前，具有自己的知识和经验背景，所以在教学过程中，他们会根据这些已有知识和经验背景，生成属于自己的问题及情感体验。正如奥利弗所说："在开始课程、'让某事发生'之前，我们并不处于特定的零状态……对教师而言，教学几乎的主要目标是构想通过怎样的情境使教学内容由潜在转化为生长……教师并不是在'转让'或技巧给学生；他（她）只是努力想让学生进入自己的世界、让自己进入学生的世界，因而和学生共享一个世界。"教师的任务不是将这些"精心挑选"的知识"转让"给学生，而是允许学生根据自己不同个人的经验背景，以及不同的理解生成个性化的问题，并在此基础上，创设相应的情境帮助学生获得属于自己的体验。正如卢梭所说："大自然希一望儿童在成人之前就要像儿童的样子。如果我们扣'乱了这个次序，我们就会造成一些早熟的果实，它们长得既不丰满也不甜美，而且很快就会腐烂；我们将造成一些年纪轻轻的博士和老太龙钟的儿童。儿童是有他特有的看法、想法和感情的，如果想用我们的看法、想法和感情去代替他们的看法、想法和感情，那简直是最愚蠢的事情。"在这样的教学过程当中，学生是舞蹈的而不是行进的，行进的特点是定向、单一、缺少变化和激情，枯燥乏味。舞蹈则不同，他表现为非定向、多元，充满变化和激情，丰富多彩，跌宕起伏，伴随着众多的未知、不确定、摸索、自我调整、体验、创新和与众不同。让我们在舞蹈中前进，弥补因为一味的机械行进而错过了沿途美丽的风景，让学生在舞蹈中看尽沿途的风景，享受优美舞步带来的快乐体验。

总之，我们不同意目标的预设化，但不否定月标的预设。只有精心预设，为生成启航，在课堂上及时把握时机，动态生成，有效开发教学资源，才能用师生的智慧将教学演绎得更加精彩。另外我们不能以一种终结性的眼光看待目标，不要认为目标的完成就是完成了任务，而是要将一个完成的任务当成下个教学活动的开始，这样的教学才'能相互联系，螺旋上升，让学生在这样的教学中从一个被加工的产品，变成一个具有主体性的、充满积极学习动机的参与者。多尔说："旧的来源并运行于行动之中。他们不是……外在于活动的事物。为此，目的不是固定的；相反，他是'思考的总站'，是活动中（而并非先于活动）的转折点。"让我们将目标作为促进学生学习生成的起点，成为学生获得个性体验的催化剂，成为促进体验式教学开展的有效动力。

4. 形成综合连贯的知识结构

知识的孤立化又包括知识的"蜂房化"以及知识的"断层化"。知识的"蜂房化"打破了学科之间的横向联系，没有综合性的知识作为背景，一学生只能以一种片面的、孤立的观点看待、分析问题，进而阻止体验的形成。正如莫兰说："把一个对象从它的背景和它的总体中提取出来，舍弃它与它的环境和相互交流，把它插入一个抽象概念化的区域亦即被箱格化的学科的区域；后者的边界线任意的打碎了现象的系统性（一个部分对于整体的关系）和多维度性。"而知识的"断层化"打破了知识在过去、现在、将来纵向上的联系。就像学习历史，如果仅仅是为了掌握那种现成的历史知识，而不是回溯过去，联想未来，将自我放在过去、现在、将来这个时间的整体中去学习历史，那这样学来的历史，也仅仅是背诵一些历史事件，而无法产生真正的情感体验。

由此可见，如果要能使体验式教学得到实施，构建一个整体性的知识体系是一个不可或缺的条件。这也就是说在横向上，打破学科知识之间壁垒，改善知识"蜂房化"的现状，构建综合性的知识结构；在纵向上，改善知识"断层化"的现状，构建连续性的知识结构。

其中打破学科之间的壁垒，构建综合性知识结构，一个有效的措施就是设置综合实践活动课程。因为综合实践活动课程超越了传统单一学科的界限而按照水平组织的原则，将人类社会的综合性课题、跨学科性知识和学生感兴趣的问题，以单元活动的形式统整起来。在综合实践活动课程中，学生从自己感兴趣的问题出发，主动的质疑、探究、解决问题，在此过程中不但培养了解决问题的能力，而且还形成了严谨的科学态度以及对社会生活的兴趣和责任感。综合实践活动课程是认知与情感、态度、价值观的整合。

而打破知识"断层化"，构建连续性的知识结构的有效措施是构建一个派纳所说的"动态课程"，即强调个体自身对他或她的自传性历史进行概念重建。个体在当前复杂的时间中寻求意义，历史性的进入到他或她的过去，以此来发现和重建个体的开端，想象并创造他或她自身未来的可能方向。动态的课程把时间和历史解释为预期的，也就是过去、现在、将来的融合。动态性课程包括四个阶段，即回归性、进步性、分析性、综合性。即首先个体回归到过去，生活于其中，观察自己在过去的作用但不屈从于过去，然后在回归过去的同时始终关注现在和将来，接下来分析过去、现在、将来是什么这个包含在一起的整体，最终个体从现在中摆脱出来，从而更自由的选择现在。最后是将前二个阶段联结在一起，这样就有助于塑造现在。

5. 实施主动参与的教学方法

上文中，笔名分析了由于机械传授只强调学生在教学过程中被动接受现成的"在那里"的知识，而忽视在教学过程中营造一个适宜的教学情境，让学生在具体的情境中，通过主动的探究获得知识。这种机械的传授，不但另知识变得枯燥无味，也剥夺了学生在学习中的主体性，学生不能参与到知识获得过程中，不能在这个过程中，激发学习的兴趣的热情，更不能体验到学习所带来的乐趣以及知识给自我带来的情感体验。而体验式教学关注学生在教学过程当中的主体性，强调学生在学习过程中通过"身验"和"心验"获得情感的体验。因此，在教学中，营造一个能让学生主动参与的学习情境，是开展体验式教学的一个重要的条件。

那么怎样才能营造这样一个让学生主动参与的学习情境，让学生在这样的情境中不但获得名词性的"knowledge"，更重要的是掌握"to know"的方法，并在此过程中体验学习的乐趣和知识所带来的情感体验。

人文学科教学的目的不仅仅是掌握知识，而重要的是精神层面的陶冶，人文教育的实质不是知识性、技术性、实用性、时尚性的一虽然它与这些方面有关，人文教育的实质是精神性、智慧性的。它试图解决的不是"头脑"问题而是"心灵"问题，尽管我们常常需要通过头脑的"高度"而达至心灵的"深度"。一位没有人文精神自觉意识的人，即便满腹经纶也只是个知识的储存者，人文知识性的东西只有在人文精神的层次上，其价值才能得以复活。达不到精神层次的"人文教育"就不是真正意义上的人文教育。也就是说我们学习语文不仅仅是重在掌握字、词、句、语法、技能，而是获得一种精神启示，一种生活习惯，一种内在察赋，获得精神与人格的陶冶。人文学科中包含了很多深刻的艺术成分和精神内涵，而这些又绝不能通过教师的分析来替代的。正如，语文课标中所说："阅读是学生的个性化行为，不应以教师的分析来代替学生的阅读实践。应让学生在主动积极的思维和情感活动中，加深理解和体验，有所感悟和思考，受到情感熏陶，获得思想启迪，享受审美乐趣。要珍视学生独特的感受、体验和理解。

体验式教学在思想政治中的开展强调改变传统的机械传授的教学方式，提倡学生通过进入到相应的具体情境中主动的去理解、感悟和体验，从而获得精神与人格的熏陶。同样，体验式教学在科学学科中的开展同样也强调改变机械传授的教学方式。这是因为一方面科学学科和人文学科中同样也包含浓厚的人文精神。正如乔治·萨顿所说："无论科学一可能会变得多么抽象，它的起源和发展本质都是人性的。每一个科学的结果都是人性的果实，都是对它的价值的一次证实。科学家的努力所揭示出来的宇宙的那种难以想象的无限性不仅在纯物质方面没有使人变得渺小些，反而给人的生命和思想以一种再深邃的意义。"可以说在每一个科学定义、概念、规律、公式的后面都包含着人类严谨求实、勇于创新、团结协作、刻苦钻研的科学精神。所以说在掌握这些科学知识的同时，也要去体会包含在其中的人文精神。一旦科学教育不只是向学生传授科学知识，而且还将凝结在科学过程和成果上的精神也传递给学生时，科学教育就能起到人文教育的作用。科学精神是人文精神的一种，因此当科学教育充分注意到自己可能的功能时，同样使学生受到人文精神的熏陶。所以说，在科学学科的教学是，也不能仅仅将目光放在传授科学知识，掌握科学定律上，同样也应该引导学生在真实的情境中去亲身经历知识的形成过程，在此过程中不但能够深入理解科学知识的内涵，而且能体验到学科研究中的严谨求真、团结协作、勇于创新的科学精神。

二、体验式教学的深刻性培养

在高校思想政治教学中，培养学生思维的深刻性和灵活性，可以启发学生从不同角度来讨论同一个问题，从不同侧面来描述事情和人物，同时还可以引导学生进行深入思考与细心观察，这样学生在进行文章理解时能更加深入问题的本质，让内容更具内涵和多样化。

深刻的教学，不是指知识的深奥和高难度，而是相对于肤浅、表层化的倾向而言的。教学上的深刻首先是教学立意的深刻，不能仅仅停留于知识的学习，不能仅仅停留于基本技能的熟练运用，更应关注知识底层缓缓流动的思想之泉、方法之流。深刻的教学以学生发展为中心，促进学生自主选择、自主决策、深度学习，培养学生的批判精神和思维能力。深刻更体现于教学过程中师生之间、生生之间情智的碰撞、交锋，意味着唤醒思想、启迪智慧、震撼心灵。深刻还意味着悠长久远，让知识技能转化为伴随学生终身的核心素养。

（一）对教学对象和教材的把握是提高思想政治理论课深刻性的基础

第一，全而认清学生对象特点。只有对学生对象的特点、兴趣、问题、需求等有全而的认识，才能把握困扰思想政治理论课的症结所在，才能解决思想政治理论课的生动性问题，进而加深学生对文章的理解，做到对教学内容的深刻理解。

第二，认真钻研运用好教材。如何将教材体系转化为教学体系，这是解决思想政治理论课教学生动性、针对性和有效性的重要保障条件。思想政治理论课教材的根本要求是对大学生进行思想政治教育，不同于其他公共课的是：重点不是知识的传授，而是重点讲授马克思主义的基本立场、观点和方法，以及如何运用所学理论知识去解决实际问题。立足教材，超越教材，才能有效的提高思想政治的生动性。如果只局限在教材本身范围内，只会让思想政治课失去活力。通过对教材体系的把握，重新确定教学内容，努力做到"贴近生活，贴近学生，贴近社会，"做到有书与无书统一，即将课本内容与学生的生活实际和社会实际紧密融合，让学生感到思想政治课要学的知识就在我们的生活中，同自己关系密切，有价值，就容易产生学习的兴趣和信心，从而进行有意义有目的的学习，让学生更加深刻的理解教学。

（二）营造轻松活跃和谐的课堂气氛

第一，营造一个轻松的课堂环境。传统的思想政治课教学说教性太强，从一个道理到另一个道理，从一个价值观念到另一个价值观念，高校学生称之为"洗脑"课，在学习中感到厌倦和压抑。特别是理想道德教育与现实情况的反差，学生有不同意见，也由于教与学关系中的弱势地位而不敢表达，直接影响到其学习兴趣不高、学习态度不端正和学习效果不好。学习应该是一个快乐的过程，不应该是越学越痛苦的过程。所以，在日常教学中，要寓教于乐。

第二，营造一个活跃的课堂环境。就是把课堂交给学生，使学生成为课堂的真正的主人，让思想政治课教学主体"活"起来，让学生在教学中"动"起来，充分发挥其主动性和积极性，构建交流型的课堂。一个好的课堂，应该是教师既是教者，也是学习者；学生既是学习者，也是施教者，教师与学生双主体都有所得，都有所提升的课堂。艺术类学生活泼好动，虽然文化知识薄弱，但是爱思考，好奇心强。所以，课堂讨论是形成活跃课堂最有效的手段。教师只以普通发言者身份参加讨论，与学生一起切磋，不搞一锤定音，必要时作启发、解释和评论，尊重和保留尚有争议的意见。即使学生的观点有谬误，在进行正确价值观的引导基础上，给予他们自我修正，完善的机会，而不是一棍打死。这样就可以从根本上改变长期以来教师向学生"奉送真理"的状况，而把"发现真理"的主动权交给了学生，使学生体验到创造发现的快乐，从而由被动的学习者转变为真理的主动探索者。

第三，营造一个和谐的课堂环境。和谐的师生关系对整个教学过程有积极的影响，它能使学生积极主动参与到教学活动中来，有利于增强学生的学习动机。和谐的师生关系要求教师对学生进行人文关怀。一是关怀学生的需要。二是关怀学生的成长和发展。三是关怀学生的个性发展。四是关怀学生品德的提高。要坚持"以学生为本"的原则。一方面，充分发挥学生的主体作用，提高学生的参与意识，使学生将思想政治理论课程变成自己"愿学、要学、乐学"的课程另一方面，做到师生互动，建立良好的师生关系。

第三节　针对性与时效性的统一

因为师生之间、生生之间存在着必然的认知差异，所以我们首先就要根据受教育者所处年龄段的身心发展特征和他们所具有的知识背景而创设出能够使彼此产生"共鸣"的体验式教学的内容。

在考虑针对性的同时也不能忽略时效性。因为对于思想政治理论课而言，也许常常有非常丰富的课程资源可以为任课教师所备用，不过要在创设某一个具体的教学"情境"时"恰到好处"，就必须对教学资源进行优化，避免陈词滥调，讲求与时俱进。最典型的，比如在讲授《思想道德修养与法律基础》中"爱国主义"的时候，我们能够列出的仁人志士可以说不胜枚举，与之相关的史料也可以说是浩如烟海。但如何选择是一个非常关键的问题。如果我们只给大家介绍古代和现代的一些英雄人物，那么学生很可能会产生只有英雄人物才具备这种伟大的爱国主义精神，而作为现实生活中的凡夫俗子、普通民众就只有"敬而远之"了。显然这种教学的结果便自然而然地出现了"说一套，做一套"的"应然"与"实然"背道而驰的境况。对于"爱国主义"的课题，如果我们能够充分开发和利用包括抗震救灾、举办北京奥运等富有时代气息的课程资源，可能就会让学生对课堂教学有更广泛、更亲近、更真实的体验。

随着高校的大力发展，高校的思政教育质量受到了人们的广泛重视，如何才能提高大学生思想政治教育的时效性和针对性，这是我国各大高校都需要重点考虑的问题。对于增强大学生职业道德教育时效性与针对性来讲，这是一个静态与动态相结合的过程，在这个过程中，势必会出现很多问题，完善解决这些问题是提高大学生职业素养的重要保障。大学生思政教育时效性、针对性的研究在社会的进步下而越发健全，这是改革大学生思想政治教育的有力依据，但从实际情况上来讲，大学生思政教育研究虽然取得了很好的成绩，也积累了很多经验，但是在时代的发展下，大学生思政教育还存在很多与时代变化不符的地方，这就需要具备针对性、时效性的思想政治教育，但当前高校思政教育的针对性与时效性的缺乏迫使思想政治教育工作者必须探索新的实践方式，因此，想要强化大学生思政教育的针对性和时效性需要从多角度上考虑和研究。

一、在体验式教学中结合大学生学习个性开展思想政治教育工作

掌握大学生思想特点是强化大学生思政教育时效性的实际需要。思政教育时效性是由教育者、受教育者等多种要素组合而成的，所谓的时效性就是指教育工作者在思政教育实践过程中，能够以最少的精力与时间，应用最佳的措施和方法，从而取得令人满意的思政教育效果。

（一）把握规律性

思政教育价值的实现是思政教育取得时效性和针对性的主要体现。大学生作为接受思政教育主要人员，接受教育是在自身实际需要的情况下，进而积极主动接受，思政教育要顺利有效进行，必须要有接受的需要，才能针对性进行。所以，加强思政教育的针对性与时效性需要从实际情况上着手进行，把握规律性，结合大学生思想政治实际情况，找出与之相符的目标、方法和内容等，掌握大学生的家庭背景和个性差异等因素。

（二）强化协调性

教育想要取得一定的时效，必须要重视教育要素的协调性，能够达到少投入、多回报的教育效果。为了能够实现思政教育的预期目标，确保思政教育活动的正常有序进行，就要对思政教育资源进行优化，调整和调用所需要的思政教育资源，以便达到教育的最终目的。一方面上要确保内部环境的和谐稳定，引导教育工作者树立起以人为本的教育理念，另外一方面要达到与外部环境相适应的要求，实现社会环境、家庭环境、学校环境的优化组合。

（三）激发主体性

对人而言，教育是一种外在的影响，这种形式是否发挥作用，很大程度受教育者态度的影响。学生主动接受教育，代表着学生想要将外在教育内容内化成为自身的思想。所以，唯有将教师的教转化成为自教，教育人员所推行或者教授的思想才会内化成为受教育者的思想。加大力度推进大学生思政教育，就需要大力激发学生主体性和能动性，转变传统的思想政治教育形式，尊重受教育者的想法，让受教育者积极、主动参与思想政治教育中，从而提高受教育者学习的热情，让受教育者能够在思想政治教育的帮助下更好地进行学习，从而促使自身全面健康发展。

二、高校思想政治体验式教育的时效性与针对性

（一）充实教育内容，创新教育方式，突出思想政治教育的时代性和针对性

一是突出思想政治教育的时代性，增强思想政治教育理论的说服力。思想政治教育并不是简单的事实认同，而是属于价值认同范畴，因此思想政治教育的理论深度和厚度不够，没有说服力，再怎么标新立异的教学手段最终也会沦为一种强制灌输，例如，近年来，一些基层高校大力推动体验式教学，虽然取得了不错的成效，但其中所涉及的案例和

故事却缺乏说服力和感召力，理论深度和情感震撼力也不足，难以触动学员的情感认同。因此，要让广大学生真正信服，就要把理论教育和思想政治教育有机地融为一体，克服"两张皮"的问题，突出问题导向，找准学生的痛点、疑惑点、兴趣点，对学员所关注的热点问题以及思想和作风等方面存在的潜在问题，进行理论提升、情感升华，这样才能真正达到触及灵魂、震撼心灵的教学效果，使思想政治教育不再是老生常谈，而是要常讲常新。

二是增加思想政治教育的针对性和层次性，解决"一锅煮"问题。在高校思想政治教育过程中，应该做到因人按需施教，因材施教。首先，需要做好关于学员需求的调研，可以通过建立教学人员与学员思想政治教育需求的交流平台，了解和掌握学员的思想状况，不断改进和提升教学内容和教学形式，满足学员的需求。其次，还要通过调研掌握目前在大学生的思想上存在着什么样的困惑和问题，这样在思想政治教育的过程中就会有针对性，实现差异化的思想政治教育，确保思想政治教育的实效性。最后，合理安排思想政治教育培训课程比例，确保思想政治教育充分展开。

三是创新教育方式，增强思想政治教育的吸引力。近年来，思想政治教育的教学方式和教学手段逐渐增多。在现实的教学中，需要注重把讲授式、体验式、案例式和研讨式等多种教学方式相结合，将以往的思想政治教育只有思想政治教育施教者讲授及点评的单一环节，延展为施教者讲授、点评和学员充分研讨交流、自查反思多环节组成的教学流程，这样受教育者就可以按照规定的教学环节充分进行思想政治分析，通过对比检查找出差距与不足，并深入挖掘这种差距和不足背后所反映的思想政治问题，从而实现思想政治提升的全过程。同时，要充分利用现代信息技术手段和各种传媒渠道，采用"现场＋课堂教学"和"网络＋课堂教学"的方式，把理论与实践有机结合在一起，形成形式丰富多样的立体式思想政治教育，使思想政治教育在实现整体目标的同时，更具有针对性、时效性。

（二）优化思政理论课考试

关于对日常学习效果的评价方式调查统计中，高达49.9%的教师都以考试分数论英雄。考试作为检验学生学习效果的一个重要途径，是高等教育的一个重要环节，具有激励、导向、反馈等诸多功能。但仅以考试分数评价学生也存在诸多弊端，如无法实际反映学生对理论的认可度，学生的实际态度、品德水平等，为了更好的发挥考试方式的激励、反馈作用，促进思政课教师开展情境教育教学方式豹改进，我们着手从三方面进行考试方式的变革。

1. 改变考试目的，凸显"以人为本"理念

教育教学活动对象的主体是学生，而学生具有一定的能动性。标准、统一、规范化的

考试形式忽视了学生主体性的发挥，抹杀了学生的个性，使学生成为考试的奴隶。传统的思政理论课考试为了方便教师对学生的考核，往往以分数来判断学生对基础理论的掌握程度，而对于学生认知水平的受启发程度、实践能力的提高程度几乎从不关注。情境教育注重尊重学生的主体性，强调学生能动性与创造性的发挥，着眼于满足学生的个性化发展需求，强化学生的体验性与感受性，因此，思政理论课考试要一改过去整齐划一的标准，要一切以"学生"为中心，应该最大限度的发挥学生的个性、特长，尊重学生的差异性，发展每个学生在某些方面显露的优势与爱好。同时，考试还应该有利于大学生整体素质的发展与提高，立足于所有大学生，注意提高学生整体思想政治素养，鼓励学生运用基本理论和党的路线、方针政策来解决实际生活中遇到的问题。

2. 改革考试内容与考试方式

传统的思政课考试内容侧重学生对理论知识的掌握程度，而忽略对学生实践能力的考查。新的教育理念强调要尊重学生的行为主体，注重学生能动性的发挥，实现学生的个性发展。情境教学要想实现其效果的最大化，在激发学生学习思政理论课的主动性与自觉性的同时还需不断革新考试内容。考试内容需突破过去的标准化、统一化形式，突出学生的个性差异，应坚持所考内容新而不难，活而不偏，并具有综合性和启发性；考试题型要适当减少客观题的考查，适当增加综合性思考题、分析论述题、应用题等主观题型，来综合培养学生的现代化思维；考试的方式与形式也应跟随信息化的发展来进行适度变革，如采用计算机进行日常的理论课考试，可以将思政理论课的考试试题投放在互联网计算机上，学生计算机操作完成答题，思政课教师亦可直接实现在网上阅卷、评卷，负责思政理论课考试的管理机构亦可直接在网上实现考试测评、统计、分析。情境教育体现在学生生活学习的方方面面，一改过去枯燥的一张纸考试，这样可以增强学生对思政理论课考试的兴趣度，又可提高考试效率，还可降低考试成本。考试方式追求现代化的同时还要注重中期考核、小论文写作、社会实践调研、专业课专著的读书笔记或读后感、期末考试等结合起来综合评价学生的学业成绩，这样在发挥考试的激励作用时，还可培养学生的思维力，提高学生的道德修养和科学文化素质。

3. 变更考试管理思想和管理手段

思想是行动的先导。育人是思政课教学的目的，教学中设置的各个环节其实质都是为教学服务的。为更好发挥思政课考试为教学服务的作用，就必须变更管理思想。而要实现管理思想的现代化，就必须坚持依法治考、民主管考，坚持竞争的公平公正性。而考试管理思想的主体和核心是人，要变更考试管理思想，还需建立一支专业化的管理队伍。思想政治理论课考试管理人员要有良好的素质和修养，能够根据不同考试对象的心理特点创造良好的应试环境，恰当处理好考试中可能出现的意外事件，准确执行考试规程。同时传统的思政理论课考试管理手段陈旧落后，已造成大量人力、财力的浪费，成为思想政治理论课情境教学进一步发展的瓶颈，考试手段的现代化还要求相关人员能熟练操作现代化的管理。具体表现在：一，在管理考试过程中，要最大化的发挥计算机、网络媒介的作用。二，研究、开发或引进各种防止作弊的技术设备。三，研究、开发性能良好、适用范围更广的思想政治理论课计算机阅卷系统。四，对已有的各种现代化手段不断进行修理或更新换代。五，制定并执行与现代化管理手段相适应、相配套的管理规章制度。

思政理论课良好的教风、学风的形成，需要高校各级领导尹管理人员、思政理论课教师、学生的共同努力，不能单靠改革考试方式来提升其教学质量。思政课考试相关要素的创新发展，目的还是要把思政理论课的教师、学生的兴奋点、注意力吸引到思政课情境教学方式不断更新创新的过程中，实现思政课教学支配考试，考试为教学服务的效果。

第六章　体验式教学在思想政治理论课程中运用的途径设计

第一节　思想政治理论课中情景式体验教学

一、情景式体验教学主要形式

学生体验的方式有直接体验和间接体验两种，我们由此可以把体验式教学的形式大致分为情境式体验教学、实践式体验教学、互动式体验教学三大类。其中情境式体验教学根据情境呈现方式的不同又可以分为故事叙述、利用影像资料、小品表演、引导回忆反思等具体形式。

（一）故事叙述

故事叙述就是以故事情节或主人翁的形象去感染、教育学生的活动方式。故事要有趣味性和教育性，让学生能通过故事激发情感，领悟道理。故事可以是教师讲，也可以是让学生来讲。教师讲故事要倾注情感、引入入胜，适当运用声调变化和肢体语言牢牢吸引学生的注意力，千万不可平铺直叙。由学生来讲故事时，教师需要注意引导故事的方向和控制其他学生的注意力。

讲故事是学生喜闻乐见的一种方式，能吸引学生的注意力，使枯燥无味的教学内容变得妙趣横生。我们可以充分运用讲故事的这种特殊功能，把学生的无意的注意转化为有意注意，形成个人的体验，从而达到提高学习效率的目的。例如，在讲授《思想道德修养与法律基础》第三章领悟人生真谛创造人生价值时，笔者精心选用了 2006 年感动中国年度人物黄舸的事例。首先，给同学们看了几张黄舸的照片，然后向大家介绍了黄舸的病情——7 岁时被确诊为先天性进行性肌营养不良（据医学专家介绍，这种病只能活到 18 岁）。同学们听了之后都很同情黄舸，感叹生命的脆弱。接着，笔者详细地介绍了黄舸和父亲的感恩之旅。一个生命就要走到尽头而只有十六岁的男孩，为了向对他进行过帮助的人说声谢谢，而不顾自己的身体已经进入倒计时和父亲踏上了"感恩之旅"。疾病早已剥

135

夺了黄舸站或坐的能力。每天，父亲必须小心翼翼地把他抱上轮椅，用绳子仔细地"固定"，以保证他不致滑落。父子俩从 2003 年开始走遍全国寻访素未谋面的恩人。因为没有钱，父亲用一辆三轮摩托车载着儿子黄舸走过了 82 个城市，行程 13000 多公里，向 30 多位当年给他们汇款的恩人当面道了谢。黄舸说："坐着父亲开的三轮车，到好心人的家门口亲自说声谢谢，送上一束鲜花表达我深深的谢意，是我最大的心愿。"这个心愿一直支持着他走下去。行程 1.3 万多公里，只为当面感谢恩人，对于一个将失去生命的人来说，这是一份多么大的感恩！最后在歌曲《感恩的心》优美而忧伤的旋律中，我告诉同学们黄舸已经在 2009 年的 11 月 6 日离开了我们，并将自己的眼角膜捐献了出来。这时有许多的同学眼中泛起了泪光，有些甚至流下了热泪，大家都被深深地感动了。生命的价值到底在于什么？我想，勿需教师多言，每个人心中都已经有了答案。

（二）利用影象资料

大学生虽然有较强的抽象思维能力，但长时间的讲授也容易引起他们的感官疲劳。利用现代信息技术将优秀的电影资源整合到学科课程，是实施大学生思想政治教育的一种手段。可利用的现代信息技术包括影视作品、录象资料、照片图片等等。

在思想政治理论教学中，电影可以改变传统教学封闭、说教、灌输方法单一，费力不少而效果不佳的状况。教师在讲授中有机地运用大量生动形象的影视片段，将抽象冰冷的理论化为可知可感、可亲可敬的教育行为，这无疑对学生起到极大的激励和鼓舞作用：学生在潜移默化中更能提升自己的精神境界，具备高尚的道德情操。一部好的影片可以影响人的一生，通过精心选择的体现主旋律的影视作品，可以激励和引导学生树立正确的世界观、人生观和价值观，让学生在轻松愉悦的教育氛围中成长。可见影视作品在学生思想政治教育中发挥着重要作用。

例如，热播的电视连续剧《亮剑》，再现了战争的真实性和残酷性，使大学生深刻地感受到民族的灾难和抗日战争对民族存亡的价值，给大学生以极大的心灵震撼，《亮剑》对于弘扬民族精神起到了积极的导向和教化作用，增强了大学生的民族意识，特别是《亮剑》中令人最难忘的一句话是"面对强大的对手，明知不敌，也要毅然亮剑。即使倒下，也要成为一座山，一道岭。"它唤醒了中国人一度遗忘的"不服输精神"。《亮剑》所体现的抗日战争中的艰苦斗争场面，能使大学生通过这样的精神洗礼，在遇到困难和压力就犹如一场没有硝烟的战争。正是要有这种敢于亮剑的精神，在遇到困难时要坚定信念，不怕苦、不怕累，以一种积极的心态去勇敢地迎接；拿出这种亮剑精神，理智勇敢地面对学习、生活和未来。另一部电视剧《士兵突击》则展现了和平年代一个普通士兵，在任何情况下，都不抛弃自己的理想，不放弃自己的信念，以一种"不抛弃、不放弃"的精神对待事业、友情和生活，使得生活变得更有意义。这部电视剧就让许多大学生在对待学业和理想都有着执著的信念——"不抛弃、不放弃",就一定能成功。这些影视剧,既真实生动又感人至深,它拥有的这些独特教育资源,是提高大学生思想政治素质的重要基础条件。

大学时代是人们人生观、世界观形成的关键时期,大学生充满激情,满怀梦想,而影视恰恰是人生之梦的最佳展示形式。例如在对《大染坊》、《大宅门》等社会伦理道德影视作品的鉴赏中,学会如何做人,体味人生,直面成长中的难题,在批评与自我批评的鞭策下,树立正确的价值取向。《悲惨世界》通过一个个具体、令人难忘的形象,教会学生认识真、善、美,意识到人的博大胸怀比蓝天、大海更浩瀚。《伤逝》是鲁迅写的惟一一部关于青年爱情的散文化的小说,学生从中会明白"人生的第一要着是求生"、"人必活着,爱才有所附丽"、"爱情须时时更新、生长、创造"。学生可以看到男女主人公纯真、热烈的爱情由于生活的压力而死亡。这给大学生敲响了警钟,有助于他们形成正确的爱情观。优秀的影视作品在审美鉴赏的施教中,内化、融合了大学生自身的文化积淀。良好的影视氛围使大学生开始感悟思考社会现实问题,抨击时弊,净化心灵,升华人格,完善自我,形成高品位的综合文化素质。

当然影视资料在高校思想政治理论课堂中的运用必须做到谨慎规划、巧妙设计、严格执行。

首先,影视资料的使用不是没有节制的、随意的。教师必须根据教授的内容、学生的实际需要去选择一些正面的、有教育意义或激励作用的、观赏性较强的影视作品,时长最好是在90分钟以内,因为课程一般安排的是每次两节课,一共90分钟。如果是较长的电影或电视连续剧,那么教师就要做好节选的工作,选取其中最精彩、最切合当次教学目标的内容播放。

其次,在课堂上教师不能只是简单的播放影视作品,而应该也必须进行精心的设计。播放之前应该将影视作品的中心内涵结合教授的内容给学生们做个介绍,让大家明白播放的意义;同时也可以将作品中需要学生重点关注的部分作个提醒。播放结束之后,要组织学生进行课堂讨论或撰写影评、观后感。因为电影和电视剧给了大学生们强烈的视觉、听觉的刺激,使他们产生了感性认识,而只有通过思考才能获得理性认识。通过撰写观后感或影评,学生们可以自己教育自己,这远比教师的枯燥说教来的实用。

最后,在课程中使用影视资料实际上也给教师提出了更高的要求。我们需要教师具有较强文学艺术修养和理论修养,还要掌握一些专业的电影知识,只有这样才能使影视艺术教育与思想政治教育相联系、互动,达到极度的拓展和深入。

(三) 小品表演

思想政治理论课的教学中有许多抽象的理论,只靠教师全盘灌输、讲解,学生是无法理解的,甚至无法记住。因此,要加深学生对知识的理解和掌握,就不仅要让学生听、读、说，还要让学生参加实践活动。有格言是这么说的："我听到了就忘记了，我看见了就记住了，我做了就理解了。"

同时，大学阶段，学生的自我意识不断增强，表现欲十分强烈，这时的大学生非常希望引起他人的注意，获得他人的好感，如果我们抓住大学生这一心理特点，让他们通过表演小品参与教学，使他们的表现欲得以释放，让参与表演的学生在掌声、笑声中体验成功后的自豪、满足、振奋等情感，会收到较好的教学效果。

小品以其短小、幽默、尖锐、通俗等特点，深受不同层次、不同年龄人的喜爱。它不仅观赏性强，可以让不同层次和不同年龄的人欣赏，而且参与性强，人人都可以根据一段情境参与角色的扮演，使学生沉浸其中，并回味无穷，避免思想政治理论课内容枯燥导致学生学习热情下降，注意力转移等现象。

当然，小品内容的挑选要以教学内容为依据，不能脱离生活，真正适合教学的小品需要教师非常精心挑选、剪辑，而学生的表演要事先排练好，这些都需要耗费时间和精力。因此，我们在运用小品教学时必须坚持宁缺毋滥的原则。

（四）引导回忆反思

哲学在本性上就是一种反思，它是在对生活、实践进行反思的基础上形成的人的自觉批判意识。哲学作为一种特定的人反思自身存在与活动的自觉批判意识，它观察的是人与外部世界的对象性关系，反映的却是人自身的历史发展状态与现实本质。

回忆反思不是专注于具体事物和形象，而是靠潜意识来回顾以往的经历和体验。适时引导学生反思，一是尊重学生自我教育的主动性，使学生冷静、客观地分析自己的言行，从灵魂深处去审视自己，激发学生自主设定改进意向、自主制定奋斗目标和措施。这样，学生接受教育的过程就实现了从他律到自律的转变。二是可以遏制学生的情绪冲动，避免学生出现逆反心理。三是在反思过程中，学生自己给自己摆事实，讲道理，自己审视自己，冷静地分析、判断、选择，在这个过程中，学生的思想逐渐走向理智和成熟，让他们养成了辩证分析、换位思考的习惯。同时，在"慎思"中明辨是非，弥补不足，使自己的人生趋向积极、光明的一面。因此引导学生养成反思的习惯，对学生的道德成长、思维发展和全面进步都是具有巨大的促进作用的。

（五）组织实践活动

道德被马克思称之为"实践精神"，因为道德是以实践精神的方式来把握世界的，具有意识与行为、理论与实践相统一的特点。作为一种特殊的社会意识形式，如果道德不能进入人的实践领域，仅仅是停留在让受教育者"知"德的水平上，那么毋庸置疑，德育的最终产品将会是一群有道德知识而无实际道德品质的人，德育的价值和意义也将无从谈起。德育贵在知行统一，只有将道德贯彻到人们的具体实践活动中去，德育的价值才能够充分体现。人们道德品质的形成是知和行相互作用、辩证发展的过程。其中道德认知是前提和基础，它对道德行为起支配和调节作用。道德行为则是人的道德认识和道德品质的外在表现。从道德认识到道德行为的转化，需要道德情感和道德意志作为中介。道德行为是在知、情、意的基础上，通过一定训练才能形成。这个过程需要主体将道德认知付诸实践，需要道德情感的支撑作用和道德意志的定向作用，同时还需要排除各种外界环境中不利因素的困扰。因此，即使有了正确的道德认知，如果作为知行转化内部条件的道德情感和道德意志弱化，必将使道德知行转化出现困难，从而使道德表现出知易行难的特征。

早在上个世纪30年代，被毛泽东称之为"伟大的人民教育家"的陶行知先生就指出"生活即教育"、"社会即学校"。苏霍姆林斯基也说过："学生的周围世界是生动的思想的源泉。"课堂理论教学重在讲解理论知识，而社会实践则是吸收理论的重要途径，通过参观考察、社会调查、公益劳动等多种形式，帮助学生深化对理论的理解。

在组织实践活动中要注意以下问题：

首先，实践内容的选择必须是慎重的、与教学紧密相关的，教师一定要做好前期的准备工作，包括：布置课题、联系单位、组织前往等等。

其次，在参观、考察等实践中，教师要引导学生把切身体会和课堂知识相结合，通过对比、提炼和总结，深化自身的认识。在社会调查等实践中，教师要在调查方法、途径、过程等方面加强对学生的理论指导，帮助学生掌握科学的研究方法。

最后，实践结束后，作好总结。教师要帮助学生在实践完成后，通过总结，将自己的获得的感性认识整理、深化、上升为理性认识，透过各种现象认识社会和人生，树立正确的世界观、人生观、价值观。

例如在讲授《思想道德修养与法律基础》课程中的法律部分知识时，笔者联系了学院附近的某区法院，组织学生去旁听了一次庭审。听庭审之前，笔者前往法院了解到了听庭审必须要做的准备工作和必须注意的一些问题，回校后给同学们做了传达，并简单介绍了庭审的过程，提醒大家哪些是重点环节和重点内容，需要特别注意的。当天，我们提前一小时到达法院，井然有序地进入法庭后，大家立刻就真切的感受到了法院的庄严、肃穆和法律的尊严。法院的同志特意给大家安排了一场大学生因上网成瘾而盗窃、抢劫的案件的审理。首先由审判员宣布开庭，然后询问双方（原、被告）对于对方出庭人员有无异议，双方均表示无异议后，审判员就向当事人宣布了在法庭上享有的诉讼权利和应尽的诉讼义务，接着询问双方是否听清楚了各自的权利与义务，是否申请回避，在双方回答后，审判员宣布：现在开始法庭调查，原告陈述起诉事实，讲明具体的诉讼请求和理由。接着原告的委托代理人讲明了事实及诉讼请求和原因，审判员请被告针对原告所述事实、诉讼请求及理由进行答辩。然后审判员让原告出示了自己的证据，并询问被告对原告出示的证据来源、证据内容的合法性、真实性及与本案的关联性有无异议，被告回答后又出示了自己的证据，原告进行了驳斥，在双方均出示了证据并进行了驳斥后，法庭进行到了法庭询问阶段。由审判员向双方又提出了一些问题，然后审判员宣布法庭调查到此结束，开始进行法庭辩论。首先由原告发表辩论意见，接着被告又进行了法庭辩论，双方都辩论完成后，审判员宣布法庭辩论结束，并主持调解，同时指出调解本着合法、自愿的原则进行，任何一方当事人均可提出调解方案，当事人对对方的方案可以接受，也可以不接受，如有一方当事人不同意调解，法庭不再进行调解，将依法作出判决，然后询问双方是否同意在法庭的主持下进行调解？调解不成后审判员先后请原告、被告分别陈述最后请求，最后宣布休庭等待结果。在接近两个小时的庭审过程中，同学们始终全神贯注的倾听，没有一个人交头接耳、中途离开或走神。大学生们对这种寓教于庭审的教学方式表现出浓厚的兴趣，同学们对此次活动感受深切。而法院同志精心给我们选择的案例也让大家对上网成瘾有可能给我们带来的危害有了具体、直观的体会。

有了这样的深刻体验，再给学生们讲授学习法律的重要意义就水到渠成了。自觉遵守宪法和法律，维护社会稳定，是每个公民的基本义务，也是作为合格大学生的起码条件。大学生是祖国的未来，增强法律意识和法制观念，提高遵守法律、依法办事的素质和自觉性尤为重要。随着我国教育立法的完善，依法治学、依法治校、依法治教是必然趋势。大学生学习法律基础课，掌握基本法律常识，从理论上弄清楚民主与法制、权利与义务的内在联系，明了社会主义法律的基本要求，培养社会主义民主意识、公民意识，自觉遵纪守法、依法办事，并学会运用法律武器维护自己的合法权益，善于运用法律武器同社会上的各种丑恶现象、不良风气及违法犯罪行为做斗争。这显然有利于大学生较好地完成学业，做一个社会主义国家的合格公民；有利于维护社会稳定与和谐，维护国家的长治久安；也有利于人民民主和社会主义秩序的发展，更好地推动社会主义现代化建设事业的进步。

二、有效开展思政理论课情境教学的实现路径

（一）思政理论课实施情境教学需遵循的原则

1. 教育者主导与受教育者主体的协调性

教学是教师与学生之间存在的一种特有关系，二者相互依存，相互促进，缺一不可。教师是情境教学活动的组织者、设计者、发起者与领导者，是教的主体，在教学过程中主要起主导作用；学生作为学习的主体，是课堂活动的主要参与者、实施者，在教育过程中要充分发挥其课堂主体性的地位。教师在情境教学过程中，只有充分发挥学生的主导作用，才能使学生乐学，才能培养学生的积极性、自主性和创造性；学生只有发挥他们的主

体作用，才能使教师乐教，也才能使教师更加用心用力的在课后选取更生动形象的情境素材、为教学做更加充分的准备。师生之间应体现出平等、尊重、将心比心、教学相长。在这种平等的关系中，教育者应该成为受教育者的思想顾问和交换意见的引导者，受教育者应充分发挥其自主性、能动性与主动性。在教学中，若是缺少了学生的主体性施展，单靠教师单方面的理论灌输，学生的思维将得不到激发，认知水平的发展也将受限；倘若只有学生单方面的思考与努力，而缺乏教师的引领与帮助，学生的学习任务同样无法完成，学生的认知水平也得不到十足的发展。因此，情境教学在思想政治理论课中的有效开展，必须坚持教师主导与学生主体的统一性，这样才有助于教师更好的安排自己的教学活动，尽可能为学生提供更多的实际参与课堂的机会；有助于教师更加认识到尊重学生行为主体的重要性，培养学生的自主性；有助于教师更对多鼓励学生积极参加实践活动，提高学生的动手动脑能力，这不仅遵循子清境教学"以人为本"的理念，还会提升学生的存在感，最大限度地实现思政课教学立德树人的教育目标。

2. 情境教学内容与目标的结合性

情境教学在高校思政理论课中的实施与探索，是对传统的"灌输式"教学方式的突破与改进。思政课在实施情境教学中注重创设贴近学生生活实际、易于激发学生思维的情境，通过正确引导鼓励学生保持思维的活跃性；注重学生在情感触动中提高自身的认知水平；注重学生在情境中的角色互换来增强学生的体验感与实践性。这种情境所能达到的效度关键在于其创设的具体内容是否符合与紧扣思政课教学的目标。任何活动的开展都需有其围绕的核心。思政课教师选取情境的素材必定要以思政课的教育目标为核心，以培养学生的学习积极性与提高大学生的思想素养为基础。具体来说，主要是情境素材的选取要有一定的针对性、典型性、特殊性和说明性。针对性主要是指针对不同学科的学生可能需要选取的情境素材就会不同，针对不同的教学内容可能需要选取的情境类型就需不同。针对文科班的学生选取的情境视频或画面需要柔和，且与具体的教学内容相联系；针对理科班的学生在紧扣教学目标的前提下，选择的情境类型或视频需带一定的挑战性。典型性是指根据学科内容选取的事例或人物素材要有一定的代表性和影响力，因为震撼人心的情境教育才会触动学生的情感，从而增强理论的说服力。特殊性是指针对思政理论课五门课程的具体内容选取的素材要有一定的特殊性，如《思想道德修养与法律基础》课程重在指引大学生形成基本的道德观和法律观，这门学科与我们的生活实际联系较为紧密，我们就可以根据这一特殊性选取与教学内容相一致的生活案例作为素材。《马克思主义基本原理》课程理论性强，较为抽象，重在培养大学生的哲学思维，我们可以依据教学目标，通过一个个含有哲理性的故事来启发学生的哲学思维，帮助学生理解抽象的理论知识。说明性是指教师自身的语言阐述或知名专家的专题讲解都是针对具体的教学内容与目标而对抽象理论要有一定的解释力和说服力。

3. 知识传授与思想教学的统一性

情境教学的开展是为了克服传统的"灌输式"教学的弊端，从而使学生在乐中学习、感悟、体验并领会知识。但情境教学绝不是纯粹为了活跃课堂气氛而创设情境。情境教学在思政理论课的尝试、改革与运用与其他的教育教学方式一样，都是为了顺应时代的变化发展而使教学方法不断变革与创新，但他们最终的目的都是服务子教育、服务于学生。思想政治理论课不同于其他学科，一方面思政课教育注重理论知识的传授与学习；另一方面侧重于培养大学生基本的道德观。思政课情境教学的开展与探索与传统的教学方式目的一致，都是为了实现知识传授与德育培养的双重任务。

情境教学一方面通过鲜活、生动的情境引起学生的注意，注重学生的情感触动与情境体验，来激发学生的学习动机，这样有助于学生对理论知识的学习与把握。知识传授与德育教育统一于思想政治教学活动中，其中知识讲解与传授是基础，德育教育才是本学科的重头戏。学生对理论知识的掌握但未必会相信其真理性，这就是情境教育在教学过程开展中需要注意的地方。情境教学在教学中选取的情境素材一定是对学生有启发意义的素材，因为任何理论要想成为行动的向导，就必须先触动情感启发，这样理论转化为实际行动的效果才会显著。知识传授与德育培养不分先后、不分阶段，而是统一于思想政治教学活动中，是同时进行的。如果单方面地注重理论知识的传授，不注重学生情感的激发与培养，学生的德育素养得不到提升。如果单方面进行思想道德教育，思政教学就会缺乏理论支撑而变得苍白无力，更无法实现教育教学的目的。因此，思政理论课在开展情境教学过程中，在进行知识讲解传授的同时更要注重激发学生的情感表达，这样不仅能使学生高效掌握理论知识，而且能达到知识传授与思想教育的双重效果。

4. 继承发展与变革创新的互补性

思想政治教育教学方法的改进是随着客观世界的不断变化而继承、发展与改革的，情境教学在现实教学中的应用实施亦是一个继承与创新的过程。继承与发展、借鉴与创新是相互依存、相互影响的，二者是辩证统一的关系。继承是前提，发展创新是时代发展的必然要求。每一时期的教育思想都要在已有成果的基础上进行继承，并适合时代的要求进行发展创新。而任何理论都来源于实践，客观存在的不断变化发展决定了理论内容要时时更新。情境教学在思政理论课的开展，不仅要对前一时期教育内容进行批判继承，而且还要对情境教学发展初期阶段的经验进行总结与概括，从中吸取宝贵意见，来更好的指引情境教育的开展与实施。同时，还要跟随变化发展的客观实际与大学生不断变化的思想状况来及时更新教育教学内容，而且情境教学的选材也要跟随时代发展具有一定的新鲜感与新颖性。在此基础上，不断进行教育内容与情境教学开展实施的不断创新，这样才堪为有意义的教与学，才会引起学生学习的兴趣，才能使现阶段思政课堂的"低头族"变成"抬头族"，情境教学的开展实施也才能取得理想效果。

（二）思政理论课情感场的建构策略

1. 以"情"为基点，引诱学生的主动性

传统的教育是"唯理智至上"的教育，往往忽略学生的情感变化和发展需求，而情感性是人的本质特征之一。教育的对象是一个个急于表达自身情感的鲜活个体，在教育过程中如果忽视了学生的情感体验与表达，这样的教育是没有灵魂的教育，不仅未能实现一定的教育目标，而且也达不到育人的功能。教育事业是充满爱与情感的过程，如果忽略了其中的内核，教育将会变得苍白无力。因此情境教学在思想政治理论课中的运用能否取得成效的一个关键点就在于教育者与教育对象是否在课堂中融入了真情实感、是否存有情感的碰撞与交流。

在思想政治情境教学过程中，要使"情"成为有"境"之情、"境"成为有"情"之境，就必须使主体之情与情境之情有机结合，这就要求教师与学生之间必须真情交融、学生与教材之间存有共鸣、学生与学生之间真情相待。首先，充分发挥学生与教师在课堂中的能动作用。情境教学过程中，仅凭借多样的手段、方法，创设丰富多彩的情境类型是不够的，需要教师倾注真情。教师对自己所讲的理论知识一定是经过思考、感悟，认可并信之的，这样教师在课堂中通过真情实感的流露就会感染学生，学生面对的不再是一个枯燥理论的说教者，而是情感的传递者、交流者。学生要一改过去的"低头"现象，争做抬头族，认真感知教师的情感表达、体会教师所讲的理论知识，在教师创设的一些形象情境、故事情境、幽雅情境时一定用心的去领悟、去思考，必要时与教师进行情感的交流与沟通，这样才能达以情激情、以情融情的效果。其次，学生与教材之间存有共鸣。教材的内容都是源于实践，有时会高于实践。理论之著为人所做，每位作者在倾心写作时一定是把自己的情感体现在文章的字里行间中。教师在教学中要凭借自己的丰富知识引导学生还原背景、还原情感、设身处地的去想象、去构思情境，这样才能引发二者的共鸣。最后，学生之间应真情相待。情境教育过程中会存在一些小组学习、角色扮演、共同探究等环节，这就需要学生与学生彼此间真情相待、扬长避短、各取所长，在探究合作中相互学习、相互启发、共同感染与进步。但是学生与学生间的合作互动必须是在学生自身独立思考的基础上才能进行，也只有独立，学生自主性与能动性才能得到充分发挥与发展。

总之，以"情"为基点的情境教学，侧重培养学生的情感流露与表达，才能在教育主体之间掀起情感的浪花、思维的碰撞、心灵的对接、认知的发展，也才能达到情境教育的理想效果。

2. 以"思"为核心，培养学生的创造性

美国教育学家克罗韦尔说："教育面临的最大挑战，不是技术、不是资源，而是……去发现新的思维方式。"一种新的教学主张与教学方式，能否被长期采纳并贯彻实施，在

很大程度上取决于它能帮助学生树立怎样的思维能力。学生良好习惯的养成与独立思维的形成，无疑证明它会是一种良好的教学方式，反之亦然。情境教学是否是一种"好的教学方式"，关键在于能否培养学生积极思维。情境教学过程注重学生的情感激发与培养，最终目的都是通过触发情感去教会学生如何积极主动的思考问题。情境教学要以"思"为核心，以"把学生教聪明"为任务，并且以"培养学生的创造精神"作为不懈的追求，为此情境教学的实施者需要从四个方面来培养学生的思维能力。

第一，激活情境，以"递进"的方式构建一定的思维坡度。教师要充分发挥"最近发展区"对学生认知与思维发展的作用。思政课教师创设的情境一定不是平白直铺的呈现在学生面前，教师需要按照一定的梯度根据教学内容循序善诱的展现情境，让学生在情境的感知与参与中需要"跳一跳"才能领悟知识，这样有利于综合培养学生的动作思维、形象思维、抽象逻辑思维。

第二，驱动想象，来拓宽思维广度。如果说按思维坡度进行的教学不是按固定僵化的教学流程进行，那驱动想象的教学更是一种灵活多样的教学。想象对人类极为重要，毫不夸张地说，没有想象力的训练、培养与发展，学生的智慧、思想、情感都不可能得以和谐的"生长"。思政课教师要通过语言描述让学生想象丰富的画面与场景，去聆听、去表达，通过设疑置问等方式让学生尽可能的去联想生活、联想已有知识，以此激发学生的发散性思维。

第三，唤醒理性，拓展思维深度。人们对客观事物的认识是一个感性认识到理性认识的过程，是一个由此及彼、由表及里的拓深，这就必须唤起学生的理性。思政课教师要注重通过寓言典故等故事情境、表演讨论等体验情境的方式，尤其是在马克思主义基本原理课上，可以通过寓言故事让学生感知哲学原理的奥妙，引发学生积极思维，加大思维深度；第四，积极引导，提升思维密度。我们在此讲思维密度只是说在教学过程中教育者对学生思维的启发较少，学生在课堂中的思维密度较小，活跃度不高。教师教学的成功度，在一定程度上由他的发问质量来衡量。思政课教师要善于设计问题，把握好时机提出问题，以疑激疑，以问激问，凭借多种途径激起学生的活跃度，提高学生思维的兴奋度，这样也才可能提高课堂效率。

3. 以"活"为源泉，激发学生的活跃性

教育内容的最大特征就是具有生活性。思想政治教育的对象是人，人是生活在现实生活的个体，人们获取知识的根本途径便是参加生活实践。不论是杜威的教育思想—教育即生活，还是陶行知的教育理念—生活即教育，他们的教育主张充分说明了教育与生活具有一致性。思政教育的内容原本就来源于生活。在思政课中开展情境教学，正是这一教育理念的客观要求。情境教学在思政课中的开展实施，必须紧扣学生的生活实际。一方面要求思政课教师选取的时政热点、故事素材必须是紧扣学生的生活实际，注重学生在日常生活的体验中领悟知识，这不仅可以引导学生积极地去思考，还会使学生感知理论与知识的联系紧密度，一改过去纯粹僵死教条的理论式教学，提高学生对理论的认同度；另一方面，思政课课堂教学要有一定的趣味性，只有课堂充满趣味，学生才会自觉主动的学习与思考，也只有有趣才会使大学生"真心喜欢"，而有趣就要求思政课教育内容必须符合学生的生活世界，才能拨动学生的心弦。总之，将思政课教育寓于日常生活情境当中，尊重人的个性和素质发展，关心人的实际需要，坚持教育贴近生活、贴近实际、贴近学生的学习，以生活性和渗透性的方式在日常生活情境中实现其教育旨归。只有这样，思想政治教育情境才能真正成为学生学习过程中可感知的一部分，而不是一个充满灌输、表面热闹而无实际效果的虚假情境。

4. 以"新"为突破口，启迪学生的想象性

新媒体是继报纸、杂志、广播、电视之后出现的新的传播信息的媒介，它的快速发展使人类社会的信息化程度不断加深。新媒体的运用已经渗透到人们日常生活的方方面面，它不仅改变了人们日常的信息交流与传播方式，更对传统的教育教学方式带来了挑战。传统的"一个教师、一个讲台、一本教材"的教学模式仅凭教师的语言描述、有限的黑板板书严重限制了教育双方的思维广度，抹杀了学生的个性化发展，不利于创新性人才的培养。加之思政理论课教学内容的抽象性、理论性，不容易被学生接受和掌握。而新媒体技术能将文字、图画、声音等媒体有效地融为一体，打破学生认知上的时空界限，调动学生学习的情感情绪，让学生用各种器官感知信息。而人类获取信息的途径是通过多种形式及其相互作用而完成的。心理学家特瑞拉曾用实验证明，在人的感觉器官中，视觉所收到的各种信息占比最大，为65%；其次为听觉，占20%；嗅觉和味觉所获信息的比重不超过5%。新媒体技术的应用，可以提升学生获取信息的效果。思政课教师在教学中要灵活使用多媒体技术，与传统的教学方式融为一体，在日常生活情境的原初形态下，根据教学内容，通过新媒体技术对多样化的情境素材进行适当增减、留白、重复、对比等处理，增强理论内容的形象化效果，加深学生的课堂印象，让学生在回味无穷的情境中感知理论化知识，以达到事半功倍的教育效果。

（三）基于情境理论学习的课堂创新构思

关于"大学生期望思政课教师在课堂上通过什么形式开展情境教学"的调研显示：17.7%的大学生期望思政课教师理论讲授与小组讨论相结合，共282人；18.9%的大学生认为情境教育在必要时需进行现场模拟，共302人；19.3%的大学生认为要借助多媒体创设虚拟情境，共308人；认为需要在课堂上进行线上互动和角色互换开展教学的分别占12.4%，12.0%；10.9%的大学生认为思政课教师在进行描述时要追求语言的生动性；8.8%的大学生认为将线上互动与线下补充相结合。同时，23.6%和23.0%的大学生期望

思政课教师开展图片视频等形象情境和时政热点等生活情境；期望思政课教师开展体验情境、故事情境、幽雅情境和思维情境的分别占18.5%，14.7%，11.6%和8.5%。可见情境教育要想在思政理论课中有效开展，思政课教师必须不断丰富自身的知识，灵活运用已有经验凭借多种形式创设丰富多样的情境类型。

"为有效提高情境教学效果，大学生希望学校应该怎么做"的调查显示：337名大学生认为学校应完善媒体设备，线上线下同时改进，占19.3%；331名大学生认为学校定期对教师进行专业培训，提高教师素养，占19.0%；认为学校应大力支持第二课堂的发展、支持网络创新手段在课堂中的应用、建立空间模拟专用教学楼的大学生分别占17.1%，16.5%，12.2%；10.8%和5.8%的学生分别认为学校应定期邀请知名专家教授开展专题讲座、减少班级人数，适当缩小班级规模。学校作为支持情境教育发展的大后方，应从各方面进行改进，努力为教育教学的进一步发展提供良好的环境。

1. "三场联动"，变革传统的课堂结构

情境教学过程注重"情境"对学生情感的触动、对学生认知水平的影响。广义的情境不仅包括客观环境，还包括人为创设的环境。在情境教学理念的指引下，大学生的日常学习离不开专门的学习场所、生活场所与竞赛场所。在情境教学的课堂中，学生直接进入的是学习场所，作为学习主体，学生需要积极主动地学习新知识、新技能，与小组成员共同探讨疑难问题，确保高质量的完成探究课题与作业。学生在发挥自主学习性的过程中，教师应凭借自身的经验与丰富的知识，把思政课中的抽象理论知识通过情境的创设还原出生活情景，淡化学生身在课堂学习的思想，无形中引导学生进入人为创设的"生活场所"，使学生在生活场景的学习中感知到再抽象的理论知识都是来源于实践与生活，提高学生对理论知识的认同度，促使学生自主自愿地去学习。同时，情境教学强调要发挥学生学习的积极性与自主性，在实际调查中，17.7%的大学生期望思政课教师理论讲授与小组讨论相结合，占比最高，因此在情境教学过程中，教师要以小组讨论与学习的形式多给予学生自主学习的机会，通过以小组为单位还原"竞赛场所"，小组中的每位成员都是参赛代表，每一位成员的课堂表现都会直接影响小组的最终综合成绩。学生在这种"竞赛"氛围的影响下，都会尽最大努力与其他成员组成一个具有战斗力的团队，齐心协力，课堂踊跃参与答疑与探讨，课后积极收集相关材料，以争取团队取得佳绩。这样的"三场联动"，变革了传统的"教师满堂灌，学生闭嘴听"的课堂结构，充分发挥了学生的主观能动性与教师的指引作用，实现了"教师主导—学生主体"的新型课堂结构，提高了学生学习与教师上课的积极性，增强了学生学习的时效性，培养了学生自主探究与思考问题的能力。

2. "三台交互"，营建良好的教学环境

计算机及网络技术在教育领域中的应用，一方面使教育教学手段多样化，提高了课堂效率，另一方面也给传统的教育模式、体系带来了新的挑战。在信息技术深入高校思想政治理论课程中的影响下，教师教学的平台由单一平台变为三台交互，即传统教学平台、网络教学平台、远程教学平台，相应地也给学生学习提供了更加便捷的渠道。首先，传统的教学平台是教师教与学生学的基础平台，通过教师的口头描述与语言阐述将所学理论知识传达给学生。调研显示，30.7%的思政课教师常采用语言描述情境，但10.9%的大学生期望思政课教师上课语言生动有趣。因此，在情境教学过程中，为提高学生的兴趣度，思政理论课教师应依托传统教学平台，采取幽美的教学语言，创设生动有趣的故事情境或寓言情境等，将抽象理论寓于语言创设的情境中，变革满堂灌的模式以此培养学生积极思考问题的习惯；其次，网络教学平台即是在依托传统课堂教学的基础上，有效将网络技术应用于课堂教学中，将传统的黑板、粉笔变为学生手上的手机与线上课件。目前针对大学生人手一部机的特点，在微信平台发展的如火如荼的情况下，有效将手机、课堂课件、微信平台有机结合是提高高校思政理论课课堂效率的一个重要改革方式。思政课教师需提前将教学课件推送至微信平台，并将课件对应的二维码展示给学生让学生扫描，课堂中在学生手机上将呈现教师的教学内容，教师与学生可以在线上进行互动，这样的情境教育课堂，将传统的"大课堂一课件"的状况改变为"人手一课件"，无形中拉近了学生与教师之间的距离，也在一定程度上克服了高校思政理论课大班授课的局限性，在满足了学生玩手机欲望的同时也提高了思政课的课堂效率；最后，远程教学平台依托计算机网络信息技术，思政理论课教师将教学中的次要章节部分通过远程或慕课的形式播放给学生，并让学生在学习完之后书写一定的学习体会，将其作为学生成绩的一部分，并要求学生将疑点部分通过留言的形式发送给思政课教师，教师课堂集体解答，这样的教学方式一方面培养了学生的自学能力与独立思考问题的能力，另一方面也节省了思政课教师教学与科研的时间冲突，从而高效地实现了思政课教学的目的。

3. "三境融合"，实现新型教与学的方式

课堂是学生学习的基本场所，学生的学习在主要依托课堂环境的同时，离不开日常的生活环境和娱乐环境。传统的思政理论课往往只注重学生课堂环境的塑造，而忽视学生日常生活环境与娱乐环境的点缀对学生学习的贡献。将课堂、生活、娱乐环境融合在一起，培养学生学习的积极性，提高学生学习的参与感与体验感，在情境的真实感悟中掌握知识，这是一种全新的教与学的方式。枯燥乏味的理论原理和单调重复的工作任务容易使学生对学习产生厌学心理、对生活产生厌倦感，学生一旦失去生活学习的兴趣点，再精心准备的课程设计也不会取得理想的教学效果。因此，必须按照生活的真实面目在课堂学习中还原情境，同时也需要将课堂中的枯燥理论通过设计融于生活环境与娱乐环境，必要时可以依托学生的社团活动和以宿舍为单位的集体活动情境来展示教学内容，这些活动的设计是基于实际的学习任务，学生在完成活动的过程中，不仅需要调动与联想学过的知识，还需发挥想象力，让学生在活动参与中领悟知识，在领悟中提高学生的思维力。

第二节　思想政治理论课中实践式体验教学

思想政治理论课作为普通高校学生的必修课，是引导学生树立高尚的情操和良好道德品质的重要载体，在对大学生进行政治教育、思想教育、道德教育和人文素质教育等多方面发挥着不可替代的作用。正因为高校思想政治理论课有这样的特殊性，所以在教学理念、方法和评价等方面都需要探索新思路，改变传统的单纯灌输和说教的方式，重视学生的情感体验。

思想政治理论课的体验式教学，就是依托课堂、校园文化建设等各种平台，把培养大学生的主体人格、提升思想政治理论课实效性作为最核心的目标，并在课堂内外根据学生的自己的体验引导他们逐渐产生内心的感受和体悟，从而内化为自己的价值认同，知行合一，最终实现教学目标。

一、高校思想政治理论课中实施体验式教学的必要性和可能性

（1）思想政治理论课中实施实践式体验教学的必要性

有效的思想政治理论课不能单纯的着眼于学生认知和智力发展，要想达到预期的目标，必须切实走进学生内心，要富于情感，让学生拥有学习的热情和喜悦，只有这样，好的素质才可能得以养成。

思想政治理论课中如果没有体验，那么他的实效性就必然要受到怀疑。我们通常所说的"道德的异化"，其实质上是道德规范和道德主体体验的分离。缺乏体验的思想政治理论课，长期充满着让学生反感的填鸭式灌输，教育效果可想而知。所以，在思想政治理论课教学中，必须渗透着丰富的情感活动，教师和学生都要把教学看作是一种愉快的情感体验过程。只有在这个过程中师生有共同的体验，才能改变思想政治理论课说教的状况，达到教育教学的目的。

（2）思想政治理论课中实践式体验教学的可行性

思想政治理论课是高校的必修课，无论是课程设置，课时安排，还是考核形式等，都为体验式教学的实施提供了可能性。每个学生的经历和情感是独一无二的，这就意味着每个学生的个体的体验也是独一无二的。在教学过程中，教师要留出足够的时间让学生体验其中，从体验中获得快乐，不断成长。实践式体验教学符合大学生的身心发展特点和道德认知规律。学生在大学阶段的观察、记忆、思维、想象等能力不断提高，有了自己体验的强烈要求和经历，内心里更为追求的是一种融入情感和尊重的教育。人的道德发展是一个动态的过程，在这一过程中，实现知到行的转化是德育的关键。大学生的道德行为也体现

了从他律、遵从向自主、自觉的过渡。大学生在这个过渡中就想根据自己已有的生活经验和道德需求，确立自己的道德规则，并根据道德现实去选择一个恰当的行为。

二、在高校思想政治理论课中实施实践式体验教学的主要途径

高校思想政治理论课是包括政治、思想、心理、法律、道德等多方面内容的完整的学科体系，这也为文明对大学生进行有计划的系统教育提供了可能，在思想政治理论课中把体验放在重要的位置，重视学生自身的体验，并不意味着教师可以抛弃传统的课堂教学方式。因为大学生在学习的过程中也是道德认知的过程，道德认知就需要借助于课堂教学来实习，在这个认知恰恰是道德体验的前提。因此，目前高校的思想政治理论课要想把学生的道德认知内化为学生内在的品质，就必须探索合适的途径，依托三个课堂，提高新媒体背景下思想政治理论课的时效性。

（1）生动活泼的课堂互动是实践式体验教学的第一课堂

课堂仍然是目前高校思想政治理论课的主要阵地，但是长期以来。只要提起来思想政治理论课，大家首先联想到的就是沉闷的课堂，老师空洞无味的说教，还有很多枯燥的政治术语，记不完背不完的课堂笔记，这与大家理想中那种民主、生动活泼、充满情感交流的课堂相差甚远。思想政治理论课教师自身要有勇气和魄力转变传统的教学观念和方法，创新出更适合90后大学生的全新的教学模式，这样才能让学生愿意接受老师的引导，将自身内心深处的情感体验表达出来，和周围的人真诚的交流，在师生之间、同学之间彼此交流之后，体验式教学还要求教师能够正确地引导学生反思，这种反思本身可以克服情感的冲动性和个人体验的狭隘性，可以排除青年人比较偏激的思想，获得更好地成长。在这种体验式的教学中还要避免陷入另外一个泥潭，那就是只追求个体的体验，而忽视了教师的讲授，好的老师要能运筹帷幄，把握好课堂的节奏，引导学生寻找真理。

（2）丰富多彩的校园生活是实践式体验教学的第二课堂

思想政治理论课教师可以根据教授课程的特点制定体验式教学的计划，合理安排适当的校园文化活动，通过丰富多彩的校园文化生活，来调动学生的学习进取的积极性。思想政治理论课不是老师的独角戏，应该结合学校团委，学生处等相关部门，积极开拓第二课堂，充分利用学校的各类学生组织和协会，让学生亲自参与活动的策划和举办之中，让学生有足够的主人翁意识和强烈的责任感，这种在老师指导下亲力亲为的体验，是一种无形的手，在指挥者学生的前进。在很多学生活动中，表面上没有教师或者其他人专门进行思想政治教育的说教，但是在无形当中已经产生了比说教效果好得多的道德教育价值。

（3）广泛开展的社会活动实践式体验教学的第三课堂

体验式的思想政治理论课教学不能仅仅局限于教室里和校园里面，在适当的情况下组

织学生走出校园，走先社会，是很有必要的。学生作为一个社会人，大学只是人生发展道路的一个阶段，最终还是要走向复杂的社会中去。在校期间通过课堂教学和一些校园的虚拟情境体会和获得了必要的道德认知，但是社会实践本身才是促使学生的道德认知转化为道德行为的关键一步，而且这种行为必须要经过反复的实践才能深化为内在的道德自觉性。认识来源于实践，思想政治理论课的教学也是如此，课堂教授给学生的知识需要回归生活，走向新的实践中去服务社会，指导生活。这种学生亲自在社会实践中的体验，才是他们最宝贵的经验，这对锻炼学生的创新精神和实践能力起着关键的作用。

三、高校思想政治理论课中实施实践式体验教学应注意的问题

在体验式教学的实践中，为了达到最佳的教学效果，促进学生的健康成长，有许多需要注意的问题，这些问题并不是相互孤立的，而是相互联系并互相融合在一起的。

（1）高校思想政治理论课需要精心设计

高校思想政治理论课往往内容丰富，课时相对来说较少，除去每学期的实践教学环节，课堂教学内容和课时之间的矛盾更为突出，这就意味着不可能每节课的内容都能保证开展体验式的教学。所以，作为教师就必须在备课时精心设计各个环节，突出重难点的同时又能够有针对性地开展体验式教学，不要片面化。

（2）高校思想政治理论课要充分调动学生的情感

任何一节教学效果良好的思想政治理论课，都必须是以学生积极主动的参与为大前提的，如果只是教师一人照本宣科，毫无师生互动，没有学生主动的情感投入，那么谈体验式教学就是空谈。建构主义学习理论告诉我们。在学习过程中创设的情景要尽可能的真是，让学生在相信的同时感悟生活的真滴。所以，要想首先调动学生的情感，必须注意设置的情景最好是那些学生身边的，源于学生日常生活但是又可能是被大家忽略的，这样才能使学生获得更深刻的体验。

（3）高校思想政治理论课教师要不断提高自身素质

体验式教学的情景创设是否恰当，能否引起学生的共鸣，是考验思想政治理论课教师的一个重要方面。教师必须有扎实的理论功底和丰富的实践积累才能保证，但是仅仅这些还是不够的，体验式教学还有一个重要的内容是教师在学生体验后如何能够敏锐的观察到学生的反应，正确理解学生的感悟，并在关键时刻加以正确的引导，在主导课堂教学的同时做到随机应变，这一切都需要教师不断提高自身素质，在无私奉献的同时不断学习。

（4）高校建立思想政治理论课体验式教学基地

目前，各个高校都建立有自己的实习基地，对思想政治理论课这种专门的体验式教学基地投入不足，而且体验式教学对这种体验的场所要求也比较高，高校应该充分利用各方

面的资源，尤其是要结合本地区拥有的各类教育资源，建立体验式的教学基地。如可以利用本地的红色旅游资源，人文古迹资源，还可以结合学生在寒暑假的社会实践活动，开拓体验式教学基地，这样思想政治理论课的实效性将大大提高。

第三节　思想政治理论课中互动式体验教学

一、互动式体验教学法的相关理论概述

（一）互动式体验教学法的内涵及基本特征

1. 互动式体验教学法的内涵

互动式体验教学法有广义和狭义之分。广义的互动式体验教学法，是指学校教学中一切相关事物的相互作用与影响，包括课内互动和课外互动，如备课活动互动；讲、评课互动；学生作业互动；测验互动；信息反馈互动等。狭义的互动式体验教学法，是指课内师生之间发生的各种形式、各种性质、各种程度的相互作用与影响，也即教师和学生这两类角色相互作用和影响的过程。笔者认为，互动式体验教学法是指在教学活动中，师生之间、学生之间借助沟通、交流、合作的方式，充分发挥双方的积极性、主动性，为课堂教学营造一个愉悦、真诚、和谐的多元互动环境，促使学生主动参与和全身心投入课堂学习，激发学生的学习热情，拓展学生学习思维方式，从而达到相互促动、有效完成教学任务的教学方法。互动式体验教学法既不同于传统的以教师为中心的"灌输式"教学法，也有别于放任学生自发学习的"放羊"式教学方法。它既要求教师关注学生的学习兴趣进行有针对性的教学，也要求学生在教师的精心指导下按教学计划的要求系统地学习。

2. 互动式体验教学法的基本特征

一是教学形式的多样性。互动式体验教学法克服了以前课堂上只是教师一人在讲台上唱独角戏，所针对的多媒体而非台下的学生群体，偶尔提几个问题，学生无应答，教师只好自问自答。在互动式教学中教师除了对所授内容精讲外，应留出相当一部分时间组织学生进行案例分析、自主学习、抢答比赛、小组讨论、个人演讲、课堂辩论等活动，让课堂教学形式呈现多样化。

二是教学内容的广泛性。互动式体验教学法不局限于课本内容的教学，教师可紧扣教学目标，依据教材内容的重点、难点，针对学生关注的社会热点、焦点问题进行教学。同时，教师还可让学生课前充分预习准备，通过收看电视、收听广播，借助电脑、手机上参与网互动，全方位、多途径地搜索查询与教学内容相关的知识，然后在课堂上充分表达自

己的观点、想法，积极主动与老师和同学交流、互动，从而弥补和充实书本上的知识，丰富和拓展教学内容。

三是教学交流的多向性。互动式体验教学法通常采取专题讲授、案例分析、课堂讨论、社会实践等教学形式，促使以往的单向互动交流模式向师与生结合、生与生结合、生与媒体结合的多向交流模式转变，充分体现学生学习的自主性和灵活性。其中，师与生的互动交流，既可以减少学生学习理论知识的时间，又有利于促进师生教学相长。生与生的互动交流，既有助于取长补短，又能创设合作机会，增进学生之间的相互了解和团结互助。生与媒体的互动，既增加了学习的直观性，便于理解和记忆，又让学生从电脑、智能手机等高科技媒体上学到书本没有的知识，有利于完善知识结构和扩大学习视野。

四是教学情理的交融性。在互动式教学中，情感因素发挥积极的作用，课堂不仅是知识的传递过程，也是情感交融的过程。教师注重以情动人，情景交融，通过设置一定的教学情景，把学生带入到特定的情景中，在引导学生学习知识的过程中，不断深化对理论知识的理解，增强综合素质，提高学生的自主学习能力、探索创新能力、社会实践能力、交流应变能力和明辨是非能力，让学生在积极的情感体验中不断面临新问题、新材料和新观点的刺激，从而使每一节课都有新收获、新感觉、新体验。

（二）互动体验式教学法的主要理论依据

1. 国外相关理论依据

（1）建构主义理论

建构主义理论，是瑞士著名心理学家皮亚杰（JeanPiaget）是在长期从事儿童智力发展研究中所提出的认知发展理论。其中，"图式"（Scheme）是该理论体系的核心概念，它的形成和变化是认知发展的实质。20 世纪 80 年代后期，建构主义理论风靡于欧美，之后，该理论以其独特的教学理念、重要的理论与实践价值迅速波及到各个学科领域，尤其对教育学科领域产生强大冲击力，成为现代教育界的热门话题。20 世纪 90 年代，世界各国的教育改革方案中都把培养学生的创新精神和创新能力作为教学工作的关键。

建构主义认为，学习不仅仅是知识由外到内的转移和传递，还是学习者主动地建构自己的知识经验的过程。其主要观点包括：①新知识观。认为课本知识只是一种关于各种现象较为可靠的假设，而不是解释现实的"模板"。课堂上不能用专家、教授、课本的权威来压服学生，也不能以知识的正确性、真理性的强调作为让学生无条件接受的理由，而应通过学生自己对知识的建构来达到对知识的"接受"目的，以学生的社会阅历、生活经验、内心信念为背景来合理分析所学知识。②新教学观。其核心思想是让学生通过问题解决来学习，主张教师与学生、学生与学生之间进行丰富而多向的交流、讨论或合作来解决问题，认为合作学习、交互教学很有利于学生的能力构建。③新学生观。认为学生在以往的学习和生活中，已经具有了一定的经验和体验，作为教师，在教学中应把学生现有的知识经验作为新知识的生长点，重视学生对各种问题现象的的不同见解，倾听学生的多样看法，洞察学生对各种想法的由来，并并以此为根据，引导学生丰富或调整自己的理解。

（2）人本主义学习理论

人本主义学习理论以人本主义心理学基础，主要代表人物是美国心理学家马斯洛和罗杰斯。人本主义学习理论强调学生自主学习、协作学习，自主建构知识意义。其主要观点包括：①学习是一个主动的过程和愉快的事情，每个人都具有自发学习的天然倾向。②主动、自发、全身心投入的学习才会产生良好效果。老师在安排学生学习时，只需要提供学习活动的范围和各种学习资源，由学生自己确定学习目标，探索发现结果，这要有利于启发学生心智，提升学习能力，培养学习兴趣，达到知、情、意并重的教育目的。③意义学习或经验的学习是最重要的学习。④学生自评学习结果，这有利于养成独立思维和创造力。⑤在较少威胁的教育情境下才会有效学习。⑥重视生活能力的学习，以应对变动的社会。

（3）有效教学理论

该理论源于二十世纪上半叶西方的教学科学化运动。有效教学，是指教师在达成教学目标和满足学生发展需要方面都获得成功或表现俱佳的教学行为。这一概念可以理解为：一是促进学生的学习和发展是有效教学的根本目的，也是衡量教学有效性的唯一标准；二是激发和调动学生学习的主动性、积极性和自觉性是有效教学的出发点和基础；三是提供和创设适宜的教学条件，促进学生形成有效学习是有效教学的实质和核心。

显而易见，有效教学理论的核心是教学的效益。它关注的是学生的发展或进步，重视教学效果，要求教师在课堂上应正确处理好教学质量、教学的适应性、教学诱因、教学时间与效益的观念。有效教学同时需要教师具备一种反思的意识，要求每一个教师不断反思自己的日常教学行为。有效教学也是一种很好的教学策略，要求教师掌握有关的策略性知识，能根据具体教学情景灵活做出对策。如课堂活动有效性教学策略、教学方式方法探究，就是在这一教学理论的指导下，研究具体的策略和方法，以提高课堂教学的效果。

2. 国内相关理论依据

（1）孔孟的教育思想

孔子曾说，"知之者不如好之者，好之者不如乐之者"，（来源？脚注）这是思想政治理论课互动教学的精髓所在。在《论语》中，包含了许多孔子深刻的教育教学理论和丰富的教学经验总结。一是启发诱导。孔子认为掌握知识应是一个主动探索领会的过程，因此，让学生主动思考、回答问题是孔子在教学实践中特别重视的一个方面。二是因材施教。孔子平常注重观察学生、全面了解学生，对学生的个性、特长、优缺点了如指掌。因此，他在教学过程中，能够从学生的具体实际出发进行引导与教育。三是学思并重。学与思是学习过程中的两个基本环节，孔子对二者都很重视。他认为，"学而不思则罔，思而不学则殆。"因此，一方面，孔子强调"学"的重要性，反对思而不学；另一方面，又强调"思"的重要性，反对学而不思。孟子则从"尽心、知性、知天"思想出发，认为知识的学习，并非从外而来，必须经过自己主动自觉的努力钻研，才能实现对知识的彻底领悟；同时还认为，深造自得必须注意由博返约。即让学生通过广博学习，详细解说，对知识融会贯通之后，再回到简略地述说大义的地步，这是一种重要的思维方法、学习方法和教学方法。

（2）陶行知的教育思想

大力倡导创造性的教育是陶行知教育思想的特色，致力于开发学生的创造力是陶行知教育理论的起点和归宿。其教育思想的主要观点如下：一是解放空间，让思维自由延伸。强调教师在课堂教学中除了充分调动学生参与课堂问题外，还要给学生留足够思考的时间，把他们的思维在其间纵横千里，乐在其中。轮流上台，与教师、同学们一起提问互动，解决问题，发表自己的独特见解。二是质疑问难，让思维求异发散。陶行知先生曾说过："发明千千万，起点是一问，人力胜天工，只在每一事。"要求在课堂教学中，教师要鼓励学生敢于和善于质疑问题，引导学生从无疑之处生疑，从看似平常之处见奇，从微小之处发散。三是创设情景，让想象任意驰骋。

二、将互动式体验教学法运用于高校思想政治理论课教学的必要性

之所以将互动式体验教学法运用于高校思想政治理论课教学中，一是因为当前高校思想政治理论课教学面临亟待解决的问题；二是因为互动式体验教学法与高校思想政治理论课教学具有高度契合性。

（1）当前高校思想政治理论课教学面临亟待解决的问题

应当说，改革开放以来特别是党的十三届四中全会以来，高校思想政治理论课教育教学取得了很大成绩。高校思想政治理论课在引导大学生坚定中国特色社会主义道路自信、理论自信、制度自信等方面发挥了重要的作用。然而，"上好公共课难，上好政治课更难"，部分大学生对思想政治理论课不感兴趣，对待课程采取消极态度，学习动力不足，甚至反感等现象依然存在。其原因是多方面的，不能有效运用恰当的教学方法于教学中是其中的一个主要原因。

当前高校思想政治理论课教学主要面临以下问题：

一是生硬灌输现象依然存在。长期以来，高校思想政治理论课普遍采用"注入式"的传统教学方式。这种教学方式重视教师的讲授，轻视学生主动、积极的思维参与；重视学习的结果，轻视学习的过程。学生在课堂上只是作为被动的认知体而存在，教师在课堂上

得不到学生的积极回应，师生间缺乏必要的交流与合作，教学过程缺乏互动性、生动性，学生学习兴趣不浓。

二是课堂教学手段机械。多媒体等现代化教学手段在高校思想政治理论课教学中具有独特优势，但很多思想政治理论课教师只能机械运用多媒体，难以兼顾有效的师生互动。

三是教学理念狭隘。目前，高校思想政治理论课教学还存在只注重基本理论知识的传授，忽视对学生情感、态度和品德的培养的现象，影响到了学生的学习兴趣。

四是教学目标缺失。目标，简言之就是结果，目标能否顺利实现，取决于多方面因素。教学目标应包括教师教的目标和学生学的目标，二者不能偏颇。但是，在现实的教学过程中，大多数教师只重视教的目标，课前着重备教材，认为只要在课堂上把教学大纲要求的教学重点、难点、疑点等问题都讲到，就算达到了教学目标，却忽视了学生学的目标。无论是面向高职生或全日制本科生、专科生、文科生或理科生、工科生，教师都只有一个教案，讲授同样的内容，完成同样的教学目标，因而影响了思想政治理论课教学的感染力和说服力。

五是评价体系不科学。目前，很多高校思想政治理论课成绩考核的方式是：学生课程考核成绩 = 平时成绩 + 期末成绩。这个公式看似客观、公正，但是并不科学。因为，学生平时成绩，大多是教师依据学生出勤情况和完成书面作业情况而定，学生为了点名不缺席，人虽到了课堂，但人在心不在，故课堂上玩手机、看其他书籍或做其他事情的现象经常发生；上交作业的答案也是大同小异，部分教师主要是看学生上交作业的次数而非质量来定成绩。因此，学生只是被动应付学习、消极学习。有的教师在期末考试前，还会指定考试范围，学生为了考试过关，要么苦战几天把考试内容背下来，要么把要考内容抄下来，带到考场舞弊。这样的评价体系显然与高校开设思想政治理论课的宗旨不相符，更难以达到提升学生创新精神和实践能力的目的。

（2）互动式体验教学法与高校思想政治理论课教学具有高度契合性

高校思想政治理论课是一门应用性、实践性很强的课程，其教学目的的实现单靠理论知识的灌输、讲解这种传统的灌输式教学法是难以有效达到的。而互动教学法直击生活现实，关注社会热点、焦点问题，注重培养学生的创新精神和思辩能力，为师生创设一个互动空间，让学生真正成为学习的主角，在师生互动、学生互动中感悟真、善、美，对学生进行科学的世界观、人生观、价值观教育，故与高校思想政治理论课教学具有高度契合性，有助于实现高校思想政治教育的目的。

第一，互动式体验教学法有利于调动大学生的学习积极性和主动性。教学活动是由教师和学生共同组成的双边活动。传统课堂教学模式只注重教师的"教"，而忽略了学生的"学"。互动式体验教学法与传统的课堂教学方法相比，其优势在于以培养学生学综素质为宗旨，以培养学生思考问题、解决问题为核心，既要求学生在教师的精心组织下，切实按照教学计划的要求主动、积极地学习，也要求教师针对学生的课堂反映调整教学内容和方式，培养学生的学习兴趣，提高学生的动手和动脑能力。

第二，互动式体验教学法有助于学生更加理性地坚定正确的政治方向。在当今网络时代，大学生绝大部分的课余时间是在电脑、智能手机等网络空间度过的。大学生由于心理发展尚未成熟，在网络上很容易受到西方多元文化思潮的影响，进而对中国选择社会主义道路的必然性存有质疑。课堂上，倘若教师仍旧采用以往生硬的、说教式的理论灌输手段，是很难说服学生的。只有让学生主动参与互动教学，在多方互动下，通过对古今中外社会制度进行纵向与横向的对比，通过对中国新、旧社会的对比和结合改革开放以来社会主义现代化建设取得的巨大成就，摆事实、讲道理，才能真正让学生明辨是非，从内心深处认识和领会到中国人民选择马克思主义、选择中国共产党、选择社会主义道路的历史必然性。这样的互动式教学既可增强学生对走中国特色社会主义道路的认同感，又可以起到释疑、解惑和明理的作用。

第三，互动式教学有利于提高思想政治理论课的实效性。互动式体验教学法是一种民主、自由、平等、开放式的教学方法，它充分注重学生的主体地位，让学生参与到教学中。互动式体验教学法可以使教师随时关注学生的课堂学习动机和态度，有效掌握学生思想活动状况，对所讲授的知识难点、疑点和相关问题进行交流与诠释，让课堂有讲、有议，有争论、有体验，从而激发学生的学习兴趣；而学生的学习兴趣和激情又影响教师的情绪，调动教师的教学热情，有利于教师更好地施教，达到良好的教学效果。同时，互动式体验教学法可以最大限度地挖掘教师和学生的内在潜力，积极促进知识的学习和情感的交流，实现教学统一、教学沟通、教学相长。实践证明，互动式教学不但能充分调动学生学习的积极性和主动性，还能促进教师自身教育教学业务水平的提高。因此，将互动式体验教学法运用于高校思想政治理论课教学中，可以进一步增强思想政治理论课的吸引力、感染力和实效性。

三、互动式体验教学法在高校思想政治理论课教学中运用的形式、原则和主要方法

（一）互动式体验教学法在高校思想政治理论课教学中运用的形式

要真正使互动式体验教学法在高校思想政治理论课教学中有效实施，达到良好教学效应注重以下几种互动形式的运用：

1. 教师与学生之间的互动。即师—生互动。教师的"教"与学生的"学"构成了互动课堂的双边性特征。学生是学习的主体，教师是启动、推动、引导学生学习活动的纽带，他们在人格上是平等的。教师与学生之间的互动包括两种类型：一种是教师与学生个

体之间的互动，一种是教师与学生群体之间的互动。前者是教师面向一个学生，教师既向学生提问，又允许学生向教师提问，双向互动既可以随时进行，也可以由教师在每次课或每个专题结束前安排一定的时间集中进行。常见的有提问式、对话式等方式。后者是一个教师面对多位学生，参与互动的学生比较灵活，教师要么提前进行分组，要么根据教学内容，临时指定学生参与互动。这种互动方式要求教师备课要充分、收集资料要广泛、心理素质要稳重、应变能力要敏捷等，常见的有小组讨论式、案例分析等。

2. 学生与学生之间的互动。即生—生互动。生—生互动是建立在一种具有现代合作意识和团体精神的合作学习方式。是指相对独立的学习个体之间在学习过程中互相促进、互相推动，它既是学习活动中一种人际关系的反映，又是一种实践活动的形式。事实证明，课堂上的生生互动，有利于提高学生学习的主动性和积极性、有利于提高学生收集信息的能力和分析信息的能力、有利于培养学生的协作精神和创新精神。在生—生互动中，教师要当好组织者、领导者和裁判员，担当起一个组织、维持、辅导的角色，这就要求教师仔细筛选互动内容，全面了解学生的个性、特长和知识结构，同时应具有较强的课堂组织能力和协调能力，处理、应对突发事件的能力等。学生个体要在教师统一部署下积极参与共同合作的任务，积极承担个人责任，精心准备，顺利完成任务。这种把课堂交给学生的方式，能最大限度地发挥学生学习的自主性和自信心，达到自我教育的目的。同时学生在互动过程中相互交流处世经验，世界观、人生观和价值观，让课堂真正成为学生产生思想碰撞，形成健康向上心灵的地方。这有利于形成班级凝聚力和向心力；增强学生的大局意识，服务意识、责任意识。

3. 人与媒体之间的互动。即师生—媒体互动，重视对网络资源的开发和利用，是现代教学改革的一个基本趋势。相对于传统教学中的教材而言，网络资源为师生提供了更丰富、全面的学习资源。一方面，教师备课除了依据教材、参考书、图书馆的文献资料外，还可以通过电视、广播、电脑、手机等媒体收集、查阅与教学相关的内容，扩大自己的知识面。如提前观看著名专家教授的课堂视频，既可以从中学到许多新的理论知识，处理教学环节的艺术，论述教学内容的风格，也可以提高自身的理论素养、培养自己的上课气质，以便能更好地胜任教学、驾驭课堂。同时，教师在课堂上采用多媒体教学，可以把教学的重点、难点、疑点问题呈现出来，并借助图片、表格、视频、案例对抽象的内容进行分析，从而增强课堂教学的直观性和感染力。另一方面，学生在教师的引导下，选择适宜自己的个性化学习方式，通过手机查询、电脑上网、观看电视等途径，进一步优化知识结构，了解最新理论前沿，学会独立思考问题。

（二）互动式体验教学法在高校思想政治理论课教学中运用的原则

在高校思想政治理论课教学中运用互动式体验教学法时，必须坚持以下原则：

首先是主体性原则。是指在高校思想政治理论课教学过程中，要严格遵循教育规律，改变过去单纯由教师占主导的"满堂灌"做法，充分尊重和发展学生的主体性，把学生真正置于教学活动的主体和中心地位，从学生的需要和实际出发，根据教学目标、教学原则的具体要求，设计、组织、实施教学活动，以主体性教育培养主体性的学生。主体性既指学生学习和参与的主体性，又强调教师课堂引导、设计、调控和评估的主体性，二者必须兼顾。互动式教学要取得成效，不仅要求教师自己能够讲，而且还要安排一定时间给学生讲；学生不仅要认真听，还要准备课堂讲；不仅要求学生主动、积极参与课堂教学活动，而且要求教师精心设计、耐心指导活动；不仅师生要共同经历教学活动过程，而且要对活动产生顿悟，主动提出问题、形成观点、创设意义。因此，只有师生双方主体性的充分发挥，才能够在高校思想政治理论课中形成有效互动，达到思想的碰撞、心灵的激荡，最后产生出共识的"火花"。

其次是民主性原则。是指在高校思想政治课论课教学中，师生要建立平等、友好、互相尊重、互相信任、互相协作的师生关系，形成教学相长的民主和谐的氛围。一是要求教学中应以学生为本，把传授理论知识的价值同学生的存在价值和人格尊严相结合，把强化学习认知与学生需要和正当权利相结合，把终结性教学评价与学生创造性和个性健康发展相结合；二是注重从知、情两个方面构建师生间的平等。教师与学生之间要相互学习、相互切磋、相互启发、相互鼓励。三是要求师生之间有共同的自由和全面发展，教师不再是教学过程的"垄断者"，而是与学生平等交往，共同探索真理的"伙伴"，课堂成为师生交流、互动的舞台。民主性原则为互动式体验教学法在高校思想政治理论课教学中的顺利、有效运用提供了思想指导和理论支撑，也使教师与学生之间原有的"权威——服从"关系转变为"指导——参与"的关系，让师生在教学中充分、全面地体验到了平等、自由、愉快、和谐的氛围。

第三是问题性原则。是指在高校思想政治理论课教学中，教师要以教材为依据，以问题为线索，引导学生不断探索新知识。问题性原则是高校思想政治理论课实践本质的需要，是马克思主义实践观在教学中的具体运用。要贯彻落实这一原则，需要转变教学理念，探索教学方法，以问题为主线，围绕问题动机——提出问题——分析问题——解决问题的基调，通过教师向学生发问和学生向教师询问的方式，提高学生全面看待问题、分析问题和解决问题的能力，培养学生正确的世界观、人生观、价值观和政治信仰，从而达到思想政治理论课教学的实效性目的。

第四是鼓励性原则。是指教师在高校思想政治理论课教学中，应及时捕捉学生的心理感受，鼓励学生独立思考，大胆质疑，大胆提问，大胆发言，及时肯定和鼓励学生在学习上产生的积极情感。互动式教学中的鼓励性原则是着眼于人的全面发展，在教学中不仅是要理解人、尊重人和关心人，而且还要教育人、引导人和鼓舞人。最大限度地激发大学生的学习活力和激情，培养大学生乐观、自信、向上的人生态度。为此，教师要针对不同的学生特点和需要采取不同的鼓励方法，做到因人制宜，让他们全面地认识自我，学会发现自己的长处，学会创造机会，利用机会充分展示自己的潜能和长处，从而实现人生的价值和目标。

第五是全面性原则。是指在高校思想政治理论课教学中，要注意教育的整体推进。一是要注重培养学生的认识能力、竞争意识和高尚的道德情操，重视学生认知技能和情感教育的均衡发展，使学生的语言表达、参与合作、思维应变能力得以全面提高；二是的要进一步强化学生的互动意识，积极创造机会让全体学生参与到教学中，让学生体验到参与成功带来的满足。互动式教学中的全面性原则，一方面要求教师除具备专业的理论知识和技能外，还必须具有心理学、教育学、艺术学、文学、历史学等学科知识素养。常道，要给学生一碗水，自己要有一桶水。在课堂上既是教师角色，又是演员角色；既要充当主角，又要扮演配角；不仅做一名"专业性"教师，还应当一名"百事通"咨询者。另一方面，要求学生学习不能局限于书本知识、课堂讲授、上课时间，课前既要熟悉书本内容，还要通过电脑、手机等方式查阅资料，或研读与所上内容相关的经典著作、期刊杂志，以扩大知识面，以便在课堂上更为主动、积极地参与互动，提高学习的自信心和表现力。

第六是创造性原则。创造性思维的训练和培养是深化高校思想政治理论课教学的重要内容，培养和造就具有现代化科学理论知识和现代化思维方式的创造性人才，是思想政治理论课教学肩负的重要任务。因此，在高校思想政治理论课教学中，要注重学生主动、互动地获取知识，培养学生的创新精神和实践能力，对学生提出的观点给予分析、引导，提高学生提出问题、分析问题、解决问题的能力，使学生通过参与课堂教学互动，步步洞察思想理论的精髓，解读真理的要义，汲取真理的精华，感悟真的能量，促进学生全面发展，使学习成为其活泼而富有个性的愉快过程。

（三）互动式体验教学法在高校思想政治理论课教学中运用的主要方法

结合目前学术界研究的成果，以及笔者的调研和教学实践，笔者认为在高校思想政治理论课教学中常见的互动式体验教学法主要有以下几种：

第一是辩论式教学。辩论式教学是思想政治理论课常用的一种教学方法，此种方法学生参与人数多，课堂气氛热烈，课堂秩序井然，学生激情高涨。其辩论的主题一般是结合一些与课程章节相关的热点问题来拟定，如为了杜绝贪污腐化现象，教师可以拟定"高薪能否养廉"的主题组织学生进行课堂辩论，把学生分成正反两方，双方围绕辩论话题查阅文献、收集资料；辩论的主持人、辩手、评委、记分员、记时员、公证人都从学生中选举产生；教师以特邀嘉宾的身份参与辩论活动，辩论结束教师予以点评，其程序为"解说原理—分析优劣—发展理论"。辩论式教学能赋予全体学生参与的机会，让学生在参与的过程中体会学习的快乐，做到寓理于辩，寓教于乐。通过学生之间不同思想、观点的交锋，能较好地促进学生的应变能力、表达能力、组织能力、团队凝聚力的发挥，增强学生看待问题的逻辑推理能力，正反面比较、分析问题的能力，达到拓宽知识视野，提升对课程相关内容和教学重难点的理解度、领悟性和转化力的目的，更利于教学目标的实现。辩论式教学方法也有助于提高教师的思辨能力和课堂驾驭能力。

第二是研讨式教学。研讨式教学是实现师生互动、生生互动的重要方式，是激发学生创新意识、独立思考和主动发展的有效方法之一。在教学过程中，教师结合教学的重点、难点、疑点及学生感兴趣的问题，精心筛选后拟定一个讨论话题。在教师组织、引导下，师生之间、生生之间相互启发、相互借鉴，围绕理论问题、实践问题和社会热点问题等进行深入研讨、分析，提出解决问题的方略。如研讨式教学从组织方式上可分为班级讨论、小组讨论、个体讨论；从讨论的范围上可分为专题式讨论和课堂教学中穿插的讨论两种。由于现在的思想政治理论课都是大班教学为主，为了克服课堂学生多、课时少等因素，同时照顾学生的参与面，避免讨论课成为一个学生的独角戏或为数不多的学生的天地，大部分学生被动当观众的场面，教师可以选择以寝室为单位或兴趣相投的学生进行分组，然后在小组中推选一个组长，负责在课余组织该组同学围绕讨论话题进行资料收集、研究讨论，得出小组讨论小结；课堂上，各组派代表发言交流，阐述各自的观点。在这一过程中，教师对不于表达的学生要及时点拨，对缺乏勇气的学生要加以鼓励，对观点正确、表达流畅的学生要充分肯定，同时，教师还要善于捕捉学生的发言信息，及时归纳、认真总结、积累、丰富课堂教学资料。这样的研讨方式，既照顾了全班学生的参与，又不较多的占用课堂时间；既改变了单一的课堂教学模式，又提高了学生分析、解决问题的能力；既培养了学生的团队合作精神，又增强了学生的语言表达能力和交际能力。

第三是体验式教学。体验不仅能获得对体验过程和对象生动丰富的感性认识，还能够影响人的情感意志和价值评价，通过一定的途径进行体验，学生才能更加深刻地理解所学知识的含义和价值。比如在教学《思想道德修养与法律基础》课程第五章"提升大学生公德素养、构筑和谐校园"的内容时，教师应结合当前"90后"大学生特点，让学生根据自己平时的所见所闻所感，认真收集和总结该校当前的公德状况现状，分析所产生的原因，并提出针对性、实效性的决问题的策略和方法，切实增强了大学生公德教育的感染力和吸引力，从而达到学生自我教育、自我完善的目的。体验式教学按地点分类，可分为课堂体验和实地参观、考察体验。课堂体验常见的是师生角色互换，教师把所上内容以专题形式安排下去，学生针对专题的兴趣爱好进行选择。以小组为单位进行预习新知识，查找专题内容，广泛吸收成员信息和建议，在步调一致的基础上进行集体备课，然后推荐一名同学进行集体授课。一方面教师以学生的身份听讲，体验学习的知识内容接受性，感悟如何才能激发学生的学习积极性，以便在以后的教学中加强知识的构建，教学方法的改进。

另一方面，学生通过参与备课、上课，体验上好一堂课所付出的心血和代价，启发学生课堂上要尊师重教，珍惜时间努力学习。实地参观、考察体验式教学，是要根据所上内容，组织学生进行实地参观、考察，明确提出此次课外体验的具体要求，讲明参观体验的目的意义。比如，在进行爱国主义教育的时候，可以组织学生参观诸如遵义会址、息烽集中营、黎平会议等红色教育基地，让学生通过感官亲身体验到革命的艰难，缅怀过去、珍惜现在、展望未来。

第四是"嘉宾访谈"式教学。是指借鉴电视节目中观众喜闻乐见的"嘉宾访谈"栏目形式，将其运用于高校思想政治理论课教学，让教师、学生在参与节目中彼此互动、相互促进的教学方法。例如，上海大学的顾晓英教授在教学《毛泽东思想和中国特色社会主义理论体系概论》课程中关于"社会主义和谐社会"内容时，曾邀请哲学专家、博士生导师陈兴汉教授担任访谈嘉宾，访谈过程紧紧围绕学生平时关注的热点和焦点话题，从社会学的视角全面、深入分析了"新时期如何构建社会主义和谐社会"，嘉宾以其理论魅力和人格魅力征服了广大学生。

"嘉宾访谈"节目一般由主持人、嘉宾、观众等组成，其中教师以主持人的身份出现，嘉宾可以从学生群体中选举3—5名担任，其他学生扮演观众。

在"嘉宾访谈"式教学中，不仅嘉宾要认真收集资料，广泛熟悉访谈的内容，其准备既要有深度，又要有广度，而且教师也要围绕访谈主题拟定思路，构建访谈框架，课前多与嘉宾沟通与协调，确保正式访谈顺利进行。其他学生要负责会场布置，同时也要预习相关内容，积极参与嘉宾互动。这种教学方式的优越性在于：一是以学生为中心，把课堂时间、空间交给了学生，体现以人为本的教学理念；二是以活动为中心，打破单一的说教式、问答式的教学模式，以活动参与方式促进学生的发展和进步；三是以情景为中心，整个访谈过程中，师生之间有说有笑，其中有谈心里话的，也有论述理论知识的，有拉家常的，也有分析问题和解决问题的，气氛轻松而不紧张，情趣高涨而不低落。此外，"嘉宾访谈"式教学体现了教师角色的转变，把课堂交给了学生，在民主、平等、和谐的师生关系中，共同探讨、共同学习，提高了高校思想政治理论课的教学效果。

第五是多媒体演示教学。是指教师把思想政治理论课的重点内容，通过幻灯机、电脑、投影仪等工具，以文字、声音、图像、动画效果、影音文件等形式，向学生传递教学信息的一种教学方法。多媒体技术的发展和运用给高校思想政治理论课教学改革带来前所未有的机遇，能把一个抽象、深奥的理论知识通过图文并茂、声像交融的一个形象视频短片、一组直观的数据图表、一则生动的教学案例来帮助学生理解和识记，让理论更为生动、形象和真实。比如，在教学《中国近代史纲要》课程第一章第一节"抵御外国武装侵略，争取民族独立的斗争"中关于"八国联军侵略中国的残酷暴行"的内容时，教师可以播放视频资料，让学生感知当时列强抢劫中国的产财、惨杀中国人民、焚烧圆明园的情景，给学生一种身临其境的感受，通过视频播放与书本内容相结合，既节约时间又提高了教学效率，同时还能提高学生的课堂学习兴趣。在采用多媒体演式教学时，应注意以下几点：一是演式内容要精简。在实际教学中，部分教师把课堂上要讲的内容一字不漏的呈现出来，整堂课"照屏宣科"，以作报告的方式进行说教，教学效果甚微。二是演式格式要直观。教学中，大部分教师上课的PPT背景、字体、布局、色彩一层不变，对学生没有吸引力。笔者认为，每张PPT应根据所安排的具体内容，灵活选择不同的版式，同时略加调整，让整体效果直观、大方。三是演式文稿要适中。一堂课PPT只有三两张或几十张，都不是最科学的。PPT太少，基本内容展示不完；PPT太多，课堂上教师只顾播放PPT，需要重点讲授和与学生互动的时间就不多，加之PPT切换的频率快，学生无暇作笔记，感觉整堂课都被教师拖着跑，学习收获甚微。四是要有相关的音频辅助。恰如其分的音频在多媒体教学中起到画龙点睛的作用，可以增添课堂的生动性、感染力。总之，要充分利用多媒体来优化思想政治理论课堂教学，努力创设多媒体互动的教学环境，这高校思想政治理论课教学现代化开辟一条新路。

第六是案例式教学。是指在教学过程中打破以教师讲授为主的教学模式，转变为以学生为主体，通过分析和讨论各种案例来开展教学活动，旨在让学生掌握基本理论知识和提高能力的教学方法。它是思想政治理论课从书本知识向现实拓展的一种教学方式，是对课堂所学知识的具体实际应用。如教师在讲授《马克思主义基本原理概论》课程第一章第三节"规律及客观性"时，关于"规律"的内容，从字面上较为抽象，为了帮助学生对其含义有较好的理解，可以通过"揠苗助长"的案例，告诉学生"规律是客观的，是不以任何人的意志为转移的"；通过"愚公移山"的案例，让学生明白"人类在客观规律面前主动认识规律，善于利用规律，勇于发挥改造世界的主观能动作用"，从而增强了课程的吸引力、说服力和感召力。

应当说，案例式教学汇集了讨论法、对话法、提问法等方式，在增强课堂教学的互动性方面具有独特的优势。一是案例式教学能很好地增强师生之间的沟通与互动。在这一过程中，教师把事先准备的案例以讲述方式或以PPT呈现方式告之学生，然后围绕案例设疑质疑，提出相关问题，让学生解疑、解答，培养学生大胆探讨问题、综合分析问题、处理实际问题的能力。二是案例式教学能营造学生之间的互动氛围。首先，案例来源于实际，能激发学生对所学理论知识产生共鸣，从而能普遍感染和深刻启发全体学生。例如，在讲授"培育社会主义核心价值体系"时，教师可以2008年南方冰冻灾害为例进行分析，启迪学生深化对团结互助、自强不息的民族精神的认识。其次，案例来源于生活，学生通过感性的认识，加之理性的思考就能领悟其中的道理。比如，在学习"建设社会主义和谐社会"时，这是一个抽象的的内容，教师可以把一个国家或社会比喻为一个家庭、一个班级，围绕具体实例来阐释"建设社会主义和谐社会"的蕴意，让课堂教学互动变得轻松愉快。实践表明，案例式教学实现了单向互动向双向互动和多向互动的转变，能较好地促进学生智力的发展和情感的交流，营造出人人动脑、共同参与、活泼热烈、轻松和谐的学习氛围，有效地调动学生的学习热情和积极性。

第七是社会实践式教学。是指学生在教师的组织指导下，超越单一的教室空间，参与社会实践活动以获得知识的一种教学方法。社会实践式教学具有互动空间广阔、互动时间灵活、互动方式多样的特点。它通过大学生亲身经历和亲自动手的过程来增强对理论知识的正确认识，以及意志情感的体验和良好行为习惯的养成。社会实践式教学分为课外活动的开展和节假日参观访问调研两种。其中，课外活动就是要学生走出教室，通过开展辩论、访谈、表演、知识竞赛、才艺展示等活动，突出学生学习的参与性，强化教与学的互动。节假日参观访问调研是利用法定节假日、寒暑假，组织学生到公司、企业、农村去调研，到博物馆、纪念馆、爱国主义教育基地、改革开放示范区等进行参观访问，目睹在中国共产党的正确领导下，中国革命、建设，特别是改革开放以来所取得的巨大成就，深化学生对中国共产党的信任，对社会主义优越性的肯定，增强全面建成小康社会的信心。

第八是提问式教学。是指教师针对教学内容的难点、疑点等复杂的知识结构，设置带有启发性、针对性、递进性的问题在课堂上向学生提问，并让学生针对问题进行思考，找出问题的最佳答案；同时，允许学生在课堂上针对理论知识的理解，解决问题过程中遇到的问题向教师提问，教师通过对问题的诠释，排解学生的疑惑。比如教学《马克思主义基本原理概论》第三章时，教师可以围绕：一是马克思主义是如何破解"历史之谜"的？二是如何运用社会存在与社会意识辩证关系的原理分析我国当今的社会思潮？三是为什么说生产关系一定要适应生产力状况的规律是无产阶级政党制定路线方针政策的重要依据？四是根据上层建筑一定要适合经济基础状况的规律，我们应当如何深化上层建筑的改革？五是怎样正确认识社会形态更替的必然性与人们历史选择性的关系？六是为什么说生产力和生产关系、经济基础与上层建筑之间的矛盾是社会发展的基本矛盾和根本动力？七是为什么阶级斗争是阶级社会发展的直接动力？等等问题进行教学，让学生在解决问题的领会知识和吸收知识。笔者在课堂教学中，常常采取提问式教学方法，既调动了学生关注问题的积极性，又提升了学生分析、解决问题的能力；既培养了学生的问题意识，又增强了学生敢于发问的欲望和兴趣。在采用这种教学方法时，要注意以下几点：一是所提问题要有针对性，要紧扣课堂教学的理论知识以及由此延伸的实践问题。理论指导实践，通过实践来检验理论的科学性，在这一检验过程会遇到一些问题，这些问题就是解决的重点。二是所提问题要有层次性，这既指同一班级不同学生的层次性，又指不同班级的层次性；既指不同专业学生的层次，又指不同学校的学生层次。即使教授内容相同，由于面对层次不同，问题设置也不同。三是所提问题要有启发性，不是一味追求"苏格拉底式"的提问，学生通过参考书本知识，结合自身理解，可以进行观点阐述。四是所提问题要有趣味性，同样一个问题，有的教师提问语言较为生硬、抽象，学生无从回答；而有的教师非常注意问题设置的趣味性、语言表达的艺术性，从而能够很好的引起学生的兴趣，激发学生思维的火花。

四、将互动式体验教学法运用于高校思想政治理论课教学的具体途径

（一）创设良好的互动教学环境

思想政治理论课互动教学过程，是学生在教师创设的特定情境中不断主动和自觉地学习、改造自己和完善自我的心理过程，也是不断实现自身世界观、价值观、人生观提升的过程。良好的互动教学环境是有效运用互动式体验教学法的重要条件。笔者认为，互动教学环境包括课堂教学环境和课外教学环境，二者是互相联系、有机统一的整体。在课堂互动教学环境的创设中，教师必须全身心投入，倾注自己的教学情感；善用丰富、形象的感情语言，巧妙的动作、神情去影响和吸引学生注意力，让课堂教学内容生动形象，学生自觉成为课堂教学互动的主体，多留给学生课堂互动的时间和空间，让学生在积极参与互动中理解和掌握知识，明晰事理，受到感化。教师要时刻关注学生的听课情绪，灵活控制教学进程，使学生注意力始终集中在互动点上；要维护好课堂教学互动纪律，把握好课堂互动的"开放度"，做到活而不乱，秩序井然。在互动过程中要更多地使用鼓励、导向性语言，消除师生间的心理隔膜，把"要我学"转变为"我要学"，让学生在感情波动中明白事理，得到启发，获得知识，从而使其思想境界不断升华。课外互动环境是课堂互动环境的延伸，是理论与实践、历史与现实相结合的主渠道。要将师生参与校园文化建设、实地调查、"三下乡"社会实践、报告会、观摩课等形式自觉融入该环境。这就要求教师和学生要根据教学内容、班级实际，遵循就近原则、简易原则、教育性原则和可操作性原则确定课外实践形式，形成一种师生之间无隔阂、交流平台无障碍、互动时空无限制的环境氛围。

（二）拓展课外互动的信息量

思想政治理论课是一门政治性、思想性、科学性和实践性很强的学科。在思想政治理论课教学中，必须坚持理论教学和实践教学的结合。要改变单纯的课堂教学方式，把课堂教学、学校教育与社会大课堂有机地结合起来实行开放式教学，把课堂教学与参加社会实践活动结合起来，进一步拓展大学生课外互动的信息量。一是充分利用现代信息工具，包括智能手机、计算机、电视机、无线电广播等，特别是智能手机和电脑的广泛运用。大部分学生除了上课外，时间都花在手机和电脑上，他们通过这些载体，借助互联网、思想政

治教育网站、QQ、微信、微博等了解和知晓许多国内外的理论前沿、方针政策、社会热点、焦点问题等，这些是教科书所不具有的。而且这些信息与知识常常与高校思想政治理论课教学内容相关，它们既是理论知识的有机补充，又是理论知识的实际运用。二是教师应向学生指定一些与教学内容相关的文献资料事先阅读，为课堂互动作好准备。比如讲授《马克思主义基本原理》时，教师可以让学生选读《马克思恩格斯选集》中的重点篇章，初步了解原著中的大体内涵意义，以便上课时能较好理解教师讲授的内容；讲授《毛泽东思想和中国特色社会主义理论体系概论》时，教师可以让学生有针对性地精读、研读毛泽东、邓小平、江泽民、胡锦涛、习近平等党的主要领导人的相关著作、讲话和党的重要文献，以帮助学生理解马克思主义中国化的历史进程和重大意义；在讲授《中国近代史纲要》时，可以指导学生查阅从 1840 年到改革开放以来的历史文献，以拓展知识的广度和深度；在讲授"思想道德修养和法律基础"时，可以引导学生阅读中国古代名著《道德经》、《四书五经》等，以及《公民道德建设实施纲要》、《树立社会主义荣辱观学习读本》和相关法律法规，培养学生高尚的道德情操，学会遵法、守法和护法。三是组织学生多参加一些与教学内容相关的社会实践活动，让学生在实践锻炼中获取知识，增长见识。

（三）提高高校思想政治理论课教师的综合素质

要发挥互动式体验教学法的作用，思想政治理论课教师必须坚持"以人为本"的教育理念，掌握开展互动式教学的技能。第一，必须坚持"以人为本"的教育理念。"以人为本"是科学发展观的核心，也是当代教育教学必须遵循的基本原则。高校思想政治理论课是大学生接受系统马克思主义教育的主阵地和主渠道，具有重要的育人功能、价值功能、知识教育功能、能力培养功能，这种特定性决定了思想政治理论课的学科定位和价值追求，其目标就是要通过思想政治理论课教学，使大学生牢固树立正确的世界观、人生观、价值观，学会用马克思主义的立场、观点和方法分析问题、解决问题，促进大学生身心健康和谐发展。因此，思想政治理论课教师坚持"以人为本"的教育理念，就是要以学生为本，以德育育人为本。在实际教学的过程中，切实做到尊重学生的主体地位，发挥学生的主体作用，把学习的主动权交给学生，通过采取有利于学生学习和接受的教学方式，积极推行主体性的思想政治教育，与学生进行观念的碰撞、心灵的沟通、感情的交流，从而实现思想政治理论课的教学目的。

第二，必须具有渊博的知识。互动式体验教学法要求思想政治理论课教师不仅要有扎实的专业理论知识，还要懂教育心理学、文学艺术学、社会历史学等学科的基本知识和技能，课堂上做到旁征博引、博学多才，而且还要有丰富的社会实践经验，必须了解和熟悉国家的大政方针、宪法及有关的法律法规、规章制度，切合本专业方面的实际资料。为此，思想政治理论课教师要通过自修、进修、培训等手段来提高自身的理论水平和业务素质；通过不断地反思总结，探索和改进课堂教学方法来提高教学质量，努力培养适应现代社会发展需要的创新人才。

第三，必须精心备课。课前精心备课，是上好思想政治理论课的前提。作为思想政治理论课教师，要注重案例素材的积累，在理解教材的基础上实现对内容的再认识，设计出具有个性特点的课堂教学形式。不仅对所讲内容应融会贯通，还要对案例的来源与选择认真思考。现实生活中的案例来源广泛，有些是教材中现成的，有些是教师经过多年的教学实践积累的，有些是从别人身上借鉴的。总之，教师对所讲的案例要精心编排，紧扣教材内容，遵循实用性、相关性、典型性的原则进行加工整理，认真地切实地做好教学前的准备工作。

第四，必须具有娴熟的课堂驾驭能力。一是要求教师具有熟练驾驭专业知识的能力，不但自已会学，而且自己还要能说会道，上课既要有政治家的风范，又要有演说家的气质，教学过程要充满激情，在感染点上下功夫，要寓情于理、以情晓理、情理共融，使师生的情感在同一轨道上产生共鸣。二是要求具有教师灵活组织课堂教学、巧妙处理课堂突好事件的能力。尽管教师课前准备的如何充分，问题考虑得尽管周全，但是教师上课面对的是活生生的大学生，是有思想有意识的个体，他们对教材的理解并非与教师一致，这要求教师应变能力要强，对学生的提问回答既要有说服力，又要有要让学对教师产生敬佩感。三是灵活运教学方法的能力。笔者认为，教学中没有最好的方法，只有最优的方法。一种教学方法即使理论上多么的科学、合理，如果用在不同专业、不同班级中其教学效果明显不同。教师只有从实际出发，结合教材内容、班级实际、教学资源掌握情况等选择恰当的教学方法，才能取得最佳教学效果。四是掌握现代化教学的技能。教师不但要懂知识，而且还要懂技能，特别是现代化教学仪器、设备的运用。不是课堂上简单的播放PPT，或是视频资料，而是要熟练运用先进的设备、技术对教学内容进行加工、改造，辅助好课堂教学。

（四）构建激励性的教学评价机制

激励与评价是高校思想政治理论课教学不可忽视的重要环节，是唤起全体学生能动性的兴奋剂，是学生学习兴趣保持长盛不衰的力量源泉。长期以来，由于高校思想政治理论课本身理论性较强、内容枯燥、抽象，部分教师在实际教学中重书本理论的讲授，轻对学生的思想和生活关注、指导和帮助；强调对理论知识的理解，淡化对理论的实践运用，造成了知行脱节、评价单一的现象。为此，要在高校思想政治理论课教学中实施好互动式教学，就必须对原有的教学评价方法进行改革，创新完善新的教学评价体系。

首先，要完善对教师的教学评价体系。包括教师上课的教学内容、教学态度、教学方法、教学技能、教学效果、课程价值等。其中教学内容要体现知识性、丰富性、系统性、针对性和时代性。教学态度主要指教师的教学责任心和对学生关心和重视，要求教师要认真备课，上课时要全身心投入且富有激情，严格要求与耐心帮助学生。教学方法主要涉及教学方法的灵活运用和教学手段的使用，要求方法灵活、多样，做到少而不单，多而不乱。教学技能是教师职业技能的基本要求，主要在课堂组织、课堂气氛调动、语言表达、板书设计等。教学效果分为显性效果和隐性效果两个方面，显性效果是指学生出勤率以及听课状态，隐形效果是指学生学习该课程的实际收获。课程价值包含课程理论本身的价值及对学生产生的影响，要求课程理论要有科学性，课程要对学生的价值观、理性思维和独立思考、未来人生发展产生影响。

其次，要完善对学生学习成绩的评价体系。一是建立多元的学习评价标准。这一标准包括对学生掌握书本知识情况的评价、学生参与课堂互动所反映出来的主动性、灵活反应能力和接受知识能力的评价，以及学生掌握收集、分析、加工各种信息的能力的评价等，要体现对学生学习态度、协作精神、道德认知、实际行为等的综合评价。二是扩大形成性评价在总分中的比重，并将学生的出勤率、参与发言、专题演讲、案例讨论、主题辩论、社会实践等作为平时成绩的重要依据。

三是改革期末考试的内容和形式，摒弃长期以书本上识记性的知识作为主要考试内容的弊端，紧扣教学大纲，命题以围绕运用知识、解决问题为宗旨进行设计，以开放题型为主，培养学生的创新思维和创新能力。四是形成多元成绩评价主体。成绩评价由原来的单纯由教师评价，转变为由教师评价、自我评价、小组评价等多元主体评价相结合，充分体现学生成绩的评价全面性、动态性、过程性。

（五）正确处理互动式体验教学法与其它教学方法的关系

互动式体验教学法虽然是一种新型的教学方法，但它并非是对传统教学方法的全盘否定。所谓"教有法而无定法"，尽管将互动式体验教学法运用于高校思想政治理论课教学有助于教学效果提高，但是，互动式教学并非是一个万能教学法，适合于每门思想政治理论课中的每一个知识点。因此，在运用互动式体验教学法时，应避免两种倾向：一是坚守传统教学方式，对互动式体验教学法采取抵触或拒绝的态度；二是认为互动式体验教学法是万能的，可替代其它教学方法。

其它教学方法除传统的"传道、授业、解惑"的讲授方法外，还包括组织学生到校外进行调查研究、参观访问等方法。实际上，互动式体验教学法与其它教学方法都各有优势和缺陷，教师应针对不同的教学内容、不同的教学目标，将互动式体验教学法与其它教学方法有机结合，互为补充。目前，高校思想政治理论课课程体系包括《马克思主义基本原理概论》、《毛泽东思想和中国特色社会主义理论体系概论》、《思想品德修养与法律基础》、《中国近代史纲要》和《形势与政策》等几门课程。有的省市结合实际，还增设了地方课程，比如贵州高校增设的《贵州省省情》课程。这些课程在知识体系和目标要求等方面各有特色，在选择具体的教学方法时应该有所区别。例如，《思想品德修养与法律基础》知识浅显易懂，内容直接与学生的思想品德、生活习惯、行为举止、内心信念息息相关，可以多采用表演式、演讲式、案例式等教学等方法。《中国近代史纲要》重在讲授历史沿革，学生侧重于重大历史事件掌握，理论性不强，教学中应综合运用相关视频短片播放、访问式、案例式等教学方法。《马克思主义基本原理概论》理论性强，抽象性大，教师应该尽量从学生身边寻找事例，将抽象理论变成具体说理，在教学中多采用讨论式、辩论式、案例式等教学方法。《毛泽东思想和中国特色社会主义理论体系概论》着重讲授中国共产党把马克思主义基本原理与中国实际相结合的历史进程，充分反映马克思主义中国化的两大理论成果，帮助学生系统掌握毛泽东思想和中国特色社会主义理论体系的基本原理，增强学生对中国特色社会主义的道路自信、理论自信、制度自信，因此，在教学中应采用多媒体教学和研究式、提问式、社会实践式等教学方法。《形势与政策》关注的是社会热点问题，也是广大学生平时关心、感兴趣的话题，教学时可灵活运用"嘉宾访谈"式、辩论式、讨论式、体验式等教学方法，让学生具有亲近感、参与感。此外，不同科目、或是同一科目的不同章节，不同专业或同一专业的不同班级，教学方法也应有所区别。如文科生普遍善于言谈，喜欢发表自己的看法，教学中可多采取演讲式、辩论式、表演式、"嘉宾访谈"式等教学方法；理科生思辨能力强，做事情专注，教学中应侧重采用讨论式、体验式等教学方法。

第七章　体验式教学在高校思想政治理论课程中运用的的条件保障

第一节　全面提高教师素质

体验式教学在高校思想政治教育中的开展，对高校思想政治教育队伍建设提出了更高的要求，高素质的思想政治教育专兼职教育者队伍对体验式教学的实施开展具有重要意义。

将体验式教学方式融入思想政治理论课的教学过程中，对教师自身的素质提出了更高的要求。教育者的理论水平、知识结构、道德修养、责任心、教育态度、人格魅力以及由这些因素所产生的感召力、亲和力都会直接影响到受教育者对教育者及教育本身的信任度，影响到受教育者的心理、思想和行为的改变。

一、加强思想政治教育队伍协同配合，促进体验式教学全面开展

高校思想政治教育队伍主要由专兼职辅导员队伍、本科生德育导师队伍、思想政治理论课教师队伍、共青团干部队伍、研究生教育管理队伍、网络思想政治教育队伍、校外兼职辅导员队伍等部分组成。高校思想政治教育队伍建设实行在党委统一领导下，由党委学生工作部统筹协调，学校有关工作部门分工负责的管理体制。这些思想政治教育专兼职队伍在思想政治教育工作中各有侧重，有着自身的各自特点，在不同方面和不同方向上指向高校思想政治教育的目标，成为思想政治教育队伍中的重要一环。体验式教学引入高校思想政治教育既是思想政治教育方式方法的创新，也是一种新型思想政治教育的工作理念，是一个全方位、立体、动态的系统工程，需要各支思想政治教育队伍的协同配合，形成思想政治教育的合力，共同推进体验式教学的开展。

专兼职辅导员队伍、本科生德育导师队伍与大学生日常教育、管理服务工作密切相关，对学生的学习思想动态把握较清晰。在日常生活中，与学生接触更多，很容易倾听到学生的呼声，因此对学生思想认识、道德素质、行为习惯的影响更为直接，他们在体验式教学中能发挥重要作用，他们能便捷地引导学生在日常生活中亲历体验，形成正确的价值

观念，能进一步巩固课堂体验式教学的成果。思想政治理论课教师队伍，作为课堂思想政治教育体验式教学的主要承担者，对于提高学生的认知能力、增强学生的政治理论素养具有重要意义，为学生进一步深入实际生活，社会实践的体验活动奠定了一定的知识准备。共青团干部队伍以及研究生教育管理队伍与学生组织、学生团体关系密切，能结合日常的党团活动、社团活动，生动活泼地开展思想政治教育体验式教学，提升学生的思想政治理论水平和实践素质。校外辅导员队伍往往具有相当丰富的社会生活经验，而且许多人都是各条战线上的典型人物，他们参与学生思想政治教育工作，既能为学生提供鲜活的体验素材，又能增长学生的实践才干。在思想政治教育实施体验式教学过程中，学校党委应高度重视这几支思想政治教育队伍建设，将体验式教学置于高校思想政治教育整个大系统之中，明确体验式教学的目标和计划，并结合相关部门分解体验式教学的任务，并注重几支队伍在日常工作中的联系，加强思想政治教育队伍协同配合，形成思想政治教育体验式教学的合力，促进思想政治教育效果的达成。

二、树立发展意识，强化培训工作

高校思想政治教育队伍是思想政治教育体验式教学的实施者、组织者、导引者，其整体状况和自身素质对思想政治教育体验式教学效果的取得十分关键。为适应思想政治教育新形势，推进体验式教学的顺利开展，学校必须树立发展意识，优化思想政治教育队伍，这种优化主要体现为这几个方面：一是增加思想政治教育队伍总量。随着高校规模的扩大以及思想政治教育工作的日益复杂化，原有的思想政治教育队伍数量已难以适应发展的需要。以广西某高校为例，"八五"期末，该高校在校学生2500人，教职工400多人，思想政治教育队伍20人。到"九五"期末，该校在校学生近6000人，教职工近800人，办学规模翻了近一番，而思想政治教育骨干队伍才40人。"十五"期间，该校在校学生近万人，教职工900多人，而思想政治教育骨干队伍才50多人。显然，这样的思想政治教育队伍总量必须根据形势的发展予以增加，否则直接影响思想政治教育工作的开展。二是优化思想政治教育队伍结构。高校要加强人才的引进工作，优化思想政治教育队伍的年龄、学历、专业、职称结构，促进思想政治教育队伍整体素质的提高，实现新老交替，形成合理的思想政治教育人才队伍。三是建立竞争激励机制，促进思想政治教育队伍素质提高。要尊重人才，关心人才，用好人才，对知识分之除了精神上的鼓励，还要采取其他一些鼓励措施，包括改善他们的物质待遇。将实施体验式教学的过程和结果与思想政治教育人员的选拔任用、职称评定、定级考评挂钩，形成相应的竞争激励机制，促进思想政治教育者不断提高素质，改进方式方法。

强化对思想政治教育队伍的体验式教学培训也是顺利开展体验式教学的重要保证。高素质的思想政治教育队伍才能保证思想政治教育的正确政治方向，也才能真正领悟体验式教学的内涵及运用要点，这样才能保证体验式教学的实效性。高校要为思想政治教育体验式教学培训设立专项资金，举行定期的专项培训工作，使思想政治教育者树立体验式教学的理念。同时，结合高校各支思想政治教育队伍的工作特点，分门别类地有针对性地开展体验式教学培训工作。要制定一定的教师体验式教学培训计划，保证分时段实施，并加强培训效果的反馈跟踪。在培训过程中，既要加强对思想政治教育者的理论知识培训，也要结合思想政治教育体验式教学实践研究体验式教学具体实施的原则、方式方法及途径，并结合体验式教学的实践经常性地开展以报告会、经验交流会、教育沙龙等为形式的教育交流活动，拓宽培训渠道，以此巩固体验式教学在思想政治教育中的教育成果，推进形成稳定而持久的长效机制。

三、端正教学思想

教师一定要树立"以生为本"的教育理念。以学生为主体，主要有三层涵义：一是要把学生全面发展、健康成长作为思想政治教育的出发点和落脚点；二是高度尊重学生的主体地位，启发其自觉性、调动其能动性、激发其创造性；三是充分重视学生的个性特点，促进学生个性发展、重视学生个性发挥、开发学生个性潜能。

教师要在课堂上努力创设真诚、民主、平等、尊重的氛围，理解生命的独特性，尊重学生的不同体验，充分发挥学生的自主性，对学生个性予以接纳和肯定，对学生的不同思想、不同见解能够宽容与理解。教师不是说教者，而是真诚的倾听者，教师要为学生彰显各自的生命力量、发展各自的创造精神提供一个广阔、融洽、自主的空间，让学生思想的光芒在教学中充分地显现出来，让他们的心灵得以自由舒展，体验式教学才能真正发挥其教学效果。

四、提高专业素养

体验式教学要求教师有很强的表达能力和课堂组织能力，思维逻辑性强，言语流畅，具有感召力。抓住主题、突出重点、条理分明。同时也要求教师对教材、教授内容相当熟悉，情境设置恰当、运用自如、契合主题。同时我们要知道体验并不是艺术，体验有时可能是微弱的，转瞬即逝的，教师要善于适时抓住学生的闪光点，不能错失良机；有时，主体的体验中往往还有些内容是隐隐约约、"欲辩已忘言"，主体本人对此也只是有一种感觉，而不能认清。教师要善于抓住时机，引导学生清晰、准确地把自己的体验表达出来，并强化他们的这种体验，从而取得良好的教学效果。

课堂上可能发生的一切，不是在备课时都能预测的。学生总是在自己不断的生命体验中把握世界，学生的体验是无法预先设定的。在教学过程中经常会出现一些偶然的、随机的因素，而有时恰恰是这些偶然的教学因素可能成为促进教学深入发展的良好契机，抓住良机将获得意想不到的教学效果。因此，能否把握这些偶然的良机，能否调动学生内省体验的积极性，能否给学生的认知冲突给予合理的引导，从而在自省、交流、接受老师指导的基础上超越以前认知、情感的局限，建构合理的知识，形成积极的情感，这些都需要教师具有较高的专业素养，对教师本身提出了很高的要求。

五、掌握教育艺术

利用多媒体教学方式取代传统的板书形式成为现在主要的教学手段，既节省了时间，而且信息量大，可以把文字、声音等多种资料进行链接，极大的丰富了教学内容，更加吸引学生的注意力，提高了教学的直观性。

第二节　切实改进教学管理

体验式教学在高校思想政治教育中的实施，是思想政治教育创新的重要实践，其任务复杂而又艰巨，必须切实加强高校思想政治教育体验式教学的领导和管理。加强高校思想政治教育体验式教学的领导和管理，是保证高校思想政治教育体验式教学的社会主义方向和贯彻落实党和国家教育方针的需要，也是有效加强高校思想政治教育体验式教学的客观要求。

一、建立、健全党委领导下的体验式教学的领导管理体制

在高校思想政治教育中实施体验式教学，不能仅仅将其看作是高校党组织、团委、专门学生工作者或高校思想政治理论课教师的任务，而是要将其当作是学校各个部门、包括教师在内的所有教职员工互相配合、共同推进的系统工程。因为体验式教学在高校思想政治教育中的实施运用，需要高校所有部门、人员的合力推动，也只有如此，才能实现思想政治教育育人环境的整体优化，达成体验式教学的效果。学校的领导管理主要从宏观方面，在指导思想、工作方针、重大问题上进行统一部署，保证体验式教学的社会主义方向，而具体的实施过程则有个职能部门具体指导实施，全面发挥教师、辅导员、学生组织、班级组织的作用，推进体验式教学在高校思想政治教育工作中的实施运用。要建立和完善党委统一领导、党政齐抓共管、专兼职队伍相结合、全校紧密配合、学生自我教育的领导体制和工作机制。这样既能保证思想政治教育实施体验式教学的方向性，又能充分调动学校的人力资源，激发各部门、教职员工、学生的自我管理积极性，为体验式教学的实

施提供了较大的灵活空间，有利于高校思想政治教育体验式教学形成一个立体、开放、动态的运行结构，发挥体验式教学的应有功能。

要有效实现高校思想政治教育体验式教学的领导和管理，必须树立科学的领导管理理念和运用合理的领导管理方法与手段。科学的领导管理理念应以科学发展观为指导，树立"以人为本"的领导管理理念。对于思想政治教育专兼职教师队伍，要从尊重理解的角度，加强对其实施体验式教学的领导管理，要充分发挥其自我管理的能力，对其工作的督导检查不能只问结果，不问过程，不能只是监督，不去指导，这样不仅不会增强思想政治教育体验式教学的实效性，反而会挫伤部分教育者的积极性，不利于思想政治教育体验式教学的开展。对于思想政治教育工作者，包括所有的教职员工，在要求他们承担思想政治教育体验式教学职责的同时，要给他们提供必要的物质和精神支持，要鼓励允许他们根据实际情况有针对性地采取相应灵活的方式方法，充分发挥他们的聪明才智和创造能力。对于学生，思想政治教育体验式教学的领导管理要充分尊重他们的主体性、创造性，在加强组织引导的同时，从他们的实际需要出发，为其创造良好的学习、生活环境，引导其利用各种学生组织、学生社团、班级团体开展丰富多样的体验活动，在活动中彰显自身的价值，感悟生命的意义，实现学生的全面发展。合理的领导管理方法与手段对于思想政治教育效果的实现也相当重要。在发挥党对高校思想政治教育体验式教学领导管理作用的同时，要发挥师生员工的自我管理积极性，调动广大师生员工为体验式教学管理献计献策，促进体验式教学领导管理的民主化、科学化，同时要充分发挥党团组织、学校教务管理部门、其他职能部门、学生团体在管理中的作用，积极探索新的领导管理方法，如开发网络思想政治教育资源，实现领导和管理的时代性。

二、营造思想政治教育体验式教学的领导及管理氛围

高校思想政治教育作为一项实践活动，受到校园环境、社会环境等因素的影响，而对于在高校思想政治教育中实施体验式教学的重要性以及领导与管理必要性的认识也会受到诸多因素的影响，为保证体验式教学的顺利实施开展，营造思想政治教育体验式教学的领导及管理氛围尤为重要。

当前，高校对思想政治教育工作总体上是十分重视的。但现实社会中的种种不良现象，又对思想政治教育开展有着一定的冲击，有一定的消解作用，市场经济带来的拜金主义、个人主义、利益主义等负面因素冲击着教育者和受教育者，使其产生急功近利的浮躁心理，导致一些人忽视思想政治教育对人精神世界充盈提高的作用，同时党自身建设中存在的一些腐败等不良问题又影响着人们对思想政治教育的信任度。这些问题的出现并不是说思想政治教育地位下降了，而恰恰说明我们的思想政治教育工作还不到位，还需要进一

173

步加强，以此帮助人们澄清思想认识，把握社会发展的主流，明确自身前进的方向。为有效推进思想政治教育的体验式教学实践，必须营造思想政治教育体验式教学的领导及管理氛围，要使广大师生员工认识到新时期思想政治教育创新改革的重要性，要加强对学生思想道德素质的考察，要将体验式教学的过程和效果纳入对思想政治教育专兼职教育者的考核之中，并通过多种方式渠道向广大师生员工传递高校思想政治教育实施体验式教学的必要性和重要性。同时，要制定相关的体验式教学领导及管理的层级负责制度，要保证体验式教学领导和管理及时到位，尤其要使广大教职员工认识到自己也是体验式教学管理中的重要一员。另外，要加强思想政治教育体验式教学的理论宣传和发动工作，要紧密结合学生实际，校园文化，社会发展，利用一切途径宣传思想政治教育体验式教学，形成正确的舆论导向，使思想政治教育体验式教学的领导和管理工作常态化。

三、创新教学组织形式

体验式教学法将传统和现代教学手段综合运用，借助多媒体、网络平台、计算机模拟技术等，实现课堂教学的情景化、模拟化和教学内容的形象化。体验式教学要关怀每一位学生的成长，实行个性化差异化的教育。因此，除了课堂上的体验教学外，还要充分利用现代通讯、校园网络等现代化手段，有效的构建师生之间交流的桥梁，有效的实现知识的交流、信息的共享、情感的沟通。

四、完善教学评价体系

课堂教学评价，是以现代教育教学理念、现代课堂教学观为依据，运用可操作的科学手段，评价主体按照一定的价值标准，对课堂教学的各个要素及其发展变化进行价值判断的过程，课堂教学评价的实施可以为被评价者设计教学、改进教学，激励其进行创造性的教学提供依据，并为教育部门进行决策提供参考和借鉴。

传统的评价方式比较单一，多看卷面成绩。这种评价考核方式重结果、轻过程，不尽合理。为适应新的教学方式，必须改变过去考核以知识为主的弊端，确立新的评价、考核机制。

应该倡导评价方式多样化，将质性评价方法与量化评价方法相结合，以适应综合评价的需要。要丰富评价与考试的方法，追求科学性、实效性和可操作性。要体现评价主体多元化，从单向转为多向，增强评价主体间的互动，强调被评价者成为评价主体中的一员，建立学生、教师、家长、管理者和专家等共同参与、交互作用的评价制度，以多渠道的反馈信息促进被评价者的发展。要关注发展过程，将形成性评价与终结性评价有机地结合起来，使学生、教师、学校和课程的发展过程均成为评价的组成部分；让终结性评价结果随着改进计划的确定亦成为下一次评价的起点进入被评价者发展的进程之中。比如：可引入"行为考核"，通过综合测评方式将学生平时的表现，如学习态度、各种教学活动的参与、课堂纪律等也纳入考核成绩之中。多元评价，对学生的自主学习能力、体验感悟能力、创新思维能力、信息搜集处理能力、观察理解社会生活能力、合作与交流能力、语言表达能力等进行综合评价。

五、加大教学经费投入

教学经费的合理投入和使用是保证学校正常教学的必要和重要的经济基础。我们应从以下方面入手：合理安排学校划拨的"教学经费"的支出，加大对实验室、实践基地和教学实验设备的投入，保障教学实验设备的及时维修更新及正常运转，满足教学的需要，以便提高学生的实际动手能力、实践经验；加强对教学资料的管理，注意教学资料的及时补充，特别是国内外新教材、多媒体资料的补充，为教师开设体验课、学生顺利完成学业创造良好条件。

六、整合各种教学资源

长期以来，学校教育以学科为中心，把生动、复杂的教学活动囿于固定的、狭窄的认知主义的框架之中，只注重学生对学科知识的记忆、理解和掌握，而很少关注学生在教学活动中的感受和体验。教学过程将体验拒之门外是以往教学的重大缺陷之一。这种单一化的教学资源结构造成了广大学生严重的精神"营养不良"，也是导致他们情感体验缺失的重要原因之一。为改变这种现状，要求教学过程整合丰富的教学资源，把更多的关注投给学生，调动学生的学习兴趣和动机，增强师生互动和情感交流。以高校的思想政治理论课教学为例，传统的教学是以书本为主的，比较单调、枯燥，不利于促进学生想象力、创造力的发展，丰富情感、启迪心智。

进入新世纪，信息、网络成为主流，教育资源日渐丰富。创设各种体验场景的过程，就是充分利用各种教育资源、弥补教材内容不足的过程。

高校思想政治教育实施体验式教学离不开具体的场域，学校是实施体验式教学的主要场域，但体验式教学的实施也不仅仅局限于学校场域，是涉及学校、社会、家庭三个向度上的多场域发挥作用的系统，思想政治教育体验式教学目标和效果的实现需要在多场域下遵循思想政治教育规律，调动体验式教育资源，运用体验式教学方法等而达成。

就学校而言，要积极组织领导思想政治教育体验式教学，创造体验式教学的条件，利用课堂、校园文化环境、党团活动、学生社团活动、班级活动等多种场域实施思想政治教育体验式教学。学校从总体上规划思想政治教育体验式教学的计划方案，同时结合各部门，各支思想政治教育队伍，灵活多样地开展思想政治教育体验式教学活动。思想政治教育体验式教学一方面要利用好思想政治理论课这一思想政治教育主渠道，在课堂这一场域中实施思想政治教育体验式教学，另一方面要结合校园文化环境、党团活动、学生社团活动、班级活动等在多个场域展开体验式教学，因为在这些场域中学生的主体性、自主性得到了很大保证，而且活动的方式灵活多样又贴近学生实际，很能激发学生的主动性、创造性，能够较好促进学生知、情、意、行的和谐协调发展。在此过程中，要充分重视校园文化和网络媒体对思想政治教育体验式教学的重要意义。校园文化是以大学校园为依托，由其所有成员共同创造形成的一切物质财富和精神财富的总和。校园文化以其内容的丰富深刻性、形式的多样性、主体的广泛性等方面的特征深受大学生群体的欢迎，并且对他们的思想观念和行为习惯起着潜移默化的影响作用。校园文化对体验式教学在各个场域的开展起着重要的影响作用，在体验式教学过程中要有推进校园文化建设的意识，为体验式教学的实施奠定较好的文化氛围。江泽民曾指出："互联网已经成为思想政治工作的一个新的重要阵地。"网络媒体与学生的日常生活息息相关，上网已成为大学生活的一部分，思想政治教育实施体验式教学要充分利用网络这一思想政治教育新载体，开辟网络思想政治教育新阵地，及时、便捷地对进行理论教育、形势政策宣传、心理健康教育等，与学生沟通交流，关心他们的日常生活，开展思想政治教育工作。

就家庭、社会而言，学校要重视家庭、社会场域对体验式教学实施的重要意义。家庭场域中的家庭教育对思想政治教育体验式教学具有重要的配合支持作用，多种多样的家校联系，以及家庭对体验式教学部分职责的实现，不仅仅是体验式教学的延伸，从受教育者角度而言，乃是体验式教学的一个有机组成部分。学校可通过与家长的及时沟通联系，建立常态的家校互动平台和制度，如家长中心、短信平台、信件往来、家长观摩团、家长访校日等形式共同做好学生的思想政治教育工作，并结合家庭情况利用寒暑假向家长或学生布置适当的家庭体验活动，同时做好信息反馈工作。社会为体验式教育提供了诸多的体验式教学场域，需要学校加强与社会力量的沟通，创造条件开辟实践教育基地、实习基地，充分发掘思想政治教育体验式教学资源，可以结合高校周边环境，利用校友等人脉资源，为学生实践体验提供必要的场所和条件，可建立与相关企事业单位、社区定期的交流体验制度，聘请校外人员担任校外辅导员，为学生思想政治教育工作出谋划策。

只有将思想政治教育体验式教学看作是一个全方位、立体、动态的系统，在学校的组织引导下，结合家庭、社会的力量，实现多场域的高校思想政治教育体验式教学，体验式教学才能在思想政治教育中更好地发挥作用，高校思想政治教育工作也才能更具有实效性。

七、形成教育者组织引导与学生自主体验相结合的格局

高校思想政治教育体验式教学是指在思想政治教育过程中，要突出受教育的主体性、独特性，在教育者的引导下，通过实践活动、情境体验、社会实践等方式，在尊重受教育者的个性特点，以受教育者的先在经验为基础，激发受教育者的主动性、积极性，促进受教者的行为和心理体验，唤醒其自我体验意识，主动进行人生体验，生成生命感动，形成积极的符合社会发展要求的世界观、价值观、人生观。因此，高校思想政治教育实施体验式教学要处理好思想政治教育者与受教育者之间的关系，要形成教育者组织引导与学生自主体验有机结合的格局。

思想政治教育者在思想政治教育过程中处于主导地位，发挥着主导作用。一方面，思想政治教育者作为社会发展要求的代表者向受教育者传输社会要求；另一方面，思想政治教育者又组织和调控着思想政治教育的整个进程。因而，在高校思想政治教育体验式教学过程中，思想政治教育者是整个体验式教学过程的组织者、导引者、实施者、调控者，他们的组织引导对体验式教学的实施开展、目标实现、效果取得具有关键作用。本文认为，在思想政治教育体验式教学过程中，思想政治教育者应在以下几个方面加强组织引导：一是根据工作特点，学生特点，制定好体验式教学的具体实施计划；二是根据课堂教学或实践体验的特点，确立具体的实施步骤，选择恰当的方法；三是加强与学生的双向互动，沟通交流。只有不断地与学生互动沟通，才能了解学生的思想动态，明白学生的实际需求，选择合理的体验式教学内容和方法，取得理想的教育效果。四是做好跟踪反馈工作。对学生的思想政治教育要做好阶段性的跟踪反馈，把握学生的思想认识、价值情感等方面的变化，及时发现存在的问题，以便总结经验教训，为下一步工作做好准备。思想政治教育者对体验式教学过程的组织引导是多方面的，也是十分细碎的，在此过程中，要求思想政治教育者增强责任意识和使命感，树立"以学生为本"的工作理念，改变长期以来的单向灌输说教的教育方式，尊重学生的主体地位，调动学生参与体验式教学的积极性、主动性，加强师生交流，促进生生交流，实现学生课堂、课外、社会、家庭的多方位，多角度的活动体验。

在思想政治教育体验式教学过程中，思想政治教育者的组织引导固然重要，但也离不开学生主体性的发挥，思想政治教育目标的实现最终要通过学生的思想和行为的发展变化来体现。老师的心中热情洋溢，他想把这种感受传达给孩子，他以为使孩子注意那些触动他本人的情感的地方，就可以使孩子受到同样的感动。这完全是愚蠢的想法！没有学生先在经验的调动，主体性、自主性的发挥，想要生成深刻的感受和情感，形成师生共鸣是难以想象的。因此，在教育者组织引导的同时，要形成学生自主体验的状态，这里的自主体

验既是学生在体验活动中的主体性、创造性的发挥，也是学生结合自身人生阅历而达成的一种新的心理和行为体验。这种自主体验是在教育者与受教育者的平等交流基础上的体验，是学生对自身、他人、社会以及生命状态的反思追问，没有压迫、强制的感觉，有的只是教育者契合时机的适度引导，使学生在与自然、社会、人类的共处互融中形成符合社会发展要求的人生观、世界观、价值观。这种自主体验在思想政治教育体验式教学实践中体现为学生对课堂、课外、家庭、社会体验活动的全身心投入，并在一定的条件下，在教育者的指引下，自主安排课外、社会实践活动，进行自我教育和自我管理，在实践活动中凸显生命本体的意义，获得真切的体验和感受。

在实际的体验式教学实施过程中，要处理好教育者组织引导与学生自主体验的关系，在强调教育者组织引导的同时，要重视学生自主体验，自我教育的意义，彰显学生的主体能动性，在发挥学生自主体验作用的同时，也要加强思想政治教育者的适时引导，做到学生主体性和教育者导向性的有机统一。

第三节　妥善处理两对关系

一、教与学的关系

由于对体验式教学的研究尚处于探索阶段，人们对其认识还不够深刻，存在一些问题：一些教师认为体验教学强调学生的参与与实践，所以课堂上只要给学生留出了活动的时间和空间，学生自然就进行了体验而并不关注学生到底有无体验、有什么感受；一些教师只关注体验的结果而忽视了学生内心体验的过程，在教学中片面追求体验活动的形式，缺乏对学生体验过程的点拨和引导；一些教师忽视个体差异，追求体验的趋同，期望通过一次体验，学生便能达到预期的效果；一些教师还喜欢用讲解等方式代替学生亲历，以教师个人的体验、经验代替学生的体验，甚至强迫学生接受、认同他人的而自己尚未体验到的体验。

在体验教学中，教师不再是说教者，而是学生感想的倾诉者，同时也是一名学习者。教师尊重和信赖学生，充分发挥学生的自主性和创造性，让学生思想的光芒在教学中充分显现出来。同时教师不仅可以从学生那里获得许多未曾掌握的新信息和学生的思想写真，还可以从部分学生的真知灼见中得到启发，所谓"师不必贤于弟子，弟子不必不如师"。

体验式教学的环节应包括，感知——体验——分享——交流——整合——应用。由于个体的体验存在差异，就需要交流和分享。教师可以组织学生讨论、辩论，互相启迪，通过交流促使体验主体再次梳理自己的感受，促使意义的生成。

我们还要注意，一些体验意识弱、体验能力差的学生一次体验无法完成，也体验不到深层意蕴。因此，教师应加强师生、生生之间的互动和交流，不但进行知性层面的互动，更要进行情感层面、心灵层面的互动。

二、体验教学法与其他教学法的关系

教学方法是教师和学生为了实现共同的教学目标，完成共同的教学任务，在教学过程中运用的方式与手段的总称。对此可以从以下三个方面来理解。

首先它是指具体的教学方法，从属于教学方法论，是教学方法论的一个层面。教学方法论由教学方法指导思想、基本方法、具体方法、教学方式四个层面组成。

教学方法包括教师教的方法（教授法）和学生学的方法（学习方法）两大方面，是教授方法与学习方法的统一。教授法必须依据学习法，否则便会因缺乏针对性和可行性而不能有效地达到预期的目的。但由于教师在教学过程中处于主导地位，所以在教法与学法中，教法处于主导地位。

教学方法不同于教学方式，但与教学方式有着密切的联系。教学方式是构成教学方法的细节，是运用各种教学方法的技术。任何一种教学方法都由一系列的教学方式组成，可以分解为多种教学方式；另一方面，教学方法是一连串有目的的活动，能独立完成某项教学任务，而教学方式只被运用于教学方法中，并为促成教学方法所要完成的教学任务服务，其本身不能完成一项教学任务。

与教学方法密切相关的概念还有教学模式和教学手段。教学模式是在一定教学思想指导下建立起来的为完成某一教学课题而运用的比较稳定的教学方法的程序及策略体系，它由若干个有固定程序的教学方法组成。每种教学模式都有自己的指导思想，具有独特的功能。它们对教学方法的运用，对教学实践的发展有很大影响。现代教学中最有代表性的教学模式是传授——接受模式和问题——发现模式。

体验教学法只是教学法的一种，并不是唯一的一种。我们在教学过程中应根据教学的内容，合理、多样的采用各种教学法。知识是多样的，学习方法也应该是多样的。例如：讲授法——教师通过简明、生动的口头语言向学生传授知识、发展学生智力的方法。它是通过叙述、描绘、解释、推论来传递信息、传授知识、阐明概念、论证定律和公式，引导学生分析和认识问题。其优点是教师容易控制教学进程，能够使学生在较短时间内获得大量系统的科学知识。但如果运用不好，学生学习的主动性、积极性不易发挥，就会出现教师满堂灌、学生被动听的局面。讨论法——在教师的指导下，学生以全班或小组为单位，围绕教材的中心问题，各抒己见，通过讨论或辩论活动，获得知识或巩固知识的一种教学方法。优点在于，由于全体学生都参加活动，可以培养合作精神，激发学生的学习兴趣，提高学生学习的独立性。探究式教学方法——教师或教师引导学生提出问题，在教师组织和指导下，通过学生比较独立的探究和研究活动，探求问题的答案而获得知识的方法。同样有些内容也并不适合使用体验式教学法。因此，在思想政治理论课教学中，要把体验式教学与其他教学方法结合起来加以运用，以充分发挥各种教学方法的长处和优势，从而实现教学效果的最大化。

第八章 体验式教学在高校思想政治理论课程中运用的评价体系

第一节 高校思想政治理论课课堂评价体系发展概述

一、课堂教学评价的源起及发展

17世纪班级授课制的形成标志着课堂教学的产生，课堂教学评价是随着课堂教学而产生的。课堂教学评价是随着课堂教学模式和教育学、心理学理论的发展而变化。德国教育学家赫尔巴特提出教学形式阶段理论，在这一理论指导下，这一阶段课堂教学评价主要强调是对教师的评价，尤其是对教师的编写教案和教学设计评价。19世纪末，美国教育学家杜威提出了新的三中心即学生、经验、活动，在这一阶段课堂教学评价主要对学生的课堂学习、活动进行评价。20世纪30年代，前苏联教育家凯洛夫提出教学过程的基本阶段有：感知教材、理解教材、巩固知识、运用知识、检查效果，这一阶段的课堂教学评价都强调对教师知识教学的评价。20世纪50年代末，美国教育评价家布卢姆提出掌握学习策略，对课堂教学目标进行分解，在课堂教学过程中使教师和学生了解这些目标并达成目标。20世纪90年代中期至今，国外课堂教学评价中对教师的评价更注重促进教师的专业发展，强调教师的发展对工作带来的实际变化及对学生和学校的影响。

我国的课堂教学评价体系是20世纪50年代开始，受前苏联教学理论的影响、依据教学理论建立起来的课堂教学评价系统，课堂教学评价主要针对知识的教学即知识的理解、知识的掌握和知识的应用。20世纪80年代以来，随着西方现代教育评价思想被介绍到我国，我国的课堂教学评价迅速开展起来。此时的课堂教学评价，其评价内容大多是依据教学过程的展开确定的，以李秉德为代表，认为课堂教学评价主要评价以下几个方面，即目的明确、内容正确、方法恰当、组织得好、积极性高。在这之后我国的教学理论发展迅速并且逐渐成熟，随之对课堂教学评价的研究也呈多样化发展。国内的教育家在课堂教学中有的注重对教师的评价，以王汉澜教授为代表，认为课堂教学评价主要评价的是教学目的、教学内容、教学方法、教学基本功、教学效果。有的教学家在课堂教学评价中注重对学生的评价，如赵明仁、王嘉毅认为，从教师对学生、学生之间、学生自我在知识、思维、技能、品质、作品等方面以及教师自我教师对学生在教学知识、教学方法上的表现来对课堂教学进行评价。

二、课堂教学评价中存在的问题

（一）课堂教学评价的目的功利性较强

当前课堂教学评价在评价的目的上出现了异化，课堂教学评价的目的侧重在奖惩、晋升或降级、加薪或减薪等方面，过分关注评价活动结果，通过等级划分（优、良、合格、差）对教师进行鉴别分等，或者把课堂教学评价当作工具，简单地从外部对教师的课堂教学进行考核、鉴定等，评价带有强烈的主观色彩，过度地强调评价的甄别功能，评价的导向、反馈、诊断、激励、反思等功能体现甚微。很难客观公正地评定课堂教学质量的实际水平，对改进课堂教学效果不突出。在实际操作中可以归纳为：课堂教学评价重"终结性评价"，轻"形成性评价"。不利于提高教师专业水平，限制了教学的灵活性和创造性，很难保证教学质量的提升，更不利于教师素养的提高。

（二）课堂教学评价的内容全面性较差

课堂教学评价的内容偏离新课程改革的轨道，现行的课堂教学评价过分注重认知目标的达成，表现在特别关注学科知识的掌握，过分注重教材分析的评价，尤其是课本上知识的掌握程度。课堂教学评价中"重智育，忽视学生的德育、体育、美育、劳动技术教育等现象仍然十分严重。尤其对学生的自主学习能力、实践能力、创新能力、情感、态度价值观缺乏重视。大部份学校仍然是按照教学要素分解法对构成课堂教学的因素进行分解形成的，如把课堂教学要素分为教学目标、教学内容、教学过程、教学方法、教学效果、教学特色等。或者从教师的外显行为来评价，如教师的语言表达是否清晰流畅、教师的教态是否认真饱满，教师的板书设计是否工整合理、教师的情感投入是否具有感染力、教师的教学思路是否清晰有序，教师的教学设计是否结构合理、重难点是否突出、详略得当等等，注重教师的"教"偏离考虑学生的"学"。

（三）课堂教学评价的主体单一化凸显

新课程课堂教学评价要求改变单一评价主体的现状，理应有多元的主体来实施，主要包括学校管理者、教师自身、同行、专家、学生、家长等共同参与的评价制度。而目前大多的课堂教学评价中，任课教师会感到恐慌，感到自己处于被动受检查、被评判的地位，而且评价的结果直接影响到教师的评优或晋升。教师同行们对被评课教师的教学行为和特点比较了解，即使能对课堂教学做出合理的评价，但受制于诸如人际关系的处理，同行教师平日都在一起工作，相处地和和气气，谁都不愿因为自己触及他人不足而惹是生非，评价的结果往往都是肯定和赞赏。另外，在课堂教学中小部分教师认为学生参与评价完全没有必要，他们的理由是相当一部分学生对教师的课堂教学评价是不真实的，他们有的是因为教师的某一次批评产生厌恶教师的情绪，在对教师课堂教学评价时就会把不满的情绪通过评价量表表现出来学生评价的随意性较大，有时并不能真实的反应课堂教学效果。

（四）课堂教学评价的方法—定性评价与定量评价不能相互结合

当前国内的课堂教学评价基本上采用两种方法，一是简单的定性描述；二是偏重于定量分析，这两种评价方法各有优缺，但任何一个都达不到评价的客观性、科学性和相对的准确性，因此信度、效度不高。单独地崇尚量化评价，仍然是传统课堂教学评价方法。但课堂教学中有些方面是无法量化，如教师的个性特长、学生的兴趣、情感等因素。这些方面即使能够量化，也是带有主观判断的成分。单一的量化评价缺乏灵活性，学生在课堂中个性的表现及教师在教学中的进步和发展以绝对的抽象的分数来表示教学活动貌似精确，实际上具有很大的模糊性。教学活动是一个变化复杂的过程，单一的量化只会把复杂的现象简单化，无法从本质上抓到问题存在的原因，使教育过程最有价值和意义的内容丢失。所以，不利于教师改进和教学质量的提高。

三、影响课堂教学评价原因分析

（一）课堂教学评价的研究滞后

我国教学评价的理论研究队伍及其水平，和世界发达国家相比，仍然存在一定的差距。20世纪80年代以前，我国在督导评价机构、评价的规章制度、教育行政部门课程文件中对评价的吸纳运用等基本是空白。只是到80年代中期以后，由于实施义务教育的需要以及国际学术交流的增加，才有了一定的发展。近20年来，这些方面尽管有长足进步，但和全面推进素质教育以及加大课程与教学改革力度的客观要求相比，仍然有很大的差距。

（二）传统的课堂教学评价的制约

在我们理性地探讨评价理论仅仅有短暂的历史时，我国传统考试评价制度却有了千余年的历史（中国隋唐兴起的科举考试首开了笔试考试的先河）。在这种传统的影响下，中国的教师和学生往往通过外在的评价来得到认可和发展，而不是靠自身内在的品质来获得应有的一切。因此，当新的评价体制要求用于内在的教师和学生成长的过程中时，便不能很好地适应及采取有效的对策。

（三）课堂教学评价指标的物化

课堂教学评价我们的改革是自上而下的政府行为，这往往导致教育主管部门常常为追求自己的业绩，显示推进改革的力度，过分推崇"看得见"的评价。这就使得学校和教师未能结合自己学校或自己的专业学科背景来实施有效的课堂评价，不在提高内在精神品质上下功夫，而是受评价指标体系驱使，不断追求外在的、物化的、数字化的、虚假的发展。

（四）教师对课堂教学评价实施的消极的影响

教师是新课程实施的直接参与者，对课堂教学过程有着最深刻的了解和体会，是最具有发言权的群体。可以说他们是课堂教学评价实施过程中重要的影响因素。当教师对新课程的理念和思想充分理解时，他们在课堂教学中能实现新课程课堂教学的积极转变。但是由于教师们的自身情况和教育程度参差不齐，每个个体对新课程及课堂教学评价的认识也各有看法。

第二节　高校思想政治理论课课堂教学评价体系的理论探索与实施措施

一、教学评价体系的基本功能和分类

美国教育专家布卢姆根据教学评功能，把教学评价分为三大类型：诊断性评价、形成性评价和终结性评价。现代评价理论从不同的角度对教学评价有多种多样的分类，新课程标准强调形成性评价和终结性评价。我们认为，全面了解新型评价的类型和功能，有利于更好地指导教学评价的改革实践。

（一）诊断性评价：是一种学习前的评价

通过这种评价，使学生学习前具备必要的认知能力和情感特性。诊断性评价主要用于对学生学习动机、态度和兴趣等方面进行学习前的了解，识别不同学生认知情感的状

况，为教学决策提供依据。这种评价并不局限在学科教学开始的时候，教师在教学过程中的任何时候，如果感到有些问题妨碍了学生的学习，那就必须设计和采取某种特殊的手段来诊断这个问题。诊断性评价作为学生信息的重要来源，是良好教学工作的一个一个重要保障，有利于学生了解自己的学习状况和增强教师备课的针对性。而且这种评价思想有利于我们正确处理好班级授课制中统一的目标要求与学生个别差异之间的矛盾，有利于落实因材施教的教育原则。

（二）形成性评价：是一种学习中的评价

通过这种评价，反馈教学信息，及时矫正教学偏差，帮助学生矫正错误。形成性的教学评价，是在教学过程中随时了解学生的学习状况（包括学习的条件、学习的过程和学习的结果），为教师调整教学措施提供依据。显然教学的形成性评价就是指在平时教学过程中对学生综合能力形成的过程进行监控式的评价，正如新课程标准指出，形成性评价的任务是对学生日常学习过程中的表现、所取得的成绩以及所反映出的情感、态度、策略等方面的发展做出评价。形成性评价是在不断的信息反馈中全面推进教学进程，其目的是激励学生的学习，帮助学生有效调控自己的学习过程，使学生获得成就感，培养合作精神，增强自信心。

（三）终结性评价：是一种学习后的评价

通过这种评价，对被评价者进行某种能力的证明或必要的分等。终结性评价是一门学科结束的时候进行的，主要针对总的教学效果，关心的是最终的目标达成与否。主要目的是确定不同学生各自所达到的不同水准或等级，并给予权威性的判断或证明。布卢姆认为，终结性评价的这种判断的确在师生中间引起季度焦虑和抵触情绪，但这类评价同样也为教学所必需。

以上三种评价在功能上的划分只是相对的，诊断性评价也常借助于有关终结性评价的结果；而终结性评价既有助于确定随后教学目标的适当起点，又可象形成性评价那样为学生提供反馈；在最终给学生作学业成绩评定时，除了主要依据终结性评价外，往往还需要参照平时的形成性评价。由于三种教学评价的固有功能及其联系，在实践中已成为新型教学评价体系有机组成部分。在教学实践中，我们必须根据教学的内在需要，有机地结合使用，正如新课程标准所强调：教学评价必须采用形成性评价与终结性评价相结合的方式，既关注结果，又关注过程，使对学习过程和对学习结果的评价达到和谐统一。

二、教学评价体系的四大基本特征

（一）评价主体多元化

以往的评价，教师总是认真地演"独角戏"，扮演唯一的评价者，其对象就是学生。教师关心的是自己教学方案的按计划完成，对学生的参与情况、学习过程和学习效果重视不够。根据新课程标准的评价要求，教学评价的主体应该是多元的，即除了教师之外，教学管理者，包括行教育政部门、教研部门和学校管理人员、教师、学生家长都应该是评价的参与者，都应该担负对学生的评价、自我评价和合作评价的任务。值得注意的是，多元参与的主体不仅从多个不同的视角发现问题，反馈信息，而且各主体均能从中受益。

（二）评价目标多元化

传统教学评价的另一弊病，就是在设置评价目标时，偏重单纬度目标进行评价，忽视多纬度目标的评价。评价目标过分强调学科知识体系，忽视人文方面的评价。表现在具体教学实践中，忽视了非智力方面的因素，评价注重对单纯的知识结构的考察，重结果，重成绩，重甄别与淘汰。

教学评价专家们认为，教学评价目标大体可分为三个方面，即三个维度：（1）认知的维度；（2）情意（或情感）的维度；（3）操作（或运作）系统维度。认知目标包括：基础知识和基本能力的培养；情意目标包括对学习者对学科学习的感悟和掌握、学习者学习策略和学习技能的掌握以及学习者在学习过程的自我评价。教学目标应包括这三个方面，但在实际课程设计和实施中偏重认知的维度，而在认知的维度中又偏重知识的教学。其中，最容易被忽略是情意的维度，认为这个维度在教学上不能测量，很难操作。情意的目标是存在的，但在评价中很少设置这种目标。根据目前统计材料看，很少有教师认为情感目标在教学过程中可以进行具体评价。

事实上，根据专家们认为，情意的目标并不是象有的人理解的那样，完全是内心中隐藏的东西而不能观察、测量，不好进行评价。情意目标也是具有外在表现的行为指标。在我们看来，情意目标所涉及的内容涵盖了教学实践中经常谈到的非智力因素。实际教学中，许多教师都或多或少有所涉及，即对学生的学习兴趣、学习态度、学习热情、学习习惯、学习注意力的评价。教学实践证明，非智力因素的评价对智力因素起调节和催化的作用，也是促进学生可持续发展的内在动力。积极开展情意方面的评价，可以调动学生学习的积极性和主动性，让他们感受成功的喜悦，发展健康的心理。如，学生大声朗读课文，大胆回答问题，创造性地思考和发表意见，都纳入教学评价的重要目标。

（三）评价形式多样化

以往的评价方式比较单一，要么是教师通过学生上黑板前做一些题目进行评价，要么就是通过提问让学生或集体或个别回答完成。新型教学评价，要求根据评价目的、作用和特点的不同，创造性地设计各种生动活泼、多种多样的评价方式。

从时间和空间的不同可分为集中式和分散式的评价。集中式，就是在某一单元的时间和某一限定的空间里，教师对学生的学习活动进行多种形式的评价，但不拘泥于硬性规定的时间间隔、字数、内容、形式等。只要教师对学生有了新的观察，就可以进行评价并记录下来。记录的形式多种多样，可写在作业本上，可放在记录袋中。国外有教师把课室后面的黑板当成评价阵地，学生的每一次进步，都印上一个手印，记录上业绩，并拍照留念。分散式的评价，就是把在课堂教学以外所进行的一些游戏或竞赛活动纳入到评价的范围，学生各自记录自己的得分等情况。还有在"作业展览"及其它各种比赛中，要求学生记录自己表现和结果。当前国内外比较推崇的学生成绩记录袋，就是采用这种评价方式。这种分散式评价方式，能够及时积累、总结成绩与失误。比较符合学生的认知规律，有利于减轻他们的心理负担，为他们的成长提供较为宽松的外部环境，特别能激发学习上暂时有困难的学生积极向上的心理和自觉实践的行动。对学生的学习发挥了积极作用，使他们在游戏考评中获得心理上的满足感和成就感，从而帮助他们建立起学习的信心和积极的学习态度。

（四）评价手段多样化

测试是评价的重要手段之一。然而，新型教学评价强调手段的多样化。特别是打破了原来以测试为单一的评价手段之后，非测试型评价手段就显得色彩斑斓，多种多样了。教学评价专家认为，教学评价，从概念上就不能等同教学测量。认为课堂教学中的教学评价可分为两种：一种是使用测试的教学评价；另一种是不使用测试的教学评价。使用测试手段的教学评价形式有口试、笔试（分主观题和客观题）等。不使用测试手段的教学评价形式有课堂学习活动评比、学习效果自评、建立学习档案、问卷调查、访谈、家长对学生学习情况的反馈与评价，还有心理咨询、几位教师合作对课堂整体运作进行观察等等。

当然，非测试型教学评价的实施需要教师和学生的积极参与，非测试型评价需要工具的支持（即文字资料或信息记录），这些工具包括：①课堂教学记录。②教学日志（群体记录）。③教学日记（个人记录）。④个人教学分析。⑤教学谈话记录。⑥课堂教学观察。⑦问卷调查。⑧教学个案研究。⑨学生成绩档案跟踪。

三、教学评价体系的实施策略

尽管新型教学评价对学生素质的发展具有深远的时代意义，但是根据国内外当前教学实践看，教学评价的改革尚存在许多困难，如形成性评价、档案建立等，所需的时间、经费以及教师的专业培训，与终结性评价、与纸笔测验相比，其操作过程需要设备和物资的支持。因此，在实践的过程中，需要探讨更加省时省力、可操作的各种工具和方案。根据当前实践中出现的一些问题，我们认为应在整体上把握以下几个策略：

1. 明确教学评价的三大基本任务及其实施原则

新课程标准从三个层面提出了教学评价的三条基本任务，一是以学生为本的理念，即从学生长远持续发展的层面，要求学生在课程的学习过程中，不断体验进步和成功，认识自我，建立自信，促进学生综合能力的全面发展；二是从教师自身教学反馈的层面，要求教师必须不断获取教学的反馈信息，对自己的教学行为进行反思和适当的调整，促进教师不断提高教育教学评价水平，全面提高教学效率；三是从学校管理的层面，要求学校必须及时了解课程标准的执行情况，改进教学管理，帮助教师促进课程的不断发展和完善。

这就要求教师、学生、学校必须明确各自应该履行的职责。从教师的层面，教师必须树立正确的教学评价理念。教师作为评价的一个主体，应经常自身反思教学，写教学扎记，进行自我评价。教学评价不是由教师单一地对学生的评价，教师应积极、主动把评价的理念融入到教学过程之中，而不是被动地接受上级评价，并应把学生组织起来，共同进行评价。另外，教师应善于进行合作式的评价，包括教师与教师之间的合作评价和教师与学生共同进行的教学评价。

二是从学生层面，要让学生逐步学会自我评价。教学评价的落实，不管是哪种类型的评价，单靠教师或其它外部的压力，是很难推进的，而学生的自我评价的养成必须从小学开始抓起。学生必须自觉参与，动手动脑动口，不断形成和发展自我评价的能力。

三是学校管理人员，应以参与者的身份和教师共同进行教学评价的研究。

2. 注意教学评价与教学过程的和谐融合

教学评价改革的困难很多，其中，就课堂教学时间分配来看，象形成性评价，的确要以往的单一评价花费更多的时间和经费。进行评价时，应当考虑评价活动与课堂整体教学时间的比例。要注重评价的实际效果。要避免使用过于繁琐的评价程序，占有过多的教学时间进行评价，如对学生的学习积极性或学习态度等进行观察和记录，就不必要让学生知道，而是由教师进行，可称为隐性的评价，有的竞争性评价，可无声地记录或粘贴在黑板或其它位置，作为显性的评价。总之，这些评价活动都不应该太夸张地占有教学时间。

需要注意的是，提倡新型的评价方法，应避免在评价方法改革中出现赶时髦和形式化的现象。因此，一方面要提高教师运用各种方法的能力，保证各种评价方法的科学性，另一方面，在具体的评价实践中要取长补短，根据不同的情境和要求运用不同的评价方法。

3. 注意创造民主、平等和温馨的评价氛围

一个民主、平等和温馨的评价氛围，有利于反馈信息的畅通和学生的自我调节，有利于学生创造思维火花的迸发。首先，教师要做到"赏识每一个学生，感受每一颗心灵"，在教学评价时，一定要注意面向全体，不能忽略了某个学生，教师眼神要遍布教室的每一个角落，做到"眼观八方"，不仅从眼神，而且从语气、态度、表情等方面注意调控自己，如，对低年级学生可弯下腰来和学生对话，使每一个学生在整个教学过程中得到激励和赏识。其次，对评价的内容对与错的判断，教师应有"宽容"，"先接受"的意识，特别是宽容学生比较突出的错误，甚至可能引发哄堂大笑，但教师必须控制，或在善意微笑后，加以安抚，鼓励，或先不加以对错的评价，可让其他学生再回答一次，然后，采取学生互评的方式让学生来评价。因此，要创设一种民主、平等和温馨的评价氛围，让更多的学生学会评价，且在评价的过程中感受到集体的温馨。另外，学生之间相互合作式的评价，其意义远远超出了及时获得矫正信息，对其他学生来说，给别人的学习作出及时、恰当的评价，既是一种增进同学之间人际交往的过程，也是一种再学习的过程。

4. 重视信息资料的收集与规范具体操作

评价的重要特征是信息的整合与分析。评价是为作出某种决策而收集资料，并对资料进行分析，作出解释的系统过程。决策的正确程度与收集到信息的质量密切相关。然而，长期以来，教学在一线的教师整天忙忙碌碌，不重视信息的收集，资料的积累，没意识到，这就是教研科研的开始。

教师首先要在思想观念上树立做一个"资料收藏家"的意识。新课程标准倡导形成性评价，倡导建立学生成长档案袋。因此，要通过多种渠道，可以由教师或专人进行收集以往的教学过程中，师生都共同创设了许多优秀活动、案例、作品、教具和资料，也可以由学生在教师的指导下自觉地进行收集，然后进行整理、分析和评价学生日常学习的信息，逐渐形成学生多方面发展的信息源，为教师帮助学生全面发展提供依据。

其次，还可以根据各种教学目标设计各种功能的表格，丰富评价的内涵。表格设计要注意可操作性，尽可能地注意节省教师的精力和时间。教师在收集资料时，应当做到经常与学生见面，讨论他们的进步和不足，并随着学生的成绩的变化和进步状况调整评价标准，包括对表格等工具使用情况反馈，及时修正完善。

参 考 文 献

［1］谢荣华. 高职院校思想政治理论课体验式教学的探究［D］. 江西科技师范大学，2016.

［2］张宁辉. "体验式教学"在高校生涯教育课程中的应用研究［D］. 江西科技师范大学，2016.

［3］周双梃. 美国社区汉语课程的体验式教学设计及实践［D］. 中山大学，2014.

［4］毛璐. 高校思想政治教育与当代大学生政治社会化研究［D］. 湖南师范大学，2014.

［5］汪馨兰. 高校思想政治理论课实践教学研究［D］. 电子科技大学，2013.

［6］罗昊宇. 高校思想政治教育环境影响因素分析与优化研究［D］. 中国矿业大学（北京），2013.

［7］张艳. 高校教师思想政治教育研究［D］. 西南大学，2013.

［8］季海菊. 新媒体时代高校思想政治教育研究［D］. 南京师范大学，2013.

［9］张文学. 高校大学生思想政治教育制度化研究［D］. 中国地质大学，2012.

［10］刘薇. 高校校园文化建设与思想政治教育互动研究［D］. 辽宁大学，2012.

［11］马丽云. 体验式教学在第二语言教学中的应用研究［D］. 山东大学，2011.

［12］刘日帮. 高校思想政治教育实施体验式教学若干问题研究［D］. 苏州大学，2011.

［13］王娜. 体验式教学缺失的原因及对策研究［D］. 南京师范大学，2011.

［14］乐晓蓉. 高校体验式生涯规划教学设计研究［D］. 华东师范大学，2008.

［15］高平叔. 蔡元培教育论文集［M］. 长沙：湖南教育出版社，1987.

［16］辛继湘. 体验教学研究［M］. 长沙：湖南大学出版社，2005.

后　记

　　教育教学改革实践和教师专业发展的内在需要赋予了"教师成为研究者"的角色。这是教师成长与发展的机遇，它至少意味着教师不仅是课程的执行者，也是课程践行的"参与者"和"研究者"，在课程"是别人的同时也是自己"的理解与实践中改变了自身的形象，提升了地位；这又是一个挑战，因为教师既是课程的学习者，又是课程的实践者，这种介乎"外行"与"专家"之间，在"中间地带"的"裂缝"中生存的"研究者"，其研究结果也必然具有"不确定性"。对于教师的成长与发展来说，机遇和挑战是并存的，把握机遇，迎接挑战是一种必然。教师参与课程研究，只停留在问题的一般认识层面上还是远远不够的，还需要结合学科深入研究课程、教学的实践与理论，要立足于学科领域的特殊问题的解决，实现从对课程的感性认识到理性分析与重新建构，这样的研究对教师的成长才有意义。

　　正是以上的教育信念才让我坚持了撰写的工作。当有了这些教育信念的支撑后，不仅获得了教师参与研究的理性目标，更为重要的是明白了一个道理：教育本身就是生命发展的历程，教师的研究正是教师生命发展历程的一个重要体现，在这个历程中，既有对别人理论的借鉴、吸收、内化，又有自己的教学经历、感悟、思想，当把两者结合于一起并借助语言表达出来的时候，便是教师"在异己的东西里认识自身，在异己的东西里感到自己的家，这就是精神的基本运动，这种精神的存在只是从他物出发向自己本身的返回。"（引用伽达默尔语）　而且，这种表达就是把自我呈现给他人，从他人这面镜子中观照自我，在与他人的对话中促进自我更新。或许，这也正是教师成为研究者的价值所在吧！

　　最后，我要衷心感谢所有帮助和支持过我的人。本书的不足之处敬请各位专家和同行指正！

2018 年 6 月